Running Lean
第3版

リーンキャンバスから始める
継続的イノベーションフレームワーク

Ash Maurya　著
角 征典　訳
Eric Ries　シリーズエディタ

THIRD EDITION

Running Lean

Iterate from Plan A to a Plan That Works

Ash Maurya

Beijing · Boston · Farnham · Sebastopol · Tokyo

推薦の声

『Running Lean』には、数千もの製品に携わり、数百人もの起業家たちと協力してきたアッシュのアプローチが描かれています。これまでに40年間、起業家精神、イノベーション、新製品開発に取り組んできた私のキャリアが、本当の意味で反映されている数少ない本です。多くの人はプロセスやツールについて話したがりますが、本書にある「ソリューションではなく課題を愛せ」という言葉には、長い経験と深い知識が反映されています。本書は、初心者の起業家には素晴らしい出発点となるでしょう。熟練の起業家には素晴らしいガイドとリマインダーになるでしょう。私は本書を推薦するだけでなく、基本に立ち戻るために年に1回は読み返したいと思います。アッシュ、私にできなかったことを言葉にしてくれてありがとう。

—ボブ・ムスタ、『Demand-Side Sales 101』著者、
The Re-Wired Group社CEO

『Running Lean』は深さとシンプルさを兼ね備えた傑作です。

—ザック・ニース、Techstars社マネージングディレクター

新製品をローンチする起業家のためのガイドブックを探しているなら、本書を手に取りましょう。

—マイク・ベルシート、Product Collective共同設立者、
INDUSTRY: The Product Conferenceオーガナイザー

『Running Lean』の新版は、前の版よりも実践的で価値のあるものになっています。
シリアルアントレプレナーもはじめての起業家も読みましょう。

　　　　　　　　　　　　　　　　　　—ショーン・エリス、『グロースハック完全読本』著者

この10周年記念版には、前の版からのアップデートだけでなく、それ以上に、新しい
教訓、インサイト、テクニックが含まれています。

　　　　　　　　　　—ジョージ・ワット、Portage CyberTech社プロダクト&デリバリーVP、
　　　　　　　　　　　　　　　　　　　　　　　　　　『Lean Entrepreneurship』著者

情熱的なサイドプロジェクト（DIYフライトシミュレーター）から、成長中のヘリコ
プターシミュレーターの会社まで、『Running Lean』のおかげで、私たちはビジネス
モデルを体系的に構築することができました。

　　　　　　　　　　　—ファビ・リーセン、VRM-Switzerland（VRMotion Ltd.）社CEO

私たちは『Running Lean』を活用して、社内起業家を育成しています。インサイト
やエビデンスに基づく意思決定によって、顧客の価値創造を加速させています。

　　　　　　　　　　　　　　　　—マルコ・デ・パロ、ロシュ社グローバルヘッド
　　　　　　　　　　　　　　　　グロースアクセラレーション&オープンイノベーション

本書を読んだことで、適切に製品を構築するのではなく、適切な製品を構築すること
ができました。おかげで人生を何年間も節約できました。

　　　　　　　　　　　　　　　—トーマス・ボットン、Liip社リードビジネスデザイン

『Running Lean』は、私が最も起業家にプレゼントした本です。

　　　　　　　　　　　　　　　　　　　　　　　　—ライアン・マールテンス、
　　　　　　　　　　Scaled Agile社ボードメンバー、Rally Software社前CTO

アッシュの素晴らしい作品の強みは、彼の起業家としての経験と、イノベーションと起業の分野の思想的リーダーたちが開発した「リーンスタートアップ」のコンセプトを広範囲にわたって研究および適応させたところにあります。

—バリー・G・ビッソン、
ニューブランズウィック大学名誉教授、Propel ICT社元CEO

『Running Lean』が10周年を迎えるとは想像もできません。製品開発者たちにとっては、今でも重要な内容です。

—ジン・チャン、メタ社エンジニアリングディレクター

ビジネスの成功のためにアイデアを迅速かつ効率的にテストすることで、人が欲しがるような製品を構築する確率を高めてくれる。そういう本です。

—デヴィッド・ロメロ、モンテレイ工科大学教授（先端製造技術）、
モンテレイ工科大学特任教授（技術系起業家精神）

『Running Lean』には、うまくいくビジネスモデルを求める起業家のための、証明済みのテクニックが満載です。

—クリス・カラン、テキサスA&M大学実務教授（起業家精神）、
PwC社元インキュベーターCTO

事業計画を完成させた起業家は、その計画に感情的に縛られてしまい、アドバイスを求めてもフィードバックに耳を傾けないことが多いのです。『Running Lean』は、そうしたマインドセットを変えてくれます。

—クレイグ・エイリス、チウスクールオブビジネス（ボウバレー大学）
アントレプレナーインレジデンス

『Running Lean』は、私が最も起業家に推薦している本です。新版には、アッシュの長年のテストと調整によって、さらに多くの情報が含まれています。

—アヌジ・アディヤ、『Growth Hacking for Dummies』著者

ナタリアとイアンのおかげで、最も希少なリソース（時間）の素晴らしさを
あらためて実感しています。

まえがき

　「実践は理論に勝る」。10年以上前にアッシュ・マウリアのブログでこの言葉を目にしたとき、起ち上がったばかりの「リーンスタートアップ」には彼の力が必要だと感じました。当時、私たちが何よりも必要としていたのは、リーンスタートアップの原則を実践し、それを他の人たちにも共有してくれる人物でした。アッシュはそうしたビジョンを持った人物です。それ以来、彼は世界中のチーム、コーチ、ステークホルダーに知識を広めてくれました。彼がいたおかげで、リーンスタートアップのムーブメントは大きく成長および進化できました。それは私の想像を超えていました。リーンシリーズの最初の本である『Running Lean』は、リーンスタートアップの成長の重要な役割を担ってきました。そして、これからもそうなっていくでしょう。

　今回の新版では、リーンスタートアップについてのアッシュの考えがより深く、より包括的に反映されています。起業家の情熱を持続的なビジネスにすることを支援するという、彼の継続的な献身が示されています。彼は本書を部分的に改訂するのではなく、前の版の情報をテストして、改良して、フィードバックに耳を傾けながら加筆しました。彼は新しいアプローチを「継続的イノベーションフレームワーク」と呼んでいます。これは10年前のリーンスタートアップではなく、現在のリーンスタートアップのムーブメントを反映したものとなっています。継続的イノベーションフレームワークという名前は、不確実性が高まる世界で生き残り、これからも繁栄していくためには、イノベーションは一度だけやればいいものではない、ということを意味しています。つまり、起業家が成功するまでの話ではないのです。それはあり方です。また、ソフトウェアを開発するための手法が、今ではアッシュの言葉にある「顧客に価値を提供するもの」を構築する最適な手法であることが広く理解されるようになりました。

すべてはアッシュのブログに書かれていた考え方（実践は理論に勝る）から始まっています。あれから10年が経ちましたが、アッシュは誰もがPMF（Product/Market Fit、製品/市場フィット）を高速に達成できるように、実に多くのことを共有してくれています。『Running Lean』の第3版は、あらゆる種類の起業家の重要なハンドブックになるでしょう。この手法が広まってから、実践のなかでいろいろと変化しています。そうした変化に合わせて、書籍の内容も更新されています。私たちが「起業家の時代」に生きていることは今もなお真実です。私たちの生活を支える多くの企業は、かつては小さなスタートアップでした。こうした企業が成功したのは、成長してからも起業家としてのルーツを忘れなかったからです。前世紀にうまくいったやり方を、今世紀のニーズに合わせて調整することに長けていた企業もあるでしょう。私たちがこれからも繁栄していくには、こうした企業がもっと必要になります。そのためには、企業に知識とツールが必要です。

企業が収益性の高い源泉を発見するには、新製品開発と同じく、継続的で規律のある実験（科学的実験）が必要です。これはスタートアップだけでなく、すでに確立された組織にも当てはまります。『Running Lean』は、その設計図を提供してくれます。それは、企業の起ち上げから成長までを定義した3つのフェーズ（設計、検証、成長）で構成されています。このシンプルで実践重視のテンプレートは、あらゆるステージのスタートアップが革新的で破壊的な製品や組織を構築するために使えるツールです。

私がブログに「リーンスタートアップ」と書いてから約15年になります。当初の読者はわずか数十人でした。それ以来、このアイデアは世界中で数千人もの起業家に受け入れられ、ムーブメントになるまで成長しました。『Running Lean』を読みながら、このアイデアを実践に移してください。そして、私たちのコミュニティに参加してください。現在進行形の壮大な実験に参加していただき、本当にありがとうございます。

エリック・リース

2022年2月20日

はじめに

　時が経つのは早いものです。前の版の『Running Lean』から10年が経ちました。あれから私は、世界中で数百もの製品チーム、コーチ、ステークホルダーを相手に、何千時間もかけてトレーニングやコーチングをしてきました。私の目的は『Running Lean』で紹介した体系的なプロセスをさまざまな製品や業界でテストして、さらに洗練させていくことでした。

　その過程において、私は新しいビジネスモデリングツール（顧客ファクトリー、顧客フォースキャンバス、トラクションロードマップ）、改良した検証戦略、実践的なテクニックを開発しました。実践的なテクニックについては、さまざまな方法論やフレームワーク（リーンスタートアップ、デザイン思考、ビジネスモデルデザイン、ジョブ理論、システム思考、行動デザインなど）のコンセプトを統合しています。

　不確実性の高い状況下でイノベーションを実現するには、ひとつのフレームワークに限定するのではなく、すべてのフレームワークを選択すべきだと考えました。これらは重複するところもありますが、それぞれが他のフレームワークを凌駕するスーパーパワーを持っています。本書では、新しく作成したフレームワークのフレームワーク（継続的イノベーションフレームワーク）にこれらのスーパーパワーをまとめています。

　『Running Lean』の10周年記念版には、以下のことを含めました。

- 初期のビジネスモデルを形成する効果的なストレステストのテクニック
- 解決に値する本当の課題を発見するための課題発見インタビューの台本
- 顧客に「あったらいいな」ではなく「欲しい」と思わせる製品構築プロセス

　本書は、10年間の厳格なテスト、数百もの製品の事例研究、数千回のイテレーションの成果です。みなさんと共有できることをうれしく思います。

　誰も欲しがらないものを作るほど人生は長くありません。

アッシュ・マウリア

2021年12月21日

オライリー学習プラットフォーム

　オライリーはフォーチュン100のうち60社以上から信頼されています。オライリー学習プラットフォームには、6万冊以上の書籍と3万時間以上の動画が用意されています。さらに、業界エキスパートによるライブイベント、インタラクティブなシナリオとサンドボックスを使った実践的な学習、公式認定試験対策資料など、多様なコンテンツを提供しています。

　　https://www.oreilly.co.jp/online-learning/

　また以下のページでは、オライリー学習プラットフォームに関するよくある質問とその回答を紹介しています。

　　https://www.oreilly.co.jp/online-learning/learning-platform-faq.html

お問い合わせ

　本書に関する意見、質問等は、オライリー・ジャパンまでお寄せください。連絡先は次の通りです。

　　株式会社オライリー・ジャパン

　　電子メール japan@oreilly.co.jp

　オライリーがこの本を紹介するWebページには、正誤表やコード例などの追加情報が掲載されています。

https://oreil.ly/running-lean-3e（原書）
https://www.oreilly.co.jp/books/9784814400263（和書）

この本に関する技術的な質問や意見は、次の宛先に電子メール（英文）を送付ください。

bookquestions@oreilly.com

オライリーに関するその他の情報については、次のオライリーの Web サイトを参照してください。

https://www.oreilly.co.jp
https://www.oreilly.com（英語）

謝辞

本を発売するのは、製品をローンチするのと同じです。この『Running Lean』は、本書で説明している「継続的イノベーション」のプロセスを使って書きました。

私のことを信頼して、スタートアップや製品の話を共有してくれた実践者やコーチのみなさんに感謝します。みなさんがいなければ、本書を書き上げることはできませんでした。みなさんが継続的イノベーションフレームワークの初期のイテレーションを熱心にテストしてくれたおかげで、体系的なプロセスにすることができました。

みなさんが共同執筆者です。

目　次

イントロダクション

2人の起業家の物語

　2人の起業家の物語から始めましょう。名前はスティーブとラリーです。2人とも同じ大学で優秀な成績を収め、卒業後はハイテクスタートアップで働き、すぐに重要な役割を担うようになりました。

　数年後、2人ともスタートアップのアイデアを思いつき、仕事を辞めて自分の冒険を始めることになりました。人格を与えるために名前をつけましたが、2人が似ているのは年齢、性別、出身地というよりも、どちらも「大きなアイデア」を思いつき、それを行動に移したところにあります。

　2人が違ってくるのは、それから1年後のことです（**図1**）。

 対

スティーブ
- 製品を作り続けている
- 製品からの収益はない
- ひとりで仕事をしている

ラリー
- 顧客基盤が拡大している
- 収益が増加している
- チームが成長している

図1　1年後のスティーブとラリー

　1年後、スティーブは**製品を作り続けています。製品からの収益はありません。**製品開発の資金を集めるために、フリーランスのバイトをしています。それから、**ひとりで仕事をしています。**一方、ラリーの**顧客基盤、収益、チームはすべて拡大しています。**どうして2人は違うところに行き着いたのでしょうか？

　この質問に答えるために、時間をさかのぼってみましょう。

1年前のこと

　スティーブはオフィスの机で考え込んでいました。その日、マネージャーから数か月以内にオフィスが閉鎖されると伝えられたからです。スティーブは（最近買収された）親会社に転属するか、退職金を受け取るかの選択を迫られました。

　スティーブはこれは何かのきっかけだと考えました。

　彼はいつか自分の会社を起ち上げたいと思っていました。大学卒業後はスタートアップで働くと決めていました。自分で冒険を始める前に、実践的な経験が得られると思ったからです。彼が入社したスタートアップは、あまりいい製品は持っていなかったものの、なんとか買収されることができました。スティーブはコアチームの一員であることを心から誇りに思っていました。

　「これはちょうどいい時期かもしれない」と自分に言い聞かせました。そして、夕方からいろいろと考えてみることにしました。

　経費を抑え、退職金と貯金を切り崩せば、軌道に乗せるまでのランウェイ（残り時間）を1年にできると見積もりました。彼はAR/VRのアイデアを持っており、すでに何か月間も脳内でシミュレーションしていました。

　翌日、思い切って退職金を受け取ることにしました。

すぐに行動する

　スティーブは時間をムダにすることがありません。集中してフルタイムで仕事をすれば、最初のバージョンを3か月以内にリリースできると予想しています（**図2**）。

図2　ガレージにいるスティーブ

　彼は「正しい方法」でやりたいと思っているので、職人のように慎重に製品の設計と構築を始めました。

　しかし、予想よりも時間がかかり、遅延が積み重なっていきました。数週間の予定が、すぐに数か月になりました。

6か月後

　スティーブは不安になってきました。製品は自分の基準を満たしていません。見積りを修正したところ、ローンチは少なくとも3か月、場合によっては6か月は遅れます。

　このままではお金がなくなってしまいます。

　誰かの助けが必要だと気づきました。

　親しい友人に株式と引き換えに協力を求めました。しかし、誰にも理解してもらえませんでした。安全で給料の良い仕事を辞めてくれる人はいませんでした（**図3**）。

図3　誰にも理解してもらえない

　スティーブは、製品がないからビジョンが伝わらなかったと考えました。そして、何としても製品を完成させなければならないと決意しました。

　彼は投資家にピッチして、**資金を調達する**ことにしました。

　そこで、勤めていたスタートアップの創業者であるスーザンに連絡しました。ス

ティーブのアイデアを気に入ってくれて、投資家を紹介してくれることになりました。

スーザンは「万全の事業計画書を作りましょう」とアドバイスしてくれました。

スティーブは事業計画書を書いたことがありません。ネットからテンプレートをダウンロードして、気に入ったものを選びました。書き始めてからわかりましたが、答えられない質問がいくつもありました。それでもなんとか事業計画書を埋めました。

財務予測のスプレッドシートには勇気づけられました。数字をいじっていると、本当に大きなことに取り組んでいることが実感できました。しかし、作成した予測モデルが素晴らしすぎたので、数字を少しだけ下方修正することにしました。それでも、本当に素晴らしいモデルでした。誰も信じないかもしれませんが！

あとがないことをわかっていたので、エレベーターピッチの作成、製品ロードマップの説明、10ページのスライドデッキの改良に何日も費やしました。

数週間後、スーザンに連絡を取りました。スーザンは何人かの投資家とミーティングを設定してくれました。スティーブは最初のうちは緊張しましたが、なんとかなると考えました。少しずつ緊張がほぐれ、後半は楽な気持ちで取り組むことができました。

投資家から「イエス」の答えはもらえませんでしたが、完全に否定されたわけでもありませんでした。しかし、あとでスーザンに話を聞いたところ、希望は打ち砕かれました。「投資家は明確に『ノー』とは言ってくれないんですよ。『見込みがありますね』や『半年後にまた来てください』は『まるで興味がない』という意味です」（図4）。

素晴らしいアイデアですね。
半年後にまた来てください。

図4　投資家は礼儀正しく「ノー」と言う術を習得している

板挟み状態

スティーブは板挟み状態です。製品を完成させなければ、彼のビジョンは伝わりません。しかし、製品を完成させるための資金を投資家は提供してくれません（図5）。

図5　板挟み状態のスティーブ

スティーブは何をすればいいのでしょうか？

彼はまだ製品を信じています。製品を構築したいと考えています。

ガレージに戻り、フリーランスのバイトを続けながら、製品開発の資金を自分で賄うことにしました。

進捗は遅いですが、夜中と週末に製品に取り組み、少しずつアイデアを前進させています。

それでは、今度はラリーに目を向けましょう。彼も1年前に素晴らしいアイデアを思いつきました。しかし、スティーブとは違い、「ビルドファースト」や「投資家ファースト」のアプローチからは始めませんでした。「ビルドファースト」や「投資家ファースト」のアプローチは、逆方向だからです。

順方向の「トラクションファースト」のアプローチ

製品の構築が困難で高価だった時代には「ビルドファースト」や「投資家ファースト」のアプローチが機能していました。しかし、世界は変わったのです。

かつての投資家は、知的財産の価値を認め、モノを作れるチームに資金を提供していました。ですが、もはやそのようなことはありません。

また、製品の構築が高価だったことから、資金調達できたチームはいち早く市場に参入し、高速に学習することで、圧倒的な優位性を確保できました。間違った製品を構築したとしても追従する競合他社がいないので、うまく軌道を修正できました。

しかし、現在の世界はまったく違います（**図6**）。

古い世界
- 製品の構築が困難
- 競合他社が少ない
- 顧客の選択肢が少ない

新しい世界
- 製品の構築が簡単
- 競合他社が多い
- 顧客の選択肢が多い

図6　私たちは新しい世界に住んでいる

　私たちは世界的な「起業家のルネッサンス時代」を生きています。製品の構築は以前よりも安価で簡単になりました。つまり、世界中に「スタートアップする」人が大勢いるということです。スタートアップの急増は、私たちにとっては素晴らしい機会になります。それと同時に、暗雲も立ち込めています。製品が増えると、投資家や顧客の選択肢も増えるので、目立つことが難しくなるのです。

　現在の投資家は知的財産を重視していません。その代わり、**トラクション**を見ています。トラクションとは、最初に市場に参入したかどうかではなく、最初に市場から**採用**してもらえたかどうかです。

　トラクションは、あなた自身、チーム、母親以外の人たち（顧客）があなたのアイデアに関心がある証拠です。また、こちらのほうが重要ですが、トラクションはビジネスモデルが機能している証拠でもあります。

TIP

現在の投資家は、機能するソリューションに資金を提供しません。機能するビジネスモデルに資金を提供します。

　機能する製品がないのに、どうやってトラクションを示すのでしょうか？ 再び板挟み状態にならないのでしょうか？ ラリーはそうなりませんでした。顧客には無数の選択肢があるため、中途半端な製品を見せられてもフィードバックを提供することはない、ということをラリーは認識していたからです。顧客はただ**立ち去る**だけです。

　顧客からのフィードバックがなければ、簡単に「ビルドトラップ」の餌食になります。あとひとつ機能を作ればブレイクスルーしそうなのに、いつまでもそこに到達で

きないという状態です。**誰も欲しがらないものを作るために、手持ちのリソースがなくなるまで、いつまでもムダな時間、お金、労力を費やすことになります。**

ラリーは過去に何度もビルドトラップを経験していました。そこで、製品を構築する前に、基盤づくりから始めることにしました。そのために基本的なマインドセットも変えました。それは、**ソリューションの前に課題を考える**というものです。

NOTE

顧客はあなたのソリューションに興味はありません。興味があるのは、顧客自身の課題です。

ラリーは、いくら技術、特許、景品があっても、製品が顧客の大きな課題を解決していなければ、ビジネスモデルは成立しないことを理解していました。

そこからラリーは多くのことをひらめきました。

マインドセット#1

ビジネスモデルが製品である。

マインドセット#2

ソリューションではなく課題を愛せ。

マインドセット#3

トラクションが目標である。

ラリーは午後の半分を費やし、考えているビジネスモデルを1ページのテンプレート（リーンキャンバス）に書きました。メンターから教えてもらったやり方です。

その後、そのビジネスモデルが持続的かどうかを概算で検証してから、重要なマイルストーンを示したトラクションロードマップを作成しました。トラクションロードマップは、ボトムアップで市場参入の検証戦略を考えるときに役に立ちました（図7）。

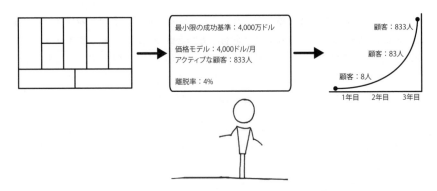

図7　ラリーはすぐにアイデアからビジネスモデルを構築した

　ラリーの検証戦略とスティーブの検証戦略の違いは、ビジネスモデルで最もリスクの高い部分の検証を優先させているか、最も簡単な部分の検証を優先させているかです。

　新しい世界では、最もリスクの高い部分は変わりました。顧客と市場のリスクが技術的なリスクを上回ったのです。ラリーはそのことを正しく認識しています。

　問うべき質問は「構築できるか？」ではなく「構築すべきか？」です。

　これが「ビルドファースト」や「投資家ファースト」ではなく、「トラクションファースト」のアプローチを採用した理由です。

マインドセット#4

適切な行動を適切な時期に。

　直感に反するかもしれませんが、解決に値する課題を発見したり、最初の課金顧客を獲得したりするために、**機能する製品は必要ありません**。

　これまで1年間かけて製品を改良してきたスティーブとは違い、ラリーは8週間でMVPを定義して、顧客パイプラインを拡大させています。

—— NOTE ——

実用最小限の製品（MVP: Minimum Viable Product）は、顧客の価値を作成・提供・回収できる最小限のソリューションです。

このアプローチを導入することで、ラリーは顧客が「購入するであろう」製品を構築するためにムダな時間、お金、労力を費やすことなく、顧客に「購入してもらえる」と確信している製品を構築することができました。

NOTE

スティーブは「構築・デモ・販売」の戦略に従っています。ラリーは「デモ・販売・構築」の戦略に従っています。

ラリーはアイデアを強固な基盤に乗せることができました。そして、理想的なアーリーアダプターだけをターゲットにした最初のバージョンを4週間かけて構築しました。MVPの準備ができたら、大々的にマーケティングを展開するのではなく、10人のアーリーアダプターに向けて製品をローンチして、初日から課金を開始しました。

小さく始めて大きな約束をする、という彼のやり方は、言葉だけでなく行動で示すというものです。ラリーは「厳選した10人の顧客に価値を提供できないとしたら、数千人の顧客に製品を試してもらえるはずがない」と考えています。

マインドセット#5

最もリスクの高い仮定に段階的に取り組む。

小さく始めることの副次的な効果として、顧客と直接やり取りができるという点があります。それによって、顧客から最大限に学習しながら、MVPの欠点を回避して、期待以上の価値を提供することができます。

最初の顧客は、ラリーの細やかさとニーズに対する反応の早さに驚いていました。ラリーは継続的にMVPを改良しながら、顧客をファンに変えることができました。

マインドセット#6

制約は贈り物である。

ラリーは何でも屋ですが、自分ひとりでビジネスを拡大させることはできないことをわかっていました。そのため、時間の3分の1を使って、共同創業者となる人向けにビジョンをピッチすることにしました。彼は自分と同じような人ではなく、自分を補完してくれるスキルセットを持った人を探しています。彼は以下のことを理解して

います。

- 良いアイデアは貴重であり、発見するのは困難である。
- 良いアイデアはどこからでも生まれる。
- 良いアイデアを発見するには、多くのアイデアが必要である。

ラリーはすでに幸せな課金顧客（初期のトラクション）と成長している顧客パイプラインを持っているため、ドリームチームを引きつけることができました。

ビジネスモデルをテストするために、分割統治法を使うチームが多すぎます。つまり、個々のチームメンバーの強みに応じて、集中すべきところを分担しているのです。たとえば、ハッカータイプは製品に、ハスラータイプは顧客に集中しています。これではチームが分散してしまうため、うまく最適化できません。

ラリーはチームで一致団結して、ビジネスモデルの最も簡単な部分ではなく、最もリスクの高い部分に取り組み、チームの可能性を引き出そうとしています。ビジネスモデルのリスクは絶えず変化するので、90日間サイクルを設定することにしました。緊迫感と外部に対するチームの説明責任を維持するためです。

マインドセット#7

外部に対する説明責任を担う。

90日間サイクルは、以下の3つの活動に分けられます。

モデルの作成

ラリーは、90日間サイクルをビジネスモデル（リーンキャンバスとトラクションロードマップ）の見直しと更新から始めました。これにより、チームは共通の目標、仮定、制約を何度も調整できます。

優先順位付け

チームで最もリスクの高い仮定に優先順位を付け、そのリスクを克服する検証戦略（キャンペーン）を提案します。

テスト

　どのキャンペーンが成功するかはわからないので、最初から大きな賭けをすることはしません。高速で反復的な実験を使用して、小さな賭けを何度も繰り返します。実験で有望なキャンペーンを特定できたら、チームは大きな賭けに出ます（**図8**）。

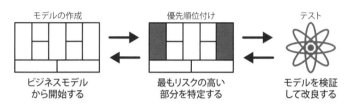

　　　モデルの作成　　　　　　　優先順位付け　　　　　　テスト

ビジネスモデル　　　　　　最もリスクの高い　　　　モデルを検証
から開始する　　　　　　　部分を特定する　　　　　して改良する

図8　「モデルの作成、優先順位付け、テスト」のサイクル

マインドセット#8

小さな賭けを何度もやる。

マインドセット#9

エビデンスに基づいた意思決定をする。

　90日間サイクルの終わりには、サイクルレビューミーティングを開きます。チームが何をしたのか、何を学んだのかをレビューして、次のサイクルの計画を立てます。
　「モデルの作成、優先順位付け、テスト」のサイクルにより、チームは反復可能でスケール可能なビジネスモデルを体系的に探索できます。成功までの旅は直線ではありません。紆余曲折、行き止まり、後戻りがあります。しかし、ラリーのチームは高速に動き、継続的に学習しています。小さな軌道修正を繰り返しながら、大きな失敗を回避しています。

マインドセット#10

ブレイクスルーには想定していなかった結果が伴う。

その年の終わりまでに、ラリーの顧客基盤、収益、チームは拡大しました。彼のビジネスモデルは、PMF（製品/市場フィット）の達成に向けて順調に進んでいます。

成功を決めるのはスキルセットではなくマインドセット

スティーブとラリーの違いは、スキルセットの違いではなく、マインドセットの違いです。

スティーブはアーティストのように、自分の製品（ソリューション）に対する愛情で動いています。

「アーティスト」の部分は、ソフトウェア開発者、デザイナー、クリエイター、メイカー、ライター、作者、ハッカー、発明家と置き換えても構いません。

彼は「ビルドファースト」のアプローチを採用していますが、これは現在の世界では非常にリスクが高いものです。

一方、ラリーはイノベーターのように動いています。

___

NOTE

イノベーターは、発明を機能するビジネスモデルに変換します。

___

新しい世界ではルールが変わったことをラリーは認識しています。もはや顧客が望むものを構築するだけでは不十分です。構築が終わる頃には、顧客が望んでいたものが変わっている可能性があるからです。

___

TIP

新しい世界で顧客が望むものを確実に構築するには、顧客に継続的に関与してもらうしかありません。

___

賭け金が高くなった

参入障壁が大きく、競合他社がほとんどいなかった時代は、製品を構築する古いやり方が機能していました。製品が完全に間違っていたとしても、軌道修正する時間があったからです。

しかし、現在は新製品の導入が安価で高速になりました。つまり、以前よりも競合他社（既存企業と新興企業の両方）が増えているということです。

　古い世界では、顧客が望むものを提供できなければ、プロジェクトは失敗していました。新しい世界では、顧客が望むものを継続的に提供し続けることができなければ、ビジネスモデル全体が失敗します。

　現在の顧客には、以前よりもはるかに多い選択肢があるからです。あなたの製品から望むものを手に入れられなければ、他の製品にスイッチするだけです。

　一方、最も成功している企業は、優れたアイデアは貴重であり、発見するのは困難であること、次の大きなアイデアを発見するには、多くのアイデアをすばやくテストするしかないことを認識しています。

　こうした新しいやり方をするアーリーアダプターは、以前はAirbnbやDropboxのようなハイテクスタートアップだけでした。その後、継続的イノベーションは他の領域にも広がり、大規模でも機能するようになりました。Google、Netflix、Amazon、Facebookなど、米国で最も価値のある企業は、継続的イノベーションの文化を実践しています。

学習の速度は新しい圧倒的な優位性

　高速に学習する企業は、競合他社を上回り、顧客が本当に望むものを構築できます。

　これが、**継続的イノベーション**の本質です。ラリーが採用しているアプローチです。不確実性の高い状況下で高速に進むべきときに、長期のサイクルでアイデアを分析・計画・実行している余裕はありません。継続的に「モデルの作成、優先順位付け、テスト」を繰り返す、反復的なアプローチが必要です。

新しい世界で成功するには新しいマインドセットが必要

　間違った場所から無作為に戦術を選択して、継続的イノベーションに失敗する企業が多すぎます。これは背景にあるマインドセットを理解していないからです。

―― **NOTE** ――――――――――――――――――――

マインドセットが世界の認識方法を決めます。

――――――――――――――――――――――――――

　新しい世界には新しいマインドセットが必要です。継続的イノベーションフレームワークの3つの活動を強化する10のマインドセットを紹介します。

1. モデルの作成
   - マインドセット#1：ビジネスモデルが製品である。
   - マインドセット#2：ソリューションではなく課題を愛せ。
   - マインドセット#3：トラクションが目標である。
2. 優先順位付け
   - マインドセット#4：適切な行動を適切な時期に。
   - マインドセット#5：最もリスクの高い仮定に段階的に取り組む。
   - マインドセット#6：制約は贈り物である。
   - マインドセット#7：外部に対する説明責任を担う。
3. テスト
   - マインドセット#8：小さな賭けを何度もやる。
   - マインドセット#9：エビデンスに基づいた意思決定をする。
   - マインドセット#10：ブレイクスルーには想定していなかった結果が伴う。

本書ではこれらのマインドセットに触れていきます。

急がなければアイデアがダメになる

スティーブが仕事を辞めて、自分の冒険を始めてから、1年半が経ちました。貯金は半年前になくなりましたが、製品開発を続けるためにフリーランスのコンサルティング業を続けています。

ビジョンを実現するには時間がかかる、という事実を受け入れました。彼は急いではいません。結局のところ、ローマは一日にして成らずです。

火曜日の朝のことでした。スティーブはミーティングへ向かう前に、コーヒーを注文する列に並んでいました。そのときに古い友人からメッセージを受け取りました。

「Virtuoso Xがローンチしたやつ見た？ お前のアイデアと同じだよ！！！」

スティーブはリンクをクリックして、愕然としました。

Virtuoso Xの製品はスティーブが1年半かけて取り組んでいたものとよく似ていました。TechCrunchで取り上げられ、大きな資金調達を発表していました。

スティーブは気分が悪くなり、コーヒーショップを立ち去りました。ミーティングの予定を変更してもらい、自宅のオフィスへ戻りました。

自宅に帰ると、Virtuoso Xのサイトを調べ、アプリを試し、できる限りのことを検

索しました。数時間後、確かにアイデアは似ているが、Virtuoso Xの製品の実装は自分のものとはまったく別物だと結論づけました。

スティーブはもっとエレガントなソリューションがあると信じているので、少しだけ安心しました。しかし、安心は束の間。新たな不安がよぎりました。

「ローンチがさらに遅くなったり、ローンチできなかったりしたら、いくらソリューションが良くても意味がないのではないか？」

ギアをトップに戻す必要があります。

今だったらビジョンを共有できなかった開発者の友人にサポートしてもらえるかもしれません。あるいは、投資家から資金調達できるかもしれません。

無数のアイデアが頭を駆け巡ります。彼はどこから始めるべきでしょうか？

スティーブはメアリーにアドバイスを求めることにしました。

メアリーとは、スタートアップにいたときの彼の上司です。彼女も同じように、会社が買収されてから退職金を受け取っていました。スティーブは数か月前にイベントでメアリーと再会していました。そのときに、彼女が元同僚と一緒に新しい会社を始めていたことを知りました。話を聞くところによると、かなりうまくいっているようです。すでに従業員は30人以上、複数の課金顧客、ベンチャー資金がそろっているそうです。

スティーブは彼女にメールを送り、状況を簡単に説明して、ランチに誘いました。

すぐに「それならいつものタコスを食べましょう」と返事が届きました。

スティーブがMVPを学ぶ

スティーブは正午前にレストランに着きました。奥にある静かなテーブルを選びました。席に座ると、メッセージに気づきました。

「すみません。デプロイの日だったので10分ほど遅れます。いつものと同じものを注文しておいてください。あとで私が支払いますから」

スティーブは考えを整理する時間ができたので、ノートに計画を書き込みました。

1. シード資金を確保する
2. 3人の開発者を雇う
3. 3か月以内にプラットフォームを完成させてローンチする！

そのときメアリーがやって来ました。

メアリー「遅れてごめんなさい。大規模なデプロイの日だったので、ずっと本番環境の問題解決をしていて。予定を変更したほうがよかったのかもだけど、なんだか急用みたいでしたから。それで、どうしたんですか？」

スティーブはスマホを取り出し、空中に数秒間かざしました。そして、メアリーに画面を見てもらいました。メアリーは戸惑いの表情を見せました。テーブルの上にあるモノをつかもうと手を伸ばしましたが、何もつかめません。彼女は笑ってしまいました。

メアリー「今まで見たなかで最も現実的なARアプリですね。このコーラの缶と氷の入ったグラスは本物みたい。あーなんだか喉が渇いてきた」

スティーブ「そう思ってもらえるとうれしいです。現実世界のオブジェクトをAR/VRアプリで使える3Dモデルにする技術を開発しました。コードを書いたり、複雑なモデリングソフトを使ったりする必要はありません。携帯のカメラでオブジェクトの写真を数枚撮るだけで、レンダリングエンジンが数分間で3Dモデルを作成します。このモデルはさっき待っているときに作ったものです」

メアリー「すごいですね。製品名は？」

スティーブ「Altverse（アルトバース）です。この世界と同じくらいリッチなバーチャル世界（アルトバース）を構築したいと思っています」

メアリーは話を続けるように促しました。

スティーブは5分で昨年の状況、Virtuoso Xのローンチ、これから先の計画について説明しました。

メアリーは根気よく耳を傾け、簡単な質問をしました。

メアリー「これからの6か月間について教えてください。投資家にピッチしますか？ それとも顧客にピッチしますか？」

スティーブの困惑した表情を見たメアリーは、トラクションのない資金調達の場合、フルタイムで取り組んで最低6か月はかかることを説明しました。

メアリー「その間、製品の開発はできません。あなたの様子からすると、おそらくローンチするまでに9か月はかかるでしょうね」

スティーブ「9か月なんて待ってられませんよ！ Virtuoso Xはもう製品を出して、先行しているんですよ！ 9か月後には市場を制覇してますよ！」

メアリー「よく言われることだけど、競合製品は悪いものではないですよ。市場を検証してくれますからね。先行するのは、むしろ不利です。Facebook、Apple、Microsoft、トヨタを考えてください。どの企業も先行者ではなく、高速な追従者で

すよね」

スティーブは納得していませんが、とりあえずうなずきました。

スティーブ「わかりました……でも、9か月以内には何かをローンチする必要があります」

メアリー「そうですね。間違いなくそうだと思います」

スティーブ「でも、そのためには開発者が必要です。でも、お金がなければ開発者を雇うことも……」

メアリーが話を遮りました。

メアリー「あなたに必要なのは、顧客が欲しがるMVPです」

スティーブ「MVPですか？」

メアリー「実用最小限の製品のことです」

スティーブ「ベータ版のようなものですか？」

メアリー「よく似ています。でも、ベータ版ではありません。MVPとは、マネタイズ可能な価値を顧客に届けるための最小限のソリューションです。あなたはそのプラットフォームに大きなビジョンを持っていると思いますが、顧客はプラットフォームのことはまったく気にしません。少なくとも最初のうちはね。顧客が気になるのは、差し迫った課題を解決してくれるソリューションです。あなたは顧客の課題を解決できる最小限のソリューションを発見して、それを提供する必要があります。そのためには、最初は理想的なアーリーアダプターに絞る必要があります。広げすぎてはダメです。すべての人を対象にしようとすると、誰にも届きませんよ」

そのときメアリーにメッセージが届きました。

メアリー「ごめんなさい。オフィスに戻らないと。まずはMVPについて調べてみてください。現在の投資家はアイデアや製品開発ではなく、トラクションに投資します。トラクションを示すために、あなたには顧客が必要なのです」

スティーブ「トラクションはどれくらい必要なのですか？」

メアリー「少しでもトラクションがあれば、差別化できるはずです。私たちも投資家と話をする前にトラクションを確保していました。課金顧客は5人だけでしたが、それだけでも資金調達が大きく変わりました。今ではその10倍の顧客がいますが、最初の5人がいなければ、私たちのピッチは単なる約束でしかありませんでした。あなたがMVPを定義できたら、また会いましょう」

メアリーが食事を終えると、スティーブは時間を作ってくれたことを感謝して、レストランを出ました。

MVPから始めない

メアリーとランチしてから3週間が経ちました。最新情報を伝えるために、再びメアリーと会うことになりました。

スティーブ「あなたのアドバイスに従って、MVPについて調べてみました。すでに製品をかなり作り込んでいたので、1週間でMVPをローンチできました。ですが、これではうまくいかないと思うんです……」

スティーブは少し間を開けてから続けました。

スティーブ「毎日、多くのユーザーがサインアップしてくれます。それは素晴らしいことなんですが、まだ誰もアップグレードしてくれません。定着率がめちゃくちゃ低いんです。ほとんどのユーザーは初日以降に戻ってくることはありません。あらゆる種類のA/Bテストを試してみました。何度もピボットしました。結局、私のMVPは十分ではないという結論に達しました。この製品にはコアとなる機能がないんです。でも、なんとかその機能が見つかったので、これから開発の計画を……」

メアリーが割り込みました。

メアリー「ちょっといい？ ユーザーは誰？ どこから来ています？」

スティーブ「Product HuntやHacker Newsなど、いくつかのオンラインコミュニティで製品のローンチを発表しました。少しだけバズったりもしたんですよ。トラフィックの一部はそこから来ています。残りはオンライン広告ですね。少額ですが、1日あたり25ドルの予算を用意しました」

メアリー「なるほど。そのユーザーは誰ですか？ ユーザーと話をしましたか？」

スティーブ「『ユーザーと話をしましたか？』……いいえ。でも、アナリティクスで測定しています。定着率が低いのもそれでわかったんです」

メアリー「MVPをローンチしたあとに私たちも同じ間違いをしていました。顧客との会話をやめて、指標だけに頼っていたんです。指標の問題は、何が間違っているかは教えてくれますが、なぜ間違っているかを教えてくれないことです。私たちは顧客の課題を推測していました。結局、何もかもうまくいきませんでした。再び顧客と話をしたことで、どうしてうまくいかなかったのかを理解できました。そこから状況が好転しました。つまり、あなたはユーザーと会話し続ける必要があるんですよ」

スティーブ「ユーザーと会話し続ける、ですか？ これまでユーザーと話をしたことはないですね」

メアリー「え？ それじゃあ、どうやってMVPを定義したんですか？」

　スティーブ「ええと、すでにプラットフォームの大部分を開発していたので、それが伝わるような小さなリファレンスアプリをローンチしたんです。先日、MVPが必要だって言ってましたよね。MVPというのは、学習サイクルを回すために、とりあえず何かをリリースするってことですよね？　そこから製品を何度も改良するために、高速な実験を繰り返すんですよね？」

　メアリーはため息をつきました。

　メアリー「先に言っておくべきでしたが、MVPにはさまざまな定義やアプローチがあります。実際、多くの人が『とりあえずリリースする』アプローチを使用してます。これが間違っているとは言いません。1年以上かけて複雑な製品を構築したり、誰も欲しがらないものを構築したりするよりは、確かに優れたアプローチでしょう」

　メアリーは「誰も欲しがらないもの」のところにスティーブが反応していることに気づきましたが、気にせずに続けました。

　メアリー「しかし、自分で勝手に推測したソリューションでは、それがどれだけ最小限であっても、それをMVPを呼んだとしても、良い結果は得られません」

　スティーブ「MVPを改良するために、リーンスタートアップの構築・計測・学習ループは役に立たないのですか？」

　メアリー「理論的には使えます。しかし、実際には多くのチームが行き詰まっています。構築・計測・学習ループはアイデアの高速な検証ツールです。優れたアイデアを投入して、アーリーアダプターを引きつけることができれば、あなたが言うように、MVPを改良することができるでしょう。しかし、投入するアイデアが良くなければ、アイデアが良くなかったことがわかるだけです。そして、行き詰まるのです」

　スティーブ「なぜ行き詰まるのですか？」

　メアリー「顧客には他にも多くの選択肢があるからです。MVPに引きつけられなければ、顧客はテスターにはなってくれませんし、製品の改良点をフィードバックしてくれることもありません。ただ立ち去るだけです。定着率が低いあなたのユーザーのようにね。そうするとあなたは、なぜうまくいかなかったのかを推測することになります。そして、コアとなる機能を探し始めます。そうした機能は、あと少しで見つかりそうなのに、見つかることはありません。運がよくて見つかったとしても、ぐるぐると同じことを繰り返すことになります。次々と新しいアイデアを試すことになるのです。これでは行き詰まりを突破することはできません。ビルドトラップから抜け出せないのです」

　まさにスティーブの現状だったので、スティーブの目は大きくなりました。

そして、メアリーに質問しました。

スティーブ「成功が最初のアイデアで決まるとしたら、優れたアイデアはどこから出てくるのですか？」

メアリー「いい質問です。ソリューションよりも課題にフォーカスしましょう。現代において難しいのは、より多くの機能を構築することではありません。何を構築するかを明らかにすることです」

スティーブは困惑した表情になりました。メアリーは続けます。

メアリー「このように考えてください。ソリューションから始めるというのは、ドアがないのに鍵を作るようなものです。もちろん素晴らしい見た目の鍵をすばやく作ることはできるでしょう。しかし、それに合ったドアを探すのにかなりの時間が必要になります。おそらく手当たり次第に探すことになるでしょう。運よく見つかることもあるでしょうが、おそらく期待していた場所にはたどり着けないでしょう」

メアリーはスティーブの反応を待ってから続けました。

メアリー「これを逆にして、ドアから、つまり、解決に値する課題から始めてみるのです。ドアのあとに鍵を作るほうが簡単です。期待する場所にたどり着けるドアを見つけてから、それに合った鍵を作りましょう」

スティーブ「そのためのプロセスはあるんですか？」

メアリー「はい。MVPを調べるときに見つけてほしかったんですけどね。私たちはMVPを構築するのではなく、オファーを用意するところから始めました。まずは、アイデアのバリエーションをリーンキャンバスにスケッチしました。これは高速にアイデアをモデル化するツールです。これによって、可能性のある顧客・課題・ソリューションを特定することができました。次に、顧客と課題を検証するために、20〜30人の顧客にインタビューしました。それが終わったら、ソリューションの定義は簡単でした。それでも、急いでMVPを構築することはありませんでした。その代わりにデモを作り、見込み客に提案するオファーを作成しました。オファーを受け入れてくれる十分な顧客を獲得してから、ようやくMVPの構築を始めました。最終的に構築したものは、当初予想していたものとは大きく違っていました」

メアリーは携帯から課題/解決フィット（PSF: Problem/Solution Fit）の概念図を取り出して、スティーブに見せました（**図9**）。

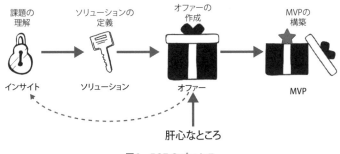

課題の理解　　ソリューションの定義　　オファーの作成　　MVPの構築

インサイト　　ソリューション　　オファー　　MVP

肝心なところ

図9　PSFのプロセス

スティーブ「ああ、だから前回、MVPを『定義』すると言ってたんですか?」

メアリー「そのとおりです。MVPを構築する前に、MVPを定義して、オファーを使って検証する時間を作りましょう。そうすれば、成功確率が大幅に高まります。これは『デモ・販売・構築』のアプローチです」

スティーブ「どれくらい時間がかかりましたか? なんだかステップが多そうですが」

メアリー「スケッチしてから最初の5人の課金顧客を確保するまでに90日かかりました。すぐにMVPを構築するよりもステップは多くなりますが、プロセスに従って規律正しく進めていけば、最終的にマフィアオファーができあがりますよ」

スティーブ「マフィアオファー?」

メアリー「顧客が断れないオファーのことです。映画『ゴッドファーザー』に由来します。もちろん映画とは違って顧客を脅すようなことはしませんよ。断る理由がないほど魅力的なものを見せるということです。8週間後、5人の課金顧客から早くMVPが欲しいと催促されました。これはまったく予想していなかったことでした」

スティーブ「私がこれまでやってきた製品開発のアプローチとは全然違いますね。少しずつロジックがわかってきました。でも、私はもう製品をローンチしていますし、ユーザーもいます。このプロセスは私の製品にも適用できるでしょうか? それとも最初からやり直すべきですか?」

メアリー「新しいやり方を受け入れることができるなら、既存の製品にも適用できますよ。以前にも説明したように、このアプローチはこれまでとは違います。不快に感じることもあるでしょう。私たちの最大の課題は、それまでの製品開発の習慣を忘れ、新しいマインドセットをチーム全体に浸透させることでした。浸透させることが

できれば、学習と結果がすぐに手に入るので、信念だけに頼って進むことがなくなりました」

スティーブ「実際にやろうとすると、無数に質問が出てきますね。どうやってユーザーに話してもらうのか? 何人と話をするのか? ユーザーに何を言うのか? ……もう少し教えてもらえませんか?」

メアリー「もちろん。ただし、このプロセスにも落とし穴があります。最大の落とし穴は、自分自身のバイアスと製品に対する愛情です。これを『イノベーターのバイアス』と呼びましょう。私たちは自分のソリューションを正当化できるものに無意識に注意を向けてしまいます。『課題ファースト』のマインドセットに移行すべきですが、実際にやるのは簡単なことではありません」

スティーブ「何かツールや情報はありますか?」

メアリー「私たちがチームのトレーニングに使っている情報、ツール、顧客インタビューの台本をあとで送りますよ。課題を明らかにするのは、MVPのフェーズだけではありません。それ以降もずっと重要になります。最初のうちは奇妙で不快に感じることでしょう。重要なのは、辛抱強くプロセスに従うことです。そうすれば、きっと結果が得られるはずです」

スティーブ「私は自分のやり方で1年半やってきましたが、うまくいきませんでした。何でも挑戦します。いや、何でもテストします」

メアリー「素晴らしい! 近いうちにまた話しましょう」

起業家の体系的なアプローチ

スティーブはオフィスに向かう途中で、メアリーとの会話を思い出していました。
顧客にインタビューするだけで、顧客が欲しいと思うもの(メアリーが言う「マフィアオファー」)を本当に構築できるのでしょうか?

オフィスに戻ると、メアリーからメールが届いていました。内容は情報のリストと高レベルのロードマップでした(**図10**)。

ロードマップの**PMF**は製品/市場フィット(Product/Market Fit)だとすぐにわかりましたが、その他の用語についてはよくわかりませんでした。

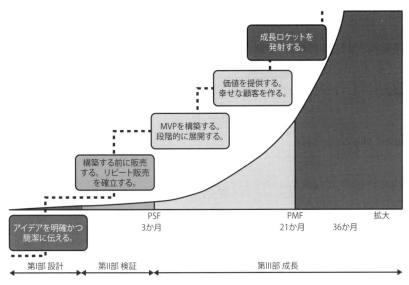

図10　継続的イノベーションのロードマップ

以下はメアリーからのメールです：

　スティーブさん

　これが私たちが使っている継続的イノベーションフレームワークと段階的な
戦略です。細かなところが多いかもしれませんが、我慢してください。

　継続的イノベーションフレームワークでは、90日間の「モデルの作成、優先
順位付け、テスト」のサイクルを使ってますので、まずはモデルの作成から
始めてください。それが終わったら、次のステージへ進みましょう。

　最後になりますが、新しいことを学ぶには、古い習慣を忘れる必要がありま
す。フレームワークを厳密に適用して、テストしていきましょう。

　もし行き詰まったら、気軽に連絡してください。

メアリー

スティーブは仕事に戻りました。これから数週間かけて以下のことを学びます。

● 　アイデアをビジネスモデルに分解する方法

- アイデアに追求する価値があるかどうかをテストする方法
- ビジネスモデルで最もリスクの高い仮定を特定して、優先順位を付ける方法
- 小規模で高速な実験を使用して、最もリスクの高い仮定をストレステストする方法
- 顧客インタビューで顧客から学ぶ方法
- 製品なしでトラクションを達成する方法
- 顧客に購入してもらえるようにピッチする方法
- 不確実性の高い状況下で活動および意思決定する方法

その後、スティーブは数か月で課金顧客、収益、チームを成長させ、製品を軌道に乗せることができました。

本書では、その方法を説明します。

著者について

こんにちは、私の名前はアッシュ・マウリアです。LEANSTACKの創業者であり、人気のあるビジネスモデリングツール「リーンキャンバス」の作者です。私も以前はスティーブと同じでした。素晴らしいアイデアを思いついたと勘違いしていました。あまりにも素晴らしかったので、ごく親しい友人以外には誰にも言いませんでした。

1年かけてその「大きなアイデア」を構築しました。そして、スティーブと同じように、自分のビジョンを共有できずに苦労しました。

スティーブからラリーになるのに7年かかりました。それ以来、もう過去をふりかえることはありません。これが個人的な信念です。

　「誰も欲しがらないものを作るほど人生は長くない」

私が長年にわたり著書やツールで成功し、注目を集めてきたのは、製品に対するこの新しい考え方とアプローチのおかげだと思っています。

ここから先は2人の起業家ではなく、スティーブだけの話になります。

私たちの物語のヒーローは、ラリーではなくスティーブです。

本書の構成

スタートアップの最も重要なマイルストーンはPMF（製品のトラクションが増加を始める変曲点）です。現実世界の製品の80%は、PMFを達成できていません。

このように成功率が低いのは、**不確実性が高い状況**だからと言われます。また、PMFより前は「目的のない放浪」と表現されます（**図11**）。

図11　目的のない放浪

しかし、このように進める必要はありません。製品の初期ステージは不確実性に満ちていますが、ぐちゃぐちゃになる必要はありません。適切なマインドセットと思考プロセスがあれば、迷路のように体系的に進んでいくことができます（**図12**）。

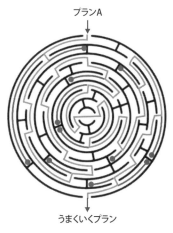

図12　アイデアの迷路

　リソースを使い切る前に、うまくいくビジネスモデルにたどり着くことが目的です。途中に紆余曲折や行き止まりはありますが、目的のない放浪とは違い、このプロセスは体系的です。

　本書では、アイデアの発想からPMF（製品/市場フィット）に至るまでを3つの部に分けて、段階的で体系的なプロセスとして説明しています。

第I部　設計

　本書のアイデアを実践するための重要なマインドセットは、ソリューションではなくビジネスモデルをスタートアップの「製品」にするというものです。製品と同じように、最初のステップは「**設計**」です。

　第I部では、最初のビジョン（プランA）をビジネスモデルに分解するプロセスを説明します。次に、初期ステージで製品が陥りやすい落とし穴を回避するために、ビジネスモデルの設計をストレステストする方法を説明します。最後に、他の人にも自分と同じ景色を見てもらうために、アイデアを明確かつ簡潔に伝える方法を学びます。

第II部　検証

　ビジネスモデルの設計は明確さやフォーカスを与えてくれますが、モデルは現実そのものではなく、抽象化した現実であることを認識することが重要です。言い換えれば、モデルは信念ではなく、証拠によって検証しなければなりません。

　第II部では、90日間サイクルを使用して、段階的にビジネスモデルをテストする方法を説明します。最初はPSF（課題/解決フィット）の検証ステージです。「デモ・販売・構築」のプロセスでは、製品を構築することなく、需要のテストや課金顧客の獲得の方法を学びます。

第III部　成長

　PSFを達成すると、顧客が購入する「かもしれない」ではなく、顧客が購入すると「わかっている」製品を構築する準備が整います。次のステップは、製品（MVP）をローンチして、PMFに向けて反復していくことです。

　第III部では、最もリスクの高い部分にフォーカスしながら、製品のローンチの速度と学習を最大化するための方法を説明します。すべての人に向けて製品をローンチするのではなく、ステージ別にローンチする方法を学びます。これは、ビジネスモデル

を小規模にテストしたり、成長を目指す前に再現性を確保したりするためです。

対象読者

本書の原則は、スタートアップと既存企業の両方において、新製品のローンチに適用できます。戦術は変わる可能性はありますが、原則は普遍的です。

本書の「起業家」とは、大胆な新製品を実現する責任者のことを指します。

本書の対象読者：
- 意欲的な連続起業家
- 企業のイノベーターや社内起業家
- プロダクトマネージャー
- 次世代の製品をレベルアップさせたいメイカーやビジョナリー

サービスや物理的な製品に使えるか？

本書で言う「製品」とは、顧客に価値を提供するもの全般を指しています。これには、デジタル製品、物理的な製品、サービスなどが含まれます。つまり、本書の概念はあらゆる種類の製品に適用できます。

実践は理論に勝る

本書の内容は、私自身の製品の学習と経験、過去10年間で私がアドバイスや指導をしてきたチームの製品の学習と経験の両方に基づいています。

本書の原則を自分でテストして、うまく適応させてください。

成功を保証するフレームワークはありません。しかし、優れたフレームワークにはフィードバックループが備わっています。不確実性に直面したときに、エビデンスに基づいた意思決定ができるようになるでしょう。

それが本書の約束です。

それでは、始めましょう。

第1部
設計

　私たちは空前のイノベーションの時代に生きています。インターネット、クラウドコンピューティング、オープンソースソフトウェアの登場により、製品の構築コストは格段に低下しました。しかしながら、スタートアップが成功する確率は向上していません。**ほとんどの新製品は失敗しているのです。**

　それより興味深いのは、成功したスタートアップの2/3が、当初のプランを途中で大幅に変更していることです。つまり、スタートアップが成功するのは、最初のプラン（プランA）が優れていたからではなく、リソースを使い切る前にうまくいくプランを見つけたからなのです。

　これまでは、うまくいくプランB、プランC、プランZを直感や運に頼って見つけていました。プランAの有効性を厳密にテストする体系的なプロセスがなかったからです。そこで『Running Lean』の登場です。本書では、リソースを使い切る前に、プランAからうまくいくプランへと反復的に移行する体系的なプロセスを紹介します。

I.1　ビジョンには「私」がいる

> 誰もが夢を見るが、誰もが同じではない。夜、疲れた心の奥底で夢を見る者たちは、目覚めとともに夢のむなしさを知る。だが、真昼に夢を見る者たちは危険だ。彼らはしっかりと目を開き、その夢を実現しようとする。
>
> 　　　　　　　　　　　—T.E.ロレンス、映画「アラビアのロレンス」

　メディアは、未来を見通して「画期的な」新製品を提供するビジョナリーの話を好みます。ビジョンのある製品のローンチは、遅すぎたり早すぎたりすることがありま

せん。

　なんだか素晴らしい話のように聞こえますが、ビジョンのある話の裏側には、何年もの激務・実験・学習が隠れているのです。スティーブ・ジョブズが「革新的デバイス」と評したiPadでさえ、少なくとも3世代のソフトウェアと、5世代のハードウェアをベースに数年もかけて開発されています。

　こうした話の展開は、私たちが考えているほど単純なものではありません。まず、顧客の採用曲線はひとつではありません。各顧客セグメントの採用速度は違います。あなたが想定する顧客やニーズに基づいて製品をローンチしたとしても、ターゲットの曲線と交わる可能性は低いでしょう。そこから曲線と交わるまで（PMFを達成するまで）何度もイテレーションを繰り返すことになります。最終的に曲線と交わったとしても、おそらくそれは元の曲線とは違うでしょう（これを**ピボット**と呼びます）。

　完璧にターゲットを狙えるビジョンのあるローンチとは違い、通常は採用曲線の左側（早すぎ）か右側（遅すぎ）から始まります。そこからイテレーション（現金）を使い切るまでに、曲線がどこへ向かっているかを学び、どうにか曲線と交わらせるのです。

1.2　アイデアのひらめきから始まる

　アイデアは思いがけないとき（シャワー中や運転中など）に思いつくものです。多くの人はそれを見逃していますが、起業家はそれを行動に移します。

　アイデアの問題点は、最初は素晴らしいものに見えてしまうことです。私はこれまでに自分のアイデアに基づいて行動してきましたが、どのアイデアも早すぎたり、遅すぎたり、見当違いだったりしました。アイデアに基づいて行動するよりも重要なのは、**悪いアイデアから良いアイデアをすばやく分離するプロセス**を持つことです。

　ビジョンの可能性を最大限に活用するには、情熱や決意が欠かせません。ただし、ビジョンを検証しなければ、独断的な信念の道を進むことになります。

> **―― NOTE ――**
>
> 頭のいい人は何でも正当化できますが、起業家は天性の才能でそれをやってしまいます。

　起業家の多くは、強いビジョンとそれを実現するプランAを持っています。しか

し、ほとんどのプランAは役に立ちません。

　強いビジョンは、理念や意義の形成に必要です。ただし、ビジョンは信念ではなく、事実で裏付けるべきです。最初のビジョンは、その大部分がテストされていない仮説（や推測）に基づいています。それを受け入れることが重要です。

I.3　事業計画書を書かずにリーンキャンバスを使用する

　アイデアを明確にする最初のステップは、大きなアイデアをいくつかの明確な仮定に分解することです。従来はこのために事業計画書を使っていました。

　事業計画書を書いたことがありますか？ プロセスは楽しかったですか？ この2つの質問を世界中の数千のメイカー、起業家、イノベーターに聞いてみました。その結果、事業計画書を書いたことがあるのはわずか30%、プロセスを楽しんだのは2%未満でした。

　同じ部屋にいた投資家（やステークホルダー）には「事業計画書をすべて読みますか？」と聞きました。すべて読むと回答したのは2%未満でした。しかも、できれば1ページのエグゼクティブサマリー、10ページのスライドデッキ、30秒のエレベーターピッチのほうが望ましいということでした。

　最新状態が維持されない誰も読まない40ページの文書をどうしても何週間もかけて書くのでしょうか？

　事業計画書の問題点は、以下のとおりです。

書くのに時間がかかりすぎる

　アイデアを青信号にするために、30ページの事業計画書、5年間の財務予測、18か月の製品ロードマップの作成が求められることがあります。これには、数か月ではないにしても、軽く数週間はかかるでしょう。

あくまでも推測である

　起業家やイノベーターが分厚い事業計画書を作らないのは、怠け者だからではありません。新しいプロジェクトの初期ステージでは、単純に多くの前提がわからないからです。

NOTE

製品の初期ステージでは、何がわからないのかがわかりません。

「継続的イノベーション」が必要とされる高速で不確実性の高い状況では、静的な計画に頼る余裕はありません。それよりも動的なモデルが必要です。リーンキャンバス（**図I-1**）は、そのような動的モデルのひとつです。

課題： 顧客の上位3つの課題	ソリューション： 各課題に対して考えられる解決方法	独自の 価値提案： 気づいていない訪問者を興味のある見込み客に変えるための明確で説得力のある表現	圧倒的な 優位性： 簡単にコピーしたり購入したりできないもの	顧客 セグメント： ターゲットとなる顧客やユーザー
既存の代替品： 現時点における課題の解決方法	主要指標： ビジネスの現状がわかる主要な数値	ハイレベル コンセプト： 「XのY」形式の比喩（例：YouTubeは動画のFlickr）	チャネル： 顧客への経路	アーリー アダプター： 理想的な顧客の特徴
コスト構造： 固定費と変動費			収益の流れ： 収入源	

リーンキャンバスはビジネスモデルキャンバスを改変したものです。
クリエイティブ・コモンズ 表示 - 継承 3.0 非移植 ライセンスの下に提供されています。

図I-1　リーンキャンバス

リーンキャンバスは、アレックス・オスターワルダーのビジネスモデルキャンバス[1]を改変したものです。継続的イノベーションフレームワークで使用する最初のモデルです。

リーンキャンバスは長くて退屈な事業計画書を、20分で作れる、実際に読まれる、1ページのビジネスモデルに置き換えます。

---

[1]　https://runlean.ly/lc-vs-bmc

　これまでに事業計画書や投資家向けのスライドを作成したことがあれば、リーンキャンバスの構成要素をすぐに理解できるでしょう。各構成要素については、**1章**で説明します。ここで強調しておきたいのは、継続的イノベーションのマインドセットです。

マインドセット#1

ビジネスモデルが製品である。

　[ソリューション]のボックスがキャンバス全体の9分の1になるようにしています。これは、起業家が情熱を傾けられるもの、あるいは得意とするものが、ソリューションだからです。ただし、以下のことを「**イントロダクション**」で説明しました。

- ソリューションは重要ですが、通常は最もリスクの高い部分ではありません。まずは、最もリスクの高い部分にフォーカスする必要があります。
- 投資家はあなたのソリューションを気にしません。彼らはトラクション（顧客エンゲージメント）を気にします。
- 顧客はあなたのソリューションを気にしません。彼らは課題を気にします。

　あなたの仕事は、最高のソリューションを構築することだけではありません。**ビジネスモデル全体を所有し、すべての要素をフィットさせる必要があります。**
　ビジネスモデルを「製品」と認識することがパワーになります。そうすれば、ビジネスモデルを所有できるだけでなく、製品開発でよく使用されるテクニックを会社づくりにも適用できるようになります。

I.4　ビジネスモデルの設計戦略

　製品を構築する最初のステップは、設計図やスケッチを作ることです。同様に、ビジネスを構築する最初のステップは、ビジネスモデルを設計することです。ビジネスモデルを設計すれば、アイデアを複数の仮定（1ページのリーンキャンバスに含まれるもの）に分解できます。次に、リスクの高い仮定に優先順位を付け、アイデアを実現するための段階的な検証戦略を策定します（図Ⅰ-2参照）。

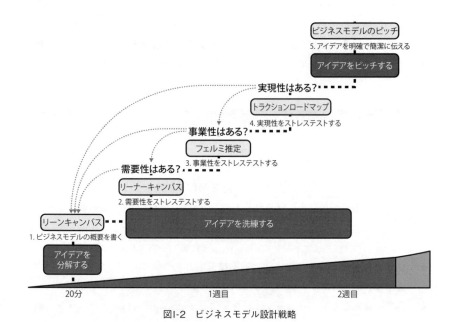

図I-2　ビジネスモデル設計戦略

第Ⅰ部では、以下のことを学びます。

- アイデアをリーンキャンバスに分解する（1章）
- 需要性のストレステスト（2章）
- 事業性のストレステスト（3章）
- 実現性のストレステスト（4章）
- アイデアを明確かつ簡潔に伝える（5章）

1章
アイデアをリーンキャンバスに
分解する

　家を建てるなどの複雑なプロジェクトに取り組むときは、いきなり壁を作ったりしません。まずは、建築計画や設計図（あるいはスケッチ）から始めるでしょう。

　アイデアの構想や起ち上げも同じです。

　本章では、1ページのリーンキャンバス（**図1-1**）を使用して、アイデアを複数の重要な仮定に分解する方法を学びます。

　リーンキャンバスの使い道は、ビジネスモデル、リリースする製品、単一の機能などさまざまです。世界中で数百万人が使用している非常に人気の高い事業計画のツールであり、製品マネジメントのツールです。

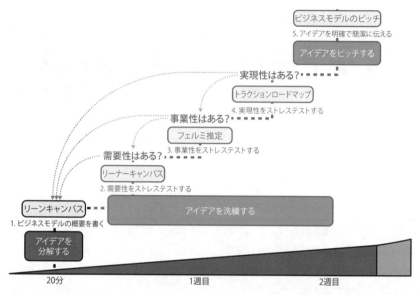

図1-1　アイデアを1ページのリーンキャンバスに分解する

1.1　最初のリーンキャンバスをスケッチする

> ビジネスモデルは、価値を作成し、提供し、顧客から（お金をいただいて）
> 回収する方法を記述したものである。
>
> 　　　　　　　　　　　　　　　　　　　　　　　—ソウル・キャプラン

本セクションでは、あなたのアイデアをリーンキャンバスにスケッチするプロセス
を説明します。最終的には、価値を作成し、提供し、顧客から回収する方法になるで
しょう。覚えておいていただきたいガイドラインがいくつかあります。

一気にスケッチしましょう

ホワイトボードに際限なく書き続けてしまいたくなりますが、最初のキャン
バスはすばやくスケッチしましょう。理想的には20分未満です。事業計画書
とは違い、**リーンキャンバスの目標は完璧を目指すことではなく、スナップ
ショットを撮ることです。**

集団思考を避けましょう

チームの場合は、みんなでリーンキャンバスを作成しないようにしましょう。ひとりずつスナップショットを作成してから、みんなでひとつのリーンキャンバスにまとめましょう。個人の視点が促進され、集団思考を避けることができるだけでなく、時間の節約にもなります。

空欄があっても構いません

特定のボックスについて不明な点があれば、空欄のままで構いません。キャンバスの各ボックスについては、以降のセクションで詳しく説明します。

1ページの制約を受け入れましょう

1ページでアイデアを記述できないなら、複雑すぎるのかもしれません。1ページにまとめるというのは、小さなフォントを使用するということではなく、短い言葉で説明するということです。段落で説明するよりも、ひとつの文で説明するほうが簡単です。1ページのキャンバスにまとめるというのは、ビジネスモデルの本質を掘り下げる優れた方法です。

現在のことを考えましょう

事業計画で未来を予測することは不可能です。「物事を成し遂げる」という態度でキャンバスを作成しましょう。現在のステージと、すでにわかっていることを踏まえた上で、製品を前進させるために検証すべき仮説は何でしょうか?

リーンキャンバスに正しい順序はありません

リーンキャンバスのスケッチはジグソーパズルのようなものです。正しい開始場所や記入すべき順番などはありません。よくわかっているボックスから着手して、残りの部分を埋めていきましょう。よくわからなければ、**図1-2**の順番を参考にしてください。

これから**図1-2**の各ボックスを詳しく見ていきます。

課題： 顧客の上位3つの 課題 **2** 既存の代替品： 現時点における 課題の解決方法	ソリューション： 各課題に対して 考えられる解決方法 **4** 主要指標： ビジネスの現状が わかる主要な数値 **8**	独自の 価値提案： 気づいていない 訪問者を興味のある 見込み客に変える ための明確で 説得力のある表現 **3** ハイレベル コンセプト： 「XのY」形式の 比喩（例：YouTube は動画のFlickr）	圧倒的な 優位性： 簡単にコピーしたり 購入したり できないもの **9** チャネル： 顧客への経路 **5**	顧客 セグメント： ターゲットとなる 顧客やユーザー **1** アーリー アダプター： 理想的な顧客の 特徴
コスト構造： 固定費と変動費 **7**		収益の流れ： 収入源 **6**		

リーンキャンバスはビジネスモデルキャンバスを改変したものです。
クリエイティブ・コモンズ 表示-継承 3.0 非移植 ライセンスの下に提供されています。

図1-2　リーンキャンバスを埋める順番のサンプル

1.1.1　顧客セグメント

　継続的イノベーションフレームワークは顧客主導型なので、通常は［顧客セグメント］のボックスから着手します。

1.1.1.1　顧客とユーザーを区別する

　ビジネスモデルに複数のアクター（関係者）がいる場合は、まずは「顧客」を特定しましょう。

> ── **TIP** ──
> 製品にお金を支払ってくれる人が「顧客」です。「ユーザー」はお金を支払ってくれません。

　次に、顧客とやり取りする他のアクター（ユーザーやインフルエンサーなど）を特定します。

例：

- ブログプラットフォームでは、顧客はブログの作成者、ユーザーは読者です。
- 検索エンジンでは、顧客は広告主、ユーザーは検索を実行する人たちです。

1.1.1.2 複数の視点をモデル化する

あなたのアイデアを各アクターの視点から見てみましょう。それぞれが異なる課題、チャネル、価値提案を持っているはずです。たとえば、検索エンジンでは、広告主は製品の認知度を高めることに苦労しているでしょうが、検索する人たちは何らかの疑問の答えを見つけようとしています。すべての視点を同じキャンバスに記入してから、色やハッシュタグで各アクターの視点を識別できるようにしておきましょう。

1.1.1.3 アーリーアダプターに焦点を当てる

起業家としては、大きな市場機会を相手にしながら、同時にアーリーアダプターにも鋭くフォーカスする必要があります。

―― **TIP** ―――――――――――――――――――――――

まずは、アーリーアダプターを決めましょう。メインの顧客ではありません。

―――――――――――――――――――――――――――――

顧客セグメントはアイデアの総市場規模（TAM: Total Addressable Market）ですが、アーリーアダプターはTAMのサブセットです。これは、理想的な最初の顧客セグメントを表します（理想的な顧客プロフィールとも呼ばれます）。

1.1.2 課題

イノベーションの可能性を生み出すのは、ソリューションではなく課題です。［課題］ボックスには、あなたの製品が扱う課題を列挙します。

1.1.2.1 上位1〜3件の課題を列挙する

考えられる限りの課題を出したくなりますが、顧客に差し迫っていると思われる上位1〜3件の課題を優先しましょう。

1.1.2.2 既存の代替品を列挙する

アーリーアダプターが課題をどのように解決しているかを記入しましょう。これまでにない斬新な課題を解決していない限り、すでにソリューションは存在します。これらのソリューションは、必ずしも競合他社のものとは限りません。

1.1.2.3 スティーブが顧客セグメントと課題に取り組む

最初のリーンキャンバスのスケッチを始める前に、スティーブは1年前に書いたビジョンステートメントを見返しました。

> 現実世界と同じくらい広大でリッチな代替仮想世界（マルチバース）を構築し、どこからでもアクセス可能で便利なものにする。

［顧客セグメント］に「すべての人」と書きたくなりましたが、メアリーからのアドバイスを思い出しました。

> すべての人を対象にしようとすると、誰にも届きませんよ。

理想的なアーリーアダプターにフォーカスすべきと思い、［顧客セグメント］には「ソフトウェア開発者」と記入しました。最終的には、すべての人がリッチで没入型のAR/VRアプリケーションを作れるようにしたいと考えていますが、最初はすでにこうしたアプリを作っている、あるいはこれから作ろうとしているソフトウェア開発者を対象にするほうが簡単だろうと考えました。

次に、この顧客セグメントのなかで、数年以内にAR/VR技術を採用する可能性が高い業界を列挙しました。そして、これから自分が解決するであろう上位の課題と、既存の代替品をリーンキャンバスに書くことにしました。

しばらく考えた結果、［顧客セグメント］と［課題］は**図1-3**のようになりました。

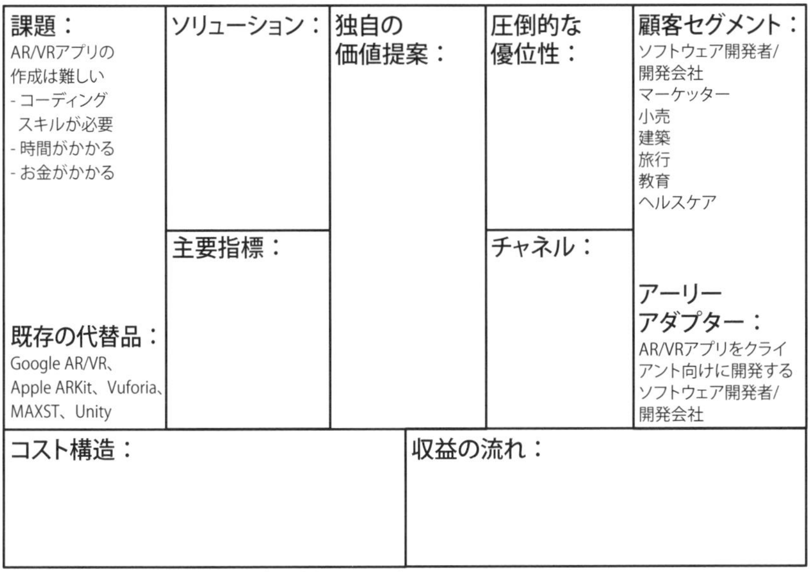

課題： AR/VRアプリの 作成は難しい - コーディング 　スキルが必要 - 時間がかかる - お金がかかる	ソリューション：	独自の 価値提案：	圧倒的な 優位性：	顧客セグメント： ソフトウェア開発者/ 開発会社 マーケッター 小売 建築 旅行 教育 ヘルスケア
	主要指標：		チャネル：	
既存の代替品： Google AR/VR、 Apple ARKit、Vuforia、 MAXST、Unity				**アーリー アダプター：** AR/VRアプリをクライ アント向けに開発する ソフトウェア開発者/ 開発会社
コスト構造：			収益の流れ：	

リーンキャンバスはビジネスモデルキャンバスを改変したものです。
クリエイティブ・コモンズ 表示 - 継承 3.0 非移植 ライセンスの下に提供されています。

図1-3　スティーブの顧客セグメントと課題

1.1.3　独自の価値提案

　リーンキャンバスの中央にあるボックスは［独自の価値提案］です。UVP（Unique Value Proposition）とも呼ばれます。これは、最も重要なボックスであり、明確にするのが最も難しいボックスです。

NOTE

UVPを定義するには、以下の質問に答える必要があります。
　「なぜあなたの製品には独自性があり、注目すべきものなのか？」

　顧客はお金を支払う前に、まずは製品に注目します。UVPを明確にするのが難しいのは、製品のエッセンスを短い文章だけで表現する必要があるからです。ランディングページに載せるキャッチコピーを想像するとわかりやすいでしょう。さらには、競合他社と差別化するために、独自性の高いUVPにする必要があります。なお、その独自性は「顧客にとって重要なもの」でなければなりません。

　ただし、最初から完璧なものを作る必要はありません。リーンキャンバスの他の要素と同じように、まずは推測から始めて、何度も改良していきましょう。

1.1.3.1　顧客の最大の課題と結び付ける

　効果的なUVPを作成するには、顧客の最大の課題と結び付けることです。それが顧客にとって本当に解決すべき課題ならば、すでに半分以上は解決されたも同然です。

1.1.3.2　アーリーアダプターを対象にする

　メインの顧客にリーチしたいと思いながら、顧客セグメントの「中間」をターゲットにして、メッセージを弱めてしまうマーケッターが多すぎます。あなたの製品はまだメインの顧客を相手にはできません。まずは、アーリーアダプターを対象にしましょう。そのためには、大胆で、明確で、具体的なメッセージが必要です。

1.1.3.3　アウトカムにフォーカスする

　製品の機能よりもベネフィットを強調すべきという話を耳にしたことがあるでしょう。ベネフィットは顧客の世界観にうまく変換されなければなりません。優れたUVPは、顧客の頭の中に入り込み、あなたの製品を使用することで得られるベネフィット（さらには望ましいアウトカム）にフォーカスしています。

　たとえば、履歴書の作成サービスを構築しているとしましょう。

- 機能は「プロがデザインしたテンプレート」です。
- ベネフィットは「注目を集める履歴書」です。
- 望ましいアウトカムは「理想の仕事に就ける」です。

1.1.3.4　短くする

　広告プラットフォームの見出しの文字数には制限があります。使用する言葉は慎重に選びましょう。中身のない言葉は避けましょう。

1.1.3.5　「何のため」「誰のため」「なぜ」に答える

　優れたUVPは、「何のため」の「誰のため」の製品であるかが明確です。「なぜ」まで含めることは難しいので、これはサブの見出しに入れましょう。

　以下に例を示します。

- **製品**：リーンキャンバス
- **見出し**：あなたのアイデアを関係者に明確かつ簡潔に伝えます。
- **サブの見出し**：リーンキャンバスは、長くて退屈な事業計画書をわずか1ページのビジネスモデルに置き換えます。作るのも読むのもわずか20分で終わります。

1.1.3.6　ハイコンセプトピッチを作成する

UVPを作成するときには「ハイコンセプトピッチ」も便利です。これはVenture Hacksの電子書籍『Pitching Hacks』で有名になったツールです。ハリウッドのプロデューサーが映画のプロットから印象に残る言葉を抜き出すときに使っています。

以下に例を示します。

- YouTube：「動画のFlickr」
- エイリアン（映画）：「宇宙のジョーズ」
- Dogster：「犬向けのFriendster（SNS）」

ハイコンセプトピッチとUVPを混同しないようにしましょう。ハイコンセプトピッチはランディングページで使うものではありません。引用しているものが伝わらない危険性があります。ハイコンセプトピッチは顧客インタビューをしたあとに、自分の考えをすばやく伝えるために使用しましょう。ハイコンセプトピッチの具体的な使い方については、**8章**で説明します。

1.1.3.7　スティーブがUVPを作る

既存の代替品には技術的なノウハウやコーディングの知識が必要だったので、スティーブはUVPのキーワードに「ノーコード」を使うことにしました（**図1-4**）。

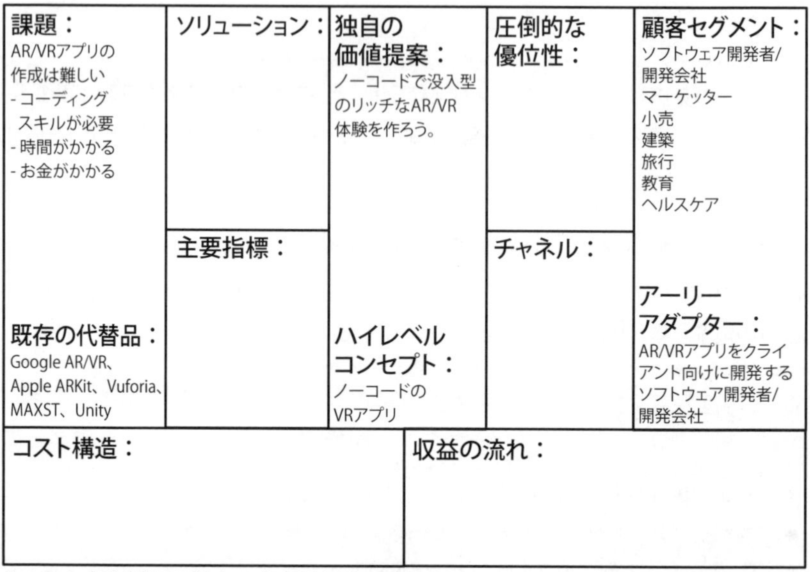

課題： AR/VRアプリの 作成は難しい - コーディング 　スキルが必要 - 時間がかかる - お金がかかる	ソリューション：	独自の 価値提案： ノーコードで没入型 のリッチなAR/VR 体験を作ろう。	圧倒的な 優位性：	顧客セグメント： ソフトウェア開発者/ 開発会社 マーケッター 小売 建築 旅行 教育 ヘルスケア
	主要指標：		チャネル：	
既存の代替品： Google AR/VR、 Apple ARKit、Vuforia、 MAXST、Unity		ハイレベル コンセプト： ノーコードの VRアプリ		アーリー アダプター： AR/VRアプリをクライ アント向けに開発する ソフトウェア開発者/ 開発会社
コスト構造：			収益の流れ：	

リーンキャンバスはビジネスモデルキャンバスを改変したものです。
クリエイティブ・コモンズ 表示 - 継承 3.0 非移植 ライセンスの下に提供されています。

図1-4　スティーブのUVP

1.1.4　ソリューション

　ソリューションに取り組む準備が整いました。

　ただし、これから顧客と何度か話し合ったあとに、課題の優先順位が変わったり、新しい課題と置き換えられたりすることがあります。したがって、まだソリューションを完全には定義しないことをお勧めします。リーンキャンバスにある各課題を解決するために、あなたが構築できる最もシンプルなものをスケッチしましょう。

—— **TIP** ——————————————————————
課題に対するソリューションの決定は、できるだけ遅らせましょう。

1.1.4.1　スティーブがソリューションを定義する

　スティーブは課題を見ながら、対応する機能のリストを作成しました（図1-5参照）。

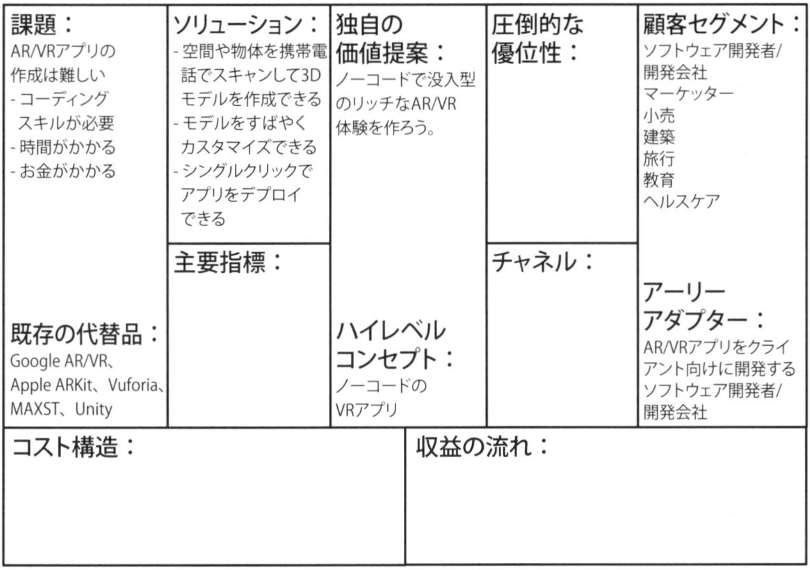

課題： AR/VRアプリの 作成は難しい - コーディング 　スキルが必要 - 時間がかかる - お金がかかる	ソリューション： - 空間や物体を携帯電 　話でスキャンして3D 　モデルを作成できる - モデルをすばやく 　カスタマイズできる - シングルクリックで 　アプリをデプロイ 　できる	独自の **価値提案：** ノーコードで没入型 のリッチなAR/VR 体験を作ろう。	圧倒的な 優位性：	顧客セグメント： ソフトウェア開発者/ 開発会社 マーケッター 小売 建築 旅行 教育 ヘルスケア
	主要指標：		**チャネル：**	
既存の代替品： Google AR/VR、 Apple ARKit、Vuforia、 MAXST、Unity		**ハイレベル コンセプト：** ノーコードの VRアプリ		**アーリー アダプター：** AR/VRアプリをクライ アント向けに開発する ソフトウェア開発者/ 開発会社
コスト構造：			**収益の流れ：**	

リーンキャンバスはビジネスモデルキャンバスを改変したものです。
クリエイティブ・コモンズ 表示 - 継承 3.0 非移植 ライセンスの下に提供されています。

図1-5　スティーブのソリューション

1.1.5　チャネル

　あなたが森の中で製品をローンチしたとしましょう。誰かに気づかれますか？ 顧客に到達するまでの道筋を作れないことが、スタートアップが失敗する最大の理由です。

　スタートアップの最初の目標は学習です。スケールではありません。したがって、潜在顧客に出会えるのであれば、最初はどのようなチャネルでも問題ありません。

　「顧客発見インタビュー」のプロセス（**7章**）を使えば、「十分な」顧客に到達するまでの経路を早期に構築できます。ただし、大量の顧客が必要なビジネスモデルの場合、経路がスケールしないまま続いてしまうと、あとで行き詰まる可能性もあります。

　したがって、最初からスケール可能なチャネルについても考えておくことが重要です。早い段階から構築や検証ができるようにしておきましょう。

　チャネルの選択肢はいくつもありますが、あなたのスタートアップに適していないものもあれば、あとから使えるようになるものもあります。

1.1.5.1 スティーブが顧客に到達するまでの経路を書き出す

スティーブはソフトウェアの開発者や開発会社をアーリーアダプターにしたので、最初のチャネルを紹介、直販、カンファレンス、展示会に設定して、あとから広告を使用することを考えています（**図1-6**参照）。

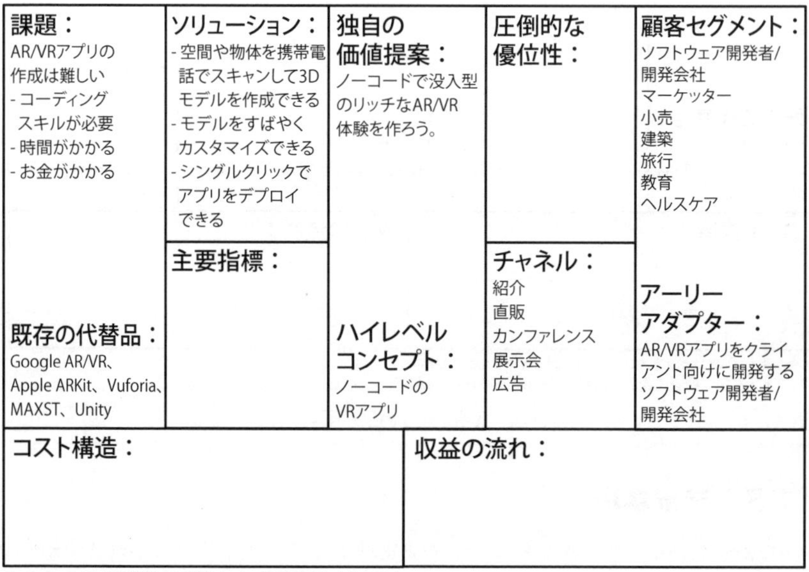

課題： AR/VRアプリの作成は難しい - コーディングスキルが必要 - 時間がかかる - お金がかかる	ソリューション： - 空間や物体を携帯電話でスキャンして3Dモデルを作成できる - モデルをすばやくカスタマイズできる - シングルクリックでアプリをデプロイできる	独自の 価値提案： ノーコードで没入型のリッチなAR/VR体験を作ろう。	圧倒的な 優位性：	顧客セグメント： ソフトウェア開発者/開発会社 マーケッター 小売 建築 旅行 教育 ヘルスケア
	主要指標：		チャネル： 紹介 直販 カンファレンス 展示会 広告	
既存の代替品： Google AR/VR、Apple ARKit、Vuforia、MAXST、Unity		ハイレベル コンセプト： ノーコードのVRアプリ		アーリー アダプター： AR/VRアプリをクライアント向けに開発するソフトウェア開発者/開発会社
コスト構造：			収益の流れ：	

リーンキャンバスはビジネスモデルキャンバスを改変したものです。
クリエイティブ・コモンズ 表示 - 継承 3.0 非移植 ライセンスの下に提供されています。

図1-6　スティーブのチャネル

1.1.6　収益の流れとコスト構造

最下部にある［収益の流れ］と［コスト構造］のボックスは、ビジネスの事業性をモデル化するために使用します。

1.1.6.1　収益の流れ

多くのスタートアップが「価格設定の質問」を後回しにしていますが、これは大きな間違いです。理由は以下のとおりです。

価格は製品の一部

目の前にミネラルウォーターが2つあります。ひとつは50セント。もうひとつは2ドルです。飲んでみて味の違いがわからなかったとしても、あなたは価格の高いほうが品質が良いと感じるでしょう（少なくともそう思いたくなります）。つまり、価格には製品に対する感じ方を変えてしまう力があるのです。

価格が顧客を決定する

さらにおもしろいのは、価格によって顧客セグメントが決まるということです。ミネラルウォーターの市場には、2つの価格帯のビジネスが存在します。設定した価格の情報から、獲得したい顧客がわかるのです。

課金は最初の検証

お金をいただくのは最も難しい行為です。これは最初の製品検証でもあります。

―― **NOTE** ――――――――――――――――――――――――――――――――――

収益の有無が、趣味とビジネスの違いです。

―――――――――――――――――――――――――――――――――――――――

1.1.6.2　コスト構造

あなたのアイデアや製品のコスト構造をどのように決定しますか？ つまり、製品を作り、ビジネスを運営していくためには、どれくらいの費用がかかりますか？

3〜5年後を予測するよりも、ステージ別に考えましょう。まずは、今から3〜6か月程度の短期的なマイルストーンにフォーカスします。MVPを定義・構築・ローンチするまでのランウェイをモデル化するために、以下の質問をしてみましょう。

- MVPを定義・構築・ローンチするまでのコストは？
- 今後のバーンレートは？（給与やオフィス賃貸料など）

1.1.6.3　スティーブがコスト構造と収益の流れについて考える

スティーブはコンサルティング業で自己資金を集められることに気づきましたが、競合他社（Virtuoso X）が製品をローンチしたことで、急ぐ必要がでてきました。そこで、6か月以内にMVPをローンチするという目標を設定し、そのコストを算出しま

した。ほとんどのコストは彼の時間でした。

　スティーブはこれまで価格設定のことを真剣に考えていませんでしたが、後回しにすべきではないというアドバイスに従うことにしました。他のソフトウェア開発ツールの価格を参考にしようと思いましたが、無料から月額数百ドルまで、種類がさまざまであることがわかりました。結局、中間的な価格にすることにして、エントリーレベルの価格を「30日間の無料トライアル付きで月額50ドル」に設定しました。

　コスト構造については、スティーブはランウェイに6〜9か月は必要であると見積もっています。十分な顧客や投資家を引きつけられるまでは、ひとりで製品を軌道に乗せるつもりです。**図1-7**は、現在のスティーブのリーンキャンバスです。

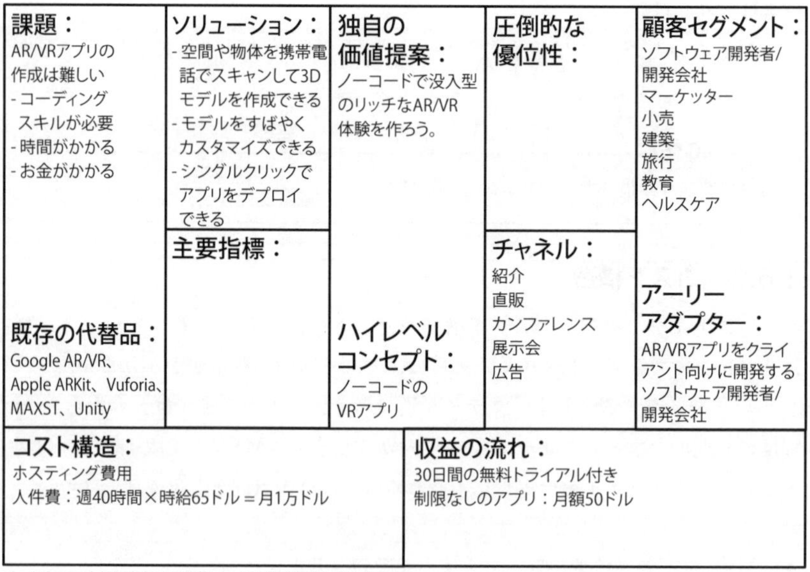

課題： AR/VRアプリの作成は難しい - コーディングスキルが必要 - 時間がかかる - お金がかかる	ソリューション： - 空間や物体を携帯電話でスキャンして3Dモデルを作成できる - モデルをすばやくカスタマイズできる - シングルクリックでアプリをデプロイできる	独自の 価値提案： ノーコードで没入型のリッチなAR/VR体験を作ろう。	圧倒的な 優位性：	顧客セグメント： ソフトウェア開発者/開発会社 マーケッター 小売 建築 旅行 教育 ヘルスケア
	主要指標：		チャネル： 紹介 直販 カンファレンス 展示会 広告	
既存の代替品： Google AR/VR、Apple ARKit、Vuforia、MAXST、Unity		ハイレベル コンセプト： ノーコードのVRアプリ		アーリー アダプター： AR/VRアプリをクライアント向けに開発するソフトウェア開発者/開発会社
コスト構造： ホスティング費用 人件費：週40時間×時給65ドル＝月1万ドル			収益の流れ： 30日間の無料トライアル付き 制限なしのアプリ：月額50ドル	

図1-7　スティーブのコスト構造と収益の流れ

1.1.7　主要指標

あらゆるビジネスには、パフォーマンスを測定するための主要な数値があります。これらの数値は、進捗を測定したり、ビジネスモデルのホットスポット（リスクのある場所）を特定したりするために重要です。ここでは、いくつかの例を紹介します。

1.1.7.1　上位3〜5つの指標を列挙する

指標を収集しすぎないようにしましょう。ビジネスモデルが機能しているかを測定できるように、上位3〜5つの指標だけを列挙しましょう。

1.1.7.2　アウトプットよりもアウトカムの指標を優先する

あなたが構築している量（アウトプット）ではなく、ユーザーの人数や様子（アウトカム）を測定しましょう。適切なアウトカムの指標は「顧客中心」です。

以下はアウトカムの指標の例です。

- 新規顧客数
- 月間経常収益（MRR: Monthly Recurring Revenue）
- 顧客ライフタイムバリュー（LTV: Life Time Value）

1.1.7.3　遅行指標よりも先行指標を優先する

売上報告書の作成に先んじてビジネスの動向をリアルタイムで教えるキーナンバーを見つけておくこと。

　　　　　　　—ノーム・ブロドスキー、ボー・バーリンガムボー・バーリンガム

　　　　　　　『経営の才覚—創業期に必ず直面する試練と解決』

　　　　　　　（アメリカン・ブック&シネマ）

収益や利益などの指標は重要ではありますが、これらは進捗を示す先行指標ではなく、遅行指標であることを理解してください。

以下は先行指標の例です。

- パイプラインにいるクオリファイド・リードの人数
- トライアルの人数
- 顧客の減少率（解約率）

1.1.7.4　類似例の調査

同じ製品や業界の企業がどのような指標を使っているかを調査しましょう。
以下は例です。

- SaaSの指標：
    - 顧客ライフタイムバリュー（LTV）
    - 顧客獲得コスト（CAC）
    - 月間経常収益（MRR）、年間経常収益（ARR）
- 広告の指標：
    - 日次アクティブユーザー（DAU）、月次アクティブユーザー（MAU）
    - クリック率（CTR）
    - インプレッション単価（CPM）、クリック単価（CPC）
- マーケットプレイスの指標：
    - 買い手と売り手の比率
    - 平均取引数
    - テイクレート（販売手数料）

1.1.7.5　スティーブが主要指標を特定する

　スティーブは、上記のSaaS製品の指標を参考にして、［主要指標］のボックスを記入することにしました（**図1-8**参照）。

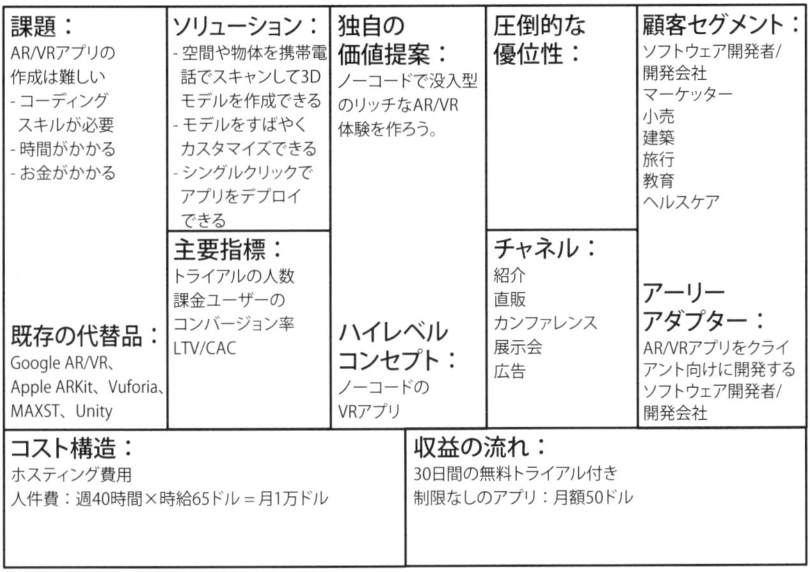

課題： AR/VRアプリの 作成は難しい - コーディング 　スキルが必要 - 時間がかかる - お金がかかる	ソリューション： - 空間や物体を携帯電 　話でスキャンして3D 　モデルを作成できる - モデルをすばやく 　カスタマイズできる - シングルクリックで 　アプリをデプロイ 　できる	独自の 価値提案： ノーコードで没入型 のリッチなAR/VR 体験を作ろう。	圧倒的な 優位性：	顧客セグメント： ソフトウェア開発者/ 開発会社 マーケッター 小売 建築 旅行 教育 ヘルスケア
	主要指標： トライアルの人数 課金ユーザーの コンバージョン率 LTV/CAC	ハイレベル コンセプト： ノーコードの VRアプリ	チャネル： 紹介 直販 カンファレンス 展示会 広告	アーリー アダプター： AR/VRアプリをクライ アント向けに開発する ソフトウェア開発者/ 開発会社
既存の代替品： Google AR/VR、 Apple ARKit、Vuforia、 MAXST、Unity				
コスト構造： ホスティング費用 人件費：週40時間×時給65ドル＝月1万ドル		収益の流れ： 30日間の無料トライアル付き 制限なしのアプリ：月額50ドル		

リーンキャンバスはビジネスモデルキャンバスを改変したものです。
クリエイティブ・コモンズ 表示 - 継承 3.0 非移植 ライセンスの下に提供されています。

図1-8　スティーブの主要指標

1.1.8　圧倒的な優位性

　［圧倒的な優位性］は、埋めるのが最も難しい部分なので、最後に説明することにしました。多くの創業者は、競争上の優位性がないものを記入しようとします。たとえば、情熱、コード行、機能などです。

　よく引き合いに出される優位性に「先行者利益」があります。しかし、先頭を走ることが不利に働くこともあります。新しい道を切り開く（リスクを緩和する）という困難な仕事が伴いますし、本物の「圧倒的な優位性」がなければ、すぐに後続に追いつかれてしまいます。Ford、トヨタ、Google、Microsoft、Apple、Facebookを考えてみてください。いずれの企業も先行者ではありません。

　「コピーする価値のあるものはコピーされる」という言葉を覚えておきましょう。ビジネスモデルを披露するときには特に注意が必要です。

　共同創業者があなたのソースコードを盗み、コスタリカで起業して、大幅に価格を下げたとしましょう。あなたはそれでもビジネスをやっていけますか？GoogleやAppleが競合製品をローンチして、価格を0ドルにして提供したらどうなりますか？

それでも成功するビジネスを構築できなければなりません。ジェイソン・コーヘンは以下のような定義を提唱しています。

本物の圧倒的な優位性とは、簡単にコピーしたり購入したりできないものだ。

この定義に当てはまる圧倒的な優位性の例を以下に挙げます。

- 企業内部情報
- 専門家からの支持
- ドリームチーム
- 個人の信頼性
- ネットワーク効果
- プラットフォーム効果
- コミュニティ
- 既存顧客
- SEOのランキング

本物の圧倒的な優位性と偽物の違いは、検索エンジンマーケティングにおけるオーガニック検索と有料検索の違いです。有料検索は競合他社も簡単にコピーして購入できますが、オーガニック検索は自力で獲得する必要があります。

圧倒的な優位性のなかには、時間をかけて差別化要因になる価値もあります。たとえば、ザッポス社のCEOトニー・シェイは、顧客と従業員の幸せの創造に強くこだわっていました。多くの企業の方針にも（表面上は）似たようなことが書かれているかもしれません。しかし、それがビジネスに影響を与えているでしょうか？ 顧客を幸せにするためにサービス担当者に好きなだけ時間を使わせたり、送料を負担して365日いつでも返品可能にしたりしているでしょうか？ これらの方針がザッポス社のブランドの差別化になり、巨大で、情熱的で、声の大きな顧客基盤を作り上げたのです。そして、このことが大きな役割を果たし、2009年にAmazonに12億ドルで買収されることになりました。

1.1.8.1　最初から圧倒的な優位性が見つからないときは？

アイデアを思いついたときに圧倒的な優位性を持っている起業家はほとんどいませ

ん。マーク・ザッカーバーグを考えてみましょう。彼がソーシャルネットワークを構築した最初の人物ではありません。競合他社はすでに数百万人ものユーザーと数百万ドルもの資金を手にしており、かなり有利な状況にいました。それでも、地球上で最大のソーシャルネットワークを構築したのはマーク・ザッカーバーグでした。

1.1.8.2　圧倒的な優位性の物語から始める

マーク・ザッカーバーグは、最初は圧倒的な優位性を持っていませんでしたが、圧倒的な優位性の**物語**は持っていました。彼は、圧倒的な優位性は大規模なネットワーク効果からもたらされるとわかっていました。フォーカスを明確にすることで、Facebookは体系的なローンチと成長戦略を構築することができました。その結果、最終的に圧倒的な優位性を実現することができました。

1.1.8.3　圧倒的な優位性を空欄にする

圧倒的な優位性の物語が明らかではないときは、弱い優位性を無理に記入するよりも、空欄のままにしておきましょう。

1.1.8.4　無名を受け入れる

圧倒的な優位性は最初から必要なわけではありません。開始直後は価値のあるものを構築して、競合他社から注目されないようにしましょう。そのためには無名を受け入れる必要があります。無名の期間に、本物の圧倒的な優位性を探し続けましょう。

1.1.8.5　スティーブが圧倒的な優位性の物語を考える

スティーブはソフトウェアIP（知財）を圧倒的な優位性にしようと考えていましたが、本物と偽物の圧倒的な優位性の違いについて学んだので、「プラットフォーム効果」をベースにして圧倒的な優位性の物語を作ることにしました（**図1-9**）。

キラーアプリを構築するソフトウェア開発者や開発会社を十分に獲得できれば、「再利用可能な3Dオブジェクトのライブラリを作る」という彼のビジョンは加速されるでしょう。また、誰もがアプリを高速に構築できるようになり、彼のプラットフォームがAR/VRアプリケーションの選択肢となるでしょう。

課題： AR/VRアプリの 作成は難しい - コーディング 　スキルが必要 - 時間がかかる - お金がかかる	ソリューション： - 空間や物体を携帯電 　話でスキャンして3D 　モデルを作成できる - モデルをすばやく 　カスタマイズできる - シングルクリックで 　アプリをデプロイ 　できる	独自の 価値提案： ノーコードで没入型 のリッチなAR/VR 体験を作ろう。	圧倒的な 優位性： プラットフォーム 効果	顧客セグメント： ソフトウェア開発者/ 開発会社 マーケッター 小売 建築 旅行 教育 ヘルスケア
既存の代替品： Google AR/VR、 Apple ARKit、Vuforia、 MAXST、Unity	**主要指標：** トライアルの人数 課金ユーザーの コンバージョン率 LTV/CAC **ハイレベル コンセプト：** ノーコードの VRアプリ		**チャネル：** 直販 カンファレンス 展示会 広告	**アーリー アダプター：** AR/VRアプリをクライ アント向けに開発する ソフトウェア開発者/ 開発会社
コスト構造： ホスティング費用 人件費：週40時間×時給65ドル＝月1万ドル			**収益の流れ：** 30日間の無料トライアル付き 制限なしのアプリ：月額50ドル	

図1-9　スティーブの圧倒的な優位性

1.2　リーンキャンバスを洗練させる

　リーンキャンバスをすばやく記入すれば、大きなアイデアを評価していくことができます。また、ビジネスモデルを複数の仮定として視覚化できます。しかし、多くの起業家が作るリーンキャンバスは、広すぎるか狭すぎるかのいずれかです。これはゴルディロックスの問題です。

　アイデアを1ページに収めることができないなら、それは広すぎる可能性があります。キャンバスが広すぎると、水で薄められたようなありきたりなものになってしまいます。解決しようとしている課題があまりにも普遍的であり、あらゆる人を対象にしようとしているスタートアップをいくつも見てきました。

───── **TIP** ──────────────────────────────

すべての人を対象にしようとすると、誰にも届きませんよ。

──

　メインストリームになるような製品を構築しようとしているかもしれませんが、最初は特定の顧客を念頭に置く必要があります。現在5億人以上のユーザーを抱えるFacebookでさえ、最初は「ハーバード大学の学生」という狭いユーザーグループを対象としていました。逆にリーンキャンバスが狭すぎると、局所最大化の罠に陥ってしまい、アイデアに最適な市場を見つけられないまま終わる危険性があります。

　これを**山登り問題**と呼ぶこともあります（**図1-10**）。

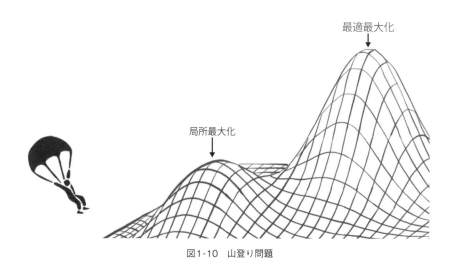

図1-10　山登り問題

　あなたが目隠しをされて、山の最高地点を見つける仕事をしているとしましょう。手探りだけで進んでいると、小さな丘の頂上を最高地点だと思うかもしれません。しかし、目隠しを外されると、すぐ隣にもっと高い山があることがわかるのです。

1.2.1　ゴルディロックスの問題をどのように回避するか？

　リーンキャンバスを広くしながら、同時に狭くするような戦略が必要です。そのためには、最初のリーンキャンバス（ビッグアイデアキャンバス）を複数のキャンバスに分割するといいでしょう（**図1-11**）。

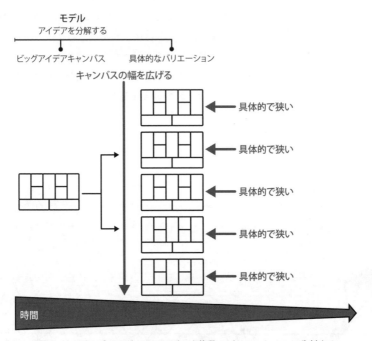

図1-11　ビッグアイデアキャンバスを複数のバリエーションに分割する

　分割したキャンバスは具体的で狭いものですが、同じアイデアから複数のバリエーションをスケッチすることで、キャンバスの幅を広げることができます。たとえば、写真共有サービスの場合、消費者向けと企業向けに分割することができます。同じビジネスであっても、検討すべきビジネスモデルが複数存在する可能性があります。こうしたバリエーションは別々のキャンバスで探索しましょう。

　このアプローチで最も高い山を発見できる保証はありませんが、最初から網を広げてあらゆる可能性にオープンになっていれば、ひとつのアイデアに固執することを回避できるはずです。バリエーションをいくつか用意できたら、優先順位を付けて体系的にテストしましょう。ビジネスモデルの構築に必要なのは、探索のマインドセットです。実行のマインドセットではありません。覚えておきましょう。

1.2.2　いつリーンキャンバスを分割するのか？

　リーンキャンバスが広くなりすぎる理由は、多くのビジネスモデルの物語をひとつ

のキャンバスに詰め込もうとするからです。それぞれのリーンキャンバスごとに、ひとつのビジネスモデルの物語を作りましょう。

基本的なビジネスモデルには3つの原型があります。ダイレクト、マルチサイド、マーケットプレイスです。ひとつのリーンキャンバスに複数のモデルが混在している場合は、別々のキャンバスに分割してください。3つの原型について見ていきましょう。

1.2.2.1 ダイレクト

ダイレクトビジネスモデルは、最も基本的で普及しているタイプです。ユーザーが顧客になる「ワンアクターモデル」です。ダイレクトビジネスモデルを持つ企業の例は、スターバックスです。スターバックスのリーンキャンバスの例を**図1-12**に示します。

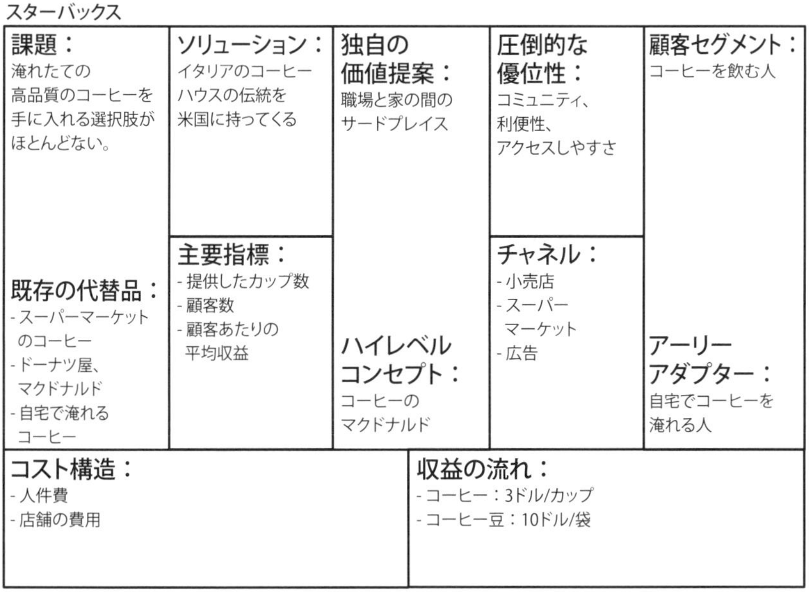

スターバックス

課題： 淹れたての 高品質のコーヒーを 手に入れる選択肢が ほとんどない。	ソリューション： イタリアのコーヒー ハウスの伝統を 米国に持ってくる	独自の 価値提案： 職場と家の間の サードプレイス	圧倒的な 優位性： コミュニティ、 利便性、 アクセスしやすさ	顧客セグメント： コーヒーを飲む人
	主要指標： - 提供したカップ数 - 顧客数 - 顧客あたりの 　平均収益		チャネル： - 小売店 - スーパー 　マーケット - 広告	
既存の代替品： - スーパーマーケット 　のコーヒー - ドーナツ屋、 　マクドナルド - 自宅で淹れる 　コーヒー		ハイレベル コンセプト： コーヒーの マクドナルド		アーリー アダプター： 自宅でコーヒーを 淹れる人
コスト構造： - 人件費 - 店舗の費用			収益の流れ： - コーヒー：3ドル/カップ - コーヒー豆：10ドル/袋	

リーンキャンバスはビジネスモデルキャンバスを改変したものです。
クリエイティブ・コモンズ 表示 - 継承 3.0 非移植 ライセンスの下に提供されています。

図1-12　スターバックスのリーンキャンバス

　ダイレクトビジネスモデルでは、獲得可能な顧客セグメントの合計を［顧客セグメント］に、理想的なサブセグメントを［アーリーアダプター］に記入します。

1.2.2.2　マルチサイド

　マルチサイドモデルも基本的にはダイレクトモデルと同じですが、複数の顧客からマネタイズするところが違います。**ユーザー**と**顧客**で構成される「ツーアクターモデル」です。

　ユーザーは製品を使用するために、通貨ではなくデリバティブ通貨を支払います。十分な人数のユーザーが集まると、このデリバティブ通貨は顧客がお金を支払うデリバティブ資産になります。マルチサイドビジネスの例は、Facebookです。2004年にローンチした当時は、ユーザーは大学生であり、顧客は広告主でした。

　Facebookのリーンキャンバスの例を**図1-13**に示します。

　マルチサイドビジネスモデルでは、ユーザーと顧客の視点からリーンキャンバスをモデル化します。たとえば、ユーザーの視点からの既存の代替品はFriendsterになります。

Facebook：広告主＋大学生

課題：	ソリューション：	独自の価値提案：	圧倒的な優位性：	顧客セグメント：
既存のソーシャルネットワークでは、約束が守られない。また、以下のような特徴がある： 1. 本当の友達ではなく飾りとしての友達 2. 会話の質が低い 3. ユーザーエンゲージメントが低い 広告主は、ターゲットを絞ったアクティブなオーディエンスを求めている。#customer	新しいソーシャルネットワークを作成するのではなく、大学のキャンパスにある既存のソーシャルネットワークから摩擦を取り除く。	- （知らない人ではなく）友達とつながり、共有する #user - 高度にセグメント化されたROIの高いアクティブユーザーにリーチできる #customer	ネットワーク効果による高いユーザーエンゲージメントで、広告のクリック数の増加につなげる。#customer	- 大学生 #user - 広告主 #customer
	主要指標：		**チャネル：**	
既存の代替品：	- 2年間で1億ドルの評価額 - 顧客トラクション指標：インプレッション、クリック数、コンバージョン率 #customer - ユーザートラクション指標：DAU/MAU/ページビュー #user		- クチコミ #user - アイビーリーグの大学に広げる #user - オークションプラットフォーム #customer - 直販 #customer	**アーリーアダプター：**
- Friendster、Myspace #user - バナー広告、Googleアドワーズ広告、Yahoo #customer		**ハイレベルコンセプト：** 大学生のためのFriendster #user		- アイビーリーグの大学（最初はハーバード大学）#user - 大学生にリーチしたい広告主 #customer

コスト構造：	収益の流れ：
- 人件費：無給 - ホスティング費用：85ドル/月	- デリバティブ通貨：ユーザーひとりあたり月間平均300ページビュー #user - 広告収入：CPMは1ドル、CPCはXドル、CPAはYドル #customer - デリバティブ通貨交換レート：ARPU = 0.3ドル/月 - 顧客ライフタイムバリュー：ARPU * 4年 = 14.4ドル

図1-13 Facebookのリーンキャンバス—ユーザー（大学生）視点には#user、顧客（広告主）視点には#customerのタグを付けた

1.2.2.3　マーケットプレイス

　マーケットプレイスのビジネスモデルは、マルチサイドモデルが複雑になったものです。マルチサイドモデルと同様に、2つのセグメント（購入者と販売者）で構成される「マルチアクターモデル」です。マーケットプレイスモデルを持つ企業の例は、Airbnbです。Airbnbのリーンキャンバスの例を**図1-14**に示します。

Airbnb - Airbnb

課題：	ソリューション：	独自の価値提案：	圧倒的な優位性：	顧客セグメント：
- ホテルが満室なので泊まれる部屋を探している #buyer - 自宅やアパートの部屋が空いている #seller	ゲストとホストを結び付けるマーケットプレイス **主要指標：** - ゲストの予約数 - 部屋の数 #seller - 検索数 #buyer	- 臨時収入を得られる #seller - ホテルの部屋の代わりが見つかる #buyer **ハイレベルコンセプト：** プロのためのカウチサーフィン	 **チャネル：** - 広告掲示板 - オンライン広告 - クチコミ	- ゲスト #buyer - ホスト #seller **アーリーアダプター：** - イベントや集会に参加する旅行者 #buyer - 部屋が余っていて貸し出したい人 #seller
既存の代替品： - ホテルの部屋 #buyer - カウチサーフィン #buyer - 友達の家 #buyer - アパート全体を貸し出す #seller				

コスト構造：	収益の流れ：
- ウェブサイト - 広告費 - 人件費	予約手数料

図1-14　Airbnbのリーンキャンバス―購入者の視点には#buyer、販売者の視点には#sellerのタグを付けた

　こちらも購入者と販売者の両方の視点からアイデアをモデル化する必要があります。たとえば、購入者の視点からすると、Airbnbの既存の代替品はホテルの部屋やカウチサーフィンなどになります。

　複雑にするのではなく、シンプルにしましょう。シンプルでも難しいのです。

    NOTE ─────────────────────

基本的なモデルをいくつも重ねた複雑なモデルを目にすることもあるでしょう。こうした複雑なモデルも、最初は基本的なモデルから始まっていることを覚えておいてください。「ゴールの法則」によれば、正常に動作する複雑なシステムは、正常に動作する単純なシステムから発展したものであることがわかっています。

1.2.3　スティーブが大きなアイデアを分割する

スティーブはリーンキャンバスを見返し、顧客セグメントが多すぎることに気づきました（**図1-15**）。

リーンキャンバスはビジネスモデルキャンバスを改変したものです。
クリエイティブ・コモンズ 表示 - 継承 3.0 非移植 ライセンスの下に提供されています。

図1-15　顧客セグメントが多すぎる

スティーブは「同じビジネスモデルなのだろうか？」と疑問に思いました。
リーンキャンバスをしばらく眺めてから、ビジネスモデルの原型の知識を活用し

て、絡み合ったビジネスモデルを認識し始めました。

　複数のリーンキャンバスに分割して、上位3つのバリエーションにフォーカスすることにしました（図1-16、図1-17、図1-18）。

課題： AR/VRアプリの作成は難しい - コーディングスキルが必要 - 時間がかかる - お金がかかる **既存の代替品：** Google AR/VR、Apple ARKit、Vuforia、MAXST、Unity	ソリューション： - 空間や物体を携帯電話でスキャンして3Dモデルを作成できる - モデルをすばやくカスタマイズできる - シングルクリックでアプリをデプロイできる **主要指標：** トライアルの人数 課金ユーザーのコンバージョン率 LTV/CAC	独自の価値提案： ノーコードで没入型のリッチなAR/VR体験を作ろう。 **ハイレベルコンセプト：** ノーコードのVRアプリ	圧倒的な優位性： プラットフォーム効果 **チャネル：** 直販 カンファレンス 展示会 広告	顧客セグメント： ソフトウェア開発者/開発会社 **アーリーアダプター：** AR/VRアプリをクライアント向けに開発するソフトウェア開発者/開発会社
コスト構造： ホスティング費用 人件費：週40時間×時給65ドル＝月1万ドル		**収益の流れ：** 30日間の無料トライアル付き 制限なしのアプリ：月額50ドル		

リーンキャンバスはビジネスモデルキャンバスを改変したものです。
クリエイティブ・コモンズ 表示 - 継承 3.0 非移植 ライセンスの下に提供されています。

図1-16　ソフトウェア開発者向けのリーンキャンバス

課題： AR/VRアプリの 作成は難しい - コーディング 　スキルが必要 - 時間がかかる - お金がかかる	ソリューション： - 空間や物体を携帯電 　話でスキャンして3D 　モデルを作成できる - モデルをすばやく 　カスタマイズできる - シングルクリックで 　アプリをデプロイ 　できる	独自の 価値提案： ノーコードで没入型 のリッチなAR/VR 体験を作ろう。	圧倒的な 優位性： プラットフォーム 効果	顧客セグメント： 建築家 #customer 家主 #user
	主要指標： トライアルの人数 課金ユーザーの コンバージョン率 LTV/CAC		チャネル： 直販 カンファレンス 展示会 広告	
既存の代替品： BIMやCADのツール： SketchUp、Autodesk		ハイレベル コンセプト： ノーコードの VRアプリ		アーリー アダプター： クライアント向けの 3Dレンダリングを 作成する建築家

コスト構造： ホスティング費用 人件費：週40時間×時給65ドル＝月1万ドル	収益の流れ： 30日間の無料トライアル付き 100ドル/月

リーンキャンバスはビジネスモデルキャンバスを改変したものです。
クリエイティブ・コモンズ 表示 - 継承 3.0 非移植 ライセンスの下に提供されています。

図1-17　住宅建築向けのリーンキャンバス

課題： ECストアの3Dモデルを作成するには、技術的なスキルと費用が必要である。#customer オンラインで家具を購入する顧客は、家具が自分のスペースに合うかどうかを視覚化したり、計測したりするのに苦労している。#customer	ソリューション： - 空間や物体を携帯電話でスキャンして3Dモデルを作成できる - モデルをすばやくカスタマイズできる - シングルクリックでアプリをデプロイできる	独自の 価値提案： 3Dモデルをすばやく埋め込み、オンラインショッピングの体験を向上させる	圧倒的な 優位性： プラットフォーム効果	顧客セグメント 小売店 #customer 消費者 #user
既存の代替品： 内製、ソフトウェア開発会社に外注、Houzz	主要指標： トライアルの人数 課金ユーザーのコンバージョン率 LTV/CAC	ハイレベル コンセプト： あなたのお店の IKEA Place	チャネル： 直販 カンファレンス 展示会 広告	アーリー アダプター： 家具小売店
コスト構造： ホスティング費用 人件費：週40時間×時給65ドル＝月1万ドル		収益の流れ： レンダリングしたオブジェクト：1ドル/年		

リーンキャンバスはビジネスモデルキャンバスを改変したものです。
クリエイティブ・コモンズ 表示 - 継承 3.0 非移植 ライセンスの下に提供されています。

図1-18 小売家具向けのリーンキャンバス

　元のビッグアイデアキャンバスよりも、これらのバリエーションのほうが明確になることがわかりました。

次はあなたの番です

　プランAを文書化することは、前進するための前提条件です。あまりにも多くの起業家が、頭の中だけで仮説を考えています。頭の中だけで考えていると、体系的にビジネスを構築してテストすることは難しいでしょう。

　リーンキャンバスの作り方は自由ですが、LEANSTACK（https://runlean.ly/resources）にアクセスして、以下のことをするといいでしょう。

● リーンキャンバスのテンプレートをダウンロードする

- リーンキャンバスをオンラインで作成する

1.3　次にやること

　リーンキャンバスを作ったら、すぐに「建物の外に出て」、ビジネスモデルをテストしたくなります。課題を発見し、オファーを提案し、すばやくMVPを構築し、初日から課金することも可能かもしれません。これが私たちのやるべきことのように思えます。

　では、なぜこのやり方が「間違い」なのでしょうか？

　6〜9か月後、あなたの熱意に合っていないために、あるいはうまくスケールしないために、ビジネスモデルが行き詰まる危険性があるからです。

　アイデアを成功させるには、顧客、市場、技術の3つのリスクのバランスを取る必要があります。これらのリスクは、IDEOが有名にした「イノベーションの3つの条件」で可視化できます。その3つとは「需要性」「事業性」「実現性」です（**図1-19**）。

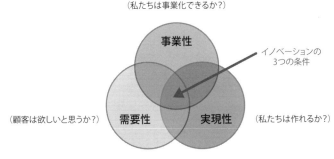

図1-19　イノベーションの3つの条件

　数週間から数か月かけて顧客実証する前に、数時間かけて（建物の中で）ビジネスモデルをストレステストして、あなたの思考にある亀裂や欠陥を修復しましょう。

　以下の3つの観点でビジネスモデルをストレステストします。

1. 需要性（顧客は欲しいと思うか？）
2. 事業性（私たちは事業化できるか？）
3. 実現性（私たちは作れるか？）

2章
需要性のストレステスト

需要性：顧客は欲しいと思うか？

あなたは**図2-1**のタイムラインのどのあたりにいたでしょうか。新しいソリューションにスイッチしたときの要因を思い出してください。

図2-1　音楽のタイムライン

それぞれが非常に大きな変化でした。音楽の聴き方が完全に変わりました。スイッチした要因は「音質」だったと思うかもしれませんが、そうではありません。カセットからCDになったときには音質は上がりましたが、その後は音質は下がっています。したがって、スイッチした要因は音質ではありません。

起業家には、より良い製品を作る責任があります。しかし、**より良い**とはどういう意味でしょうか？需要性をストレステストするときには、これが重要な質問になります。

2.1　より良いの定義

「より良い」を定義する前に、**顧客が気になるのはソリューションではなく、望ましいアウトカムである**ことを認識する必要があります。

したがって、顧客の注目を集めるには、ソリューションよりも独自の価値提案から提示すべきです。

説得力のある独自の価値提案とは、**望ましいアウトカム、望ましいアウトカムを実現する方法、またはその両方を約束する**ものです。

説得力のある独自の価値提案を作るには、**対象者**にフォーカスしてから、**望ましいアウトカムの実現を妨げている障害物（あるいは課題）を理解**します。

マインドセット#2
ソリューションではなく課題を愛せ。

リーンキャンバスでは、障害物を［顧客セグメント］［課題］［独自の価値提案］に記入します。これらの仮定が間違っていると、ビジネスモデルのすべてが崩壊します。つまり、誰も欲しがらないソリューションを記述することになります（需要性）。ソリューションを構築できたとしても（実現性）、誰も購入してくれません（事業性）。あなたのビジネスモデルには先がないでしょう。

したがって、リーンキャンバスをスケッチした直後に適用するストレステストは「需要性」です。本章では、この需要性を取り上げます（**図2-2**）。

NOTE

これらの3つのボックス（顧客セグメント、課題、独自の価値提案）を「リーナーキャンバス」と呼びます。スタートアップの創業者であれば、リーンキャンバス全体を記入すべきですが、専門的な領域（営業やマーケティング以外）で活動する製品チームであれば、最初にリーナーキャンバスを使うといいでしょう。

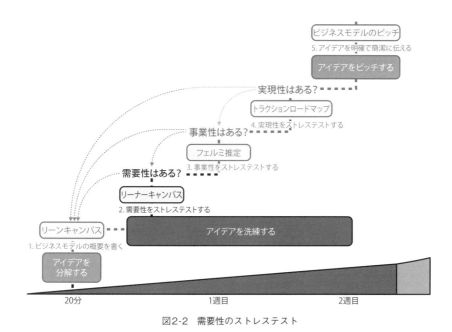

図2-2　需要性のストレステスト

2.2　イノベーターのバイアスが邪魔

　ソリューションよりも課題から始める、というのはシンプルですが、簡単ではありません。起業家は「課題から始めよ」と言われると、自分のソリューションを正当化するために、無意識のうちに課題を発明（または捏造）してしまいます。「顧客の課題は何か？」ではなく「私のソリューションが解決できる課題は何か？」と考えるのです。

―― **TIP** ―――――――――――――――――――――――――――――――――

ハンマーを作ると決めたら、すべてが釘のように見えます。

――――――――――――――――――――――――――――――――――――――

　これはイノベーターのバイアスです（**図2-3**）。心配しないでください。誰にでも起こります。

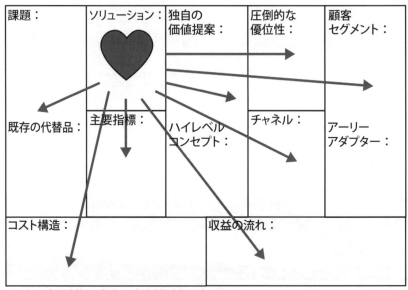

図2-3　リーンキャンバスに示されたイノベーターのバイアス

　次のセクションでは、イノベーターのバイアスの解毒剤を紹介します。私はこれをイノベーターの贈り物と呼んでいます。

2.3　イノベーターの贈り物に出会う

　イノベーターの贈り物の前提はシンプルです。それは、**新たな課題は古いソリューションから生まれる**というものです。

　革新的なアイデアを探すとき、革新的なソリューションは必要になりますが、革新的な課題は必要ありません（革新的な課題は、誰にも理解できませんし、誰も気にしません）。したがって、顧客のアウトカムを妨げている古いソリューションの障害物は何か、という観点から課題を組み立てます。

　イノベーターの贈り物では「完璧なソリューションは存在しない」と考えています。課題とソリューションは、コインの表と裏です。つまり、解決に値する新しい課題は、古いソリューションから生まれるのです。

単純すぎますか？ 本章の冒頭の質問に戻りましょう。音楽を聴く方法をスイッチしたときの要因は何でしょうか？

カセットからCDにスイッチした理由は、音質が良いからではなく、すぐに曲を再生できるからです。CDが登場するまでは、カセットでも問題ありませんでした。CDが登場したことで、それまで常に存在していた課題（好きな曲を見つけるために早送りや巻き戻しをする必要がある）が、解決に値する課題になったのです。

その後、多くの人がCDからMP3にスイッチしました。その理由は、音質が良いからではなく、好きな曲のみを購入できるからでした。

MP3からクラウドサービスにスイッチした理由は、もはや「ポケットに1,000曲」では足りなくなったからです。クラウドにある4,000万曲にオンデマンドでアクセスしたいからです（**図2-4**）。

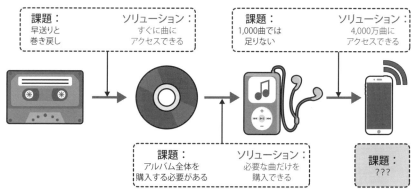

図2-4 スイッチした理由

共通のテーマが見えましたか？

いずれも大きなスイッチであり、新しいソリューションとテクノロジーが登場しています。スイッチの要因は、**新しい**課題を解決することではなく、常に存在していた**古い**課題を解決することでした。現在のソリューションを壊すような**スイッチングトリガー**に遭遇し、**新しいソリューションにスイッチする**までは、常に存在していた課題を許容したり、うまく回避したりしているのです。

成功したイノベーションは、いずれも以下のような物語になります。

　昔々、あるところに**顧客**がいました。特定のジョブをするときには、**既存の代替品**を選択していました。ある日、既存の代替品が**スイッチングトリガー**によって破壊されてしまいました。既存の代替品には**課題**があるため、**顧客**は既存の代替品がジョブの最良の選択肢ではないことに気づきました。**顧客**は他のソリューションを探しました。他の代替品を検討するようになりました。最終的には、ジョブを片付けるのに役立つ**新しいソリューション**を見つけました。

　この物語は、カスタマージャーニーとして視覚化できます（**図2-5**）。

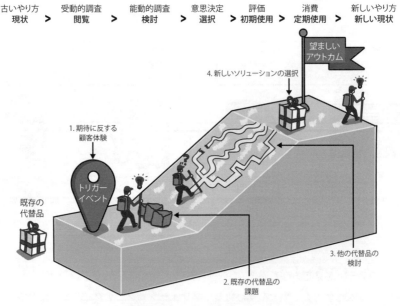

図2-5　イノベーションはスイッチ

　音楽製品のタイムラインを未来に伸ばしていけば、音楽の聴き方はさらに変わっていくでしょう。これからどうなるかは私にはわかりません。しかし、音楽ストリーミングサービスより「より良い」ものが登場するでしょう。
　これがイノベーターの贈り物が「贈り物」である理由です。ソリューションに対す

るバランスを欠いたバイアス（イノベーターのバイアス）を回避しながら、解決に値する課題を明らかにする体系的な方法を提供してくれます。

重要なポイントは以下のとおりです。

1. 解決に値する新しい課題は、古いソリューションから生まれます。**古いやり方は常に存在します。**
2. イノベーションとは、古いやり方から新しいやり方への**スイッチを引き起こす**ものです。
3. スイッチを引き起こすには、古いソリューションの課題に新しいソリューションを結び付けます。つまり、**古いやり方を破壊します。**

2.3.1　イノベーターの贈り物を開封する

イノベーターの贈り物を製品に適用する最初のステップは、ジョブ理論（JTBD: Jobs-To-Be-Done）を理解することです。すでにご存知かもしれませんが、これは特定のジョブを片付けるために製品を**雇用する**という理論です。私は数年前、ハーバードビジネススクールのクレイトン・クリステンセン教授による「ミルクシェイク」の事例でジョブ理論のことを知りました。これは、調査チームが意図していなかったインサイトを明らかにしたことで、ファーストフード店のミルクシェイクの売上が増加したというものです。

それまでにもアンケート調査やフォーカスグループで市場調査をしていました。市場調査からも多くのアイデアが生まれましたが、売上の増加には至りませんでした。

調査チームは従来どおりの質問をする（顧客に何が欲しいかを聞く）のではなく、違う道を選びました。リサーチャーのひとりであるボブ・ムスタは、ミルクシェイクを**雇用する**ためにお店にやって来る人たちの**ジョブ**は何かと考えました。このように質問を組み立てることで、人々がミルクシェイクを購入する理由を明らかにできました。顧客にミルクシェイクの改善点を聞いたときには出てこないようなインサイトが生まれました。

この事例を知ったあと、私は既存製品の改良だけでなく、新製品の機会発見にも同様のアプローチが使えるのではないかと考えました。わかったことよりも疑問点のほうが多かったので、ジョブ理論の情報を読み込み、ボブ・ムスタ、クリス・スピーク、トニー・ウルウィック、アラン・クレメント、デス・トラインなどの思想的リーダーや実務家たちと一緒に仕事をすることにしました。「イノベーターの贈り物」は、彼

らからの影響です。

　その後も、私は2つのことに悩んでいました。まず、ジョブの一般的な定義が循環的であいまいであることです。次に、事例の多くが「手品」のように感じられたことです。あとから考えると当然ですが、新製品でジョブ理論をゼロから再構築するのは大変です。本書では、この2つの疑問を解消します。

　まずは、私のジョブの定義から始めましょう。**図2-6**に例を示しました。

> ジョブとは、トリガーに反応した満たされていないニーズまたはウォンツが
> 具現化したものである。

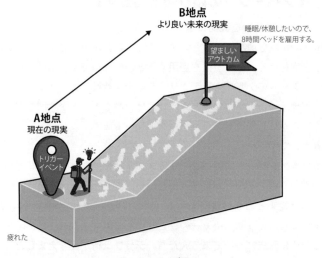

図2-6　ジョブ理論

　もう少し詳しく説明しましょう。

2.3.1.1　ジョブはトリガーから始まる

　私たちは1日に何度もトリガーイベントに遭遇します。つまり、1日に複数のジョブに遭遇するということです。

例：

- 午後10時36分：私は疲れています。私は睡眠をとる必要があります。
- 午後12時36分：私はお腹がすきました。私は食事をする必要があります。
- 午後7時36分：私はお腹がすきました。今日は妻の誕生日です。妻を高級レストランに連れて行きたいです。

トリガーはジョブのコンテキストを定義します。

2.3.1.2 習慣が行動を決める

トリガーイベントに遭遇するたびに新しいソリューションを見つける必要があるとしたら、認知的負荷が大きすぎます。したがって、ジョブのソリューションが見つかったらそれを覚えておいて、次回も雇用するはずです。

---- **NOTE** ----

ソリューションの雇用は、ソリューションの購入と同じではありません。私たちは使用すると思いながら多くの製品を購入しますが、ゴミを集めているだけのこともあります。ソリューションの雇用とは、ジョブを片付けるために（以前に購入したかどうかに関係なく）ソリューションを**選択して使用する**ということです。

ジョブを片付けるための好ましいやり方となるには（それが習慣となるには）、同じソリューションを何度も雇用する必要があるでしょう。

2.3.1.3 ただし、スイッチングトリガーに遭遇するまで

スイッチングトリガーは、**期待違反**と同時に生じる特別なトリガーです。スイッチングトリガーが発生すると、私たちは既存の代替品ではジョブを片付けられないことに気づきます。つまり、新しいソリューションを探し始めるタイミングです。私はこの変化の瞬間を顧客フォースモデルにおける**プッシュ**と呼んでいます（**図2-7**）。ジョブを片付けるために、**より良い方向へと**「押し上げる」からです。

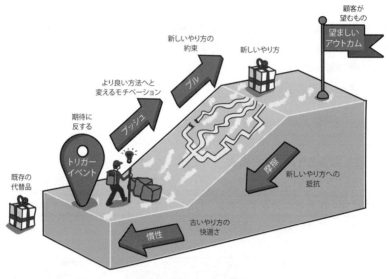

図2-7　顧客フォースモデル

NOTE

顧客フォースモデルとは、ジョブを片付けるためにソリューションを選択・使用（雇用）するときの要因となるフォース（プッシュ、プル、慣性、摩擦）を記述した行動モデルです。

　たとえば、あるレストランを定期的に訪れているとします。新しいレストランを探す要因は何になるでしょうか？ 基本的に3種類のスイッチングトリガーがあります。

1. ひどい体験（例：いつものレストランで食中毒が発生）
2. 事情の変化（例：誕生日などの特別な機会）
3. 新しい認識（例：オープンしたばかりの人気のレストランを知る）

2.3.1.4　そこに機会がある

　トリガーイベントは、**使い慣れたソリューション**（既存の代替品）を選択するジョブを生み出します。一方、スイッチングトリガーは期待違反を発生させ、**新しいソ**

リューションにスイッチする余地を生み出します。したがって、起業家は「スイッチングトリガー」を追い求める必要があります。

2.3.1.5 スイッチはより良いものを約束するところから

段階的に良くなっていくだけなら、常に古いやり方が勝ちます。すでに習慣になっているからです。現状から変化することの抵抗を**慣性**と呼びます（**図2-7**）。

また、古いやり方から新しいやり方に変えるたびに不安に立ち向かう必要があります。新しいやり方を導入する抵抗を**摩擦**と呼びます（**図2-7**）。

NOTE

知らぬ神より馴染みの鬼。

スイッチを発生させるには、これらのフォースを克服する必要があります。まずは、ジョブを片付けるために、より良いやり方を約束するところから始めます。こうした約束を**プル**と呼びます（**図2-7**）。

引きつけるフォースが押し戻すフォースよりも大きければ、スイッチが発生します。つまり「プッシュ ＋ プル ＞ 慣性 ＋ 摩擦」です。

新しいやり方がどれだけ良ければ、スイッチが発生するのでしょうか？ 古いやり方の「3〜10倍」だと考えてください。

2.3.1.6 感情と機能

それでは、専門店のコーヒーは、チェーン店のコーヒーの3倍も良いのでしょうか？ コーヒー好きの人なら違いがわかるのでしょうか？ **より良いものを提供する**ために、機能だけに頼る必要はありません。同時に感情も使いましょう。

NOTE

「機能的により良い」は、ニーズを満たします。「感情的により良い」は、ウォンツを満たします。

機能的により良いというのは、満たされていないニーズに対処することです。満たされていないニーズが望ましいアウトカムの障害物になっていると顧客が理解しているならば、機能的により良い製品がスイッチの要因になります。しかし、そのことを

顧客が理解していなければ、ウォンツや望ましいアウトカムに対処するほうが強力です。

例：

- 「すばやく事業計画書を作れるようにする」は、機能的により良いものです。
- 「読まれる事業計画書を作れるようにする」は、感情的により良いものです。

2.3.1.7　「感情的により良い」は大きなコンテキストに存在する

すべての製品は2つのコンテキストに存在します。ソリューションのコンテキストと、より大きなコンテキストです。ソリューションのコンテキストには、製品の機能と利点が存在します。より大きなコンテキストには、顧客の望ましいアウトカムが存在します（**図2-8**）。

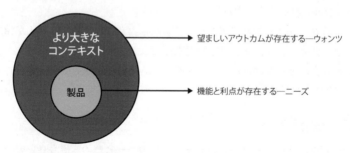

図2-8　より大きなコンテキスト

「感情的により良い」を考えるには、より大きなコンテキストにフォーカスする必要があります。

2.3.1.8　雇用は最初の戦いにすぎない

通常、スイッチするときには、いくつかの製品を評価・試用します。製品の雇用は重要なステップですが、あくまでも最初のステップです。すばやく価値を提供し、ジョブを片付ける新しい現状にならなければ、製品は簡単に解雇されてしまいます。

第Ⅱ部では、台本を用意したインタビューを使い、製品のジョブを明らかにする方法を説明しています。ここでは、引き続きイノベーターの贈り物を使い、アイデアの

需要性をストレステストする方法を見ていきましょう。

2.3.2　スティーブがイノベーターの贈り物に挑戦する

　スティーブ「音楽の例のイノベーターの贈り物はわかりました。しかし、破壊的な製品の場合はどうするんですか？ 競合製品がありませんよね？」

　メアリー「**破壊的**というのは、新しいやり方が古いやり方（すでに確立されたもの）に挑戦している、という意味ではありませんか？」

　スティーブ「えーと、私が言いたかったのは**破壊的**ではありませんね。新しい**カテゴリ**や新しい**市場**のことだと思います。新しい市場を作るような、新しいカテゴリの製品の場合はどうするんですか？」

　メアリー「たとえば？」

　スティーブ「インターネットはどうでしょう？」

　メアリー「イノベーターの贈り物を適用するときは、ソリューションのコンテキストからより大きなコンテキストに移行する必要があります。そのためには『**何のためか？**』を問いかけます。つまり『ユースケースは何か？』です。もっと具体的に言うと『片付けるジョブは何か？』と問いかけるのです。現代ではインターネットはさまざまなことに使用されていますが、ドットコム時代に戻ってみましょう。当時のインターネットは、ウェブディレクトリやサーチエンジンを使って情報にアクセスするためのものでした。つまり、情報へのアクセスがジョブです。インターネット以前はどのように情報にアクセスしていたでしょうか？ 電話帳、百科事典、図書館、書籍を使っていました。これらがインターネットに置き換えられた古いやり方です」

　スティーブはまだ納得していません。

　スティーブ「それでは、ワクチンはどうですか？」

　メアリー「感染症の歴史から見ると、ワクチンは免疫を獲得するための比較的新しいソリューションです。ワクチンの前は何をしていたでしょうか？ 中世では病人を隔離していました。ヒルを使って患者の血液を排出させる治療法もありました。もちろん効果はありません。さらに悪化することもありました。それらが古いやり方です」

　スティーブが別の例を考えていると、メアリーから言い出しました。

　メアリー「火はどうですか？ 火は人類の歴史を変えた技術です。あなたが人類に火を販売する起業家だとしたら、どのようにピッチしますか？ 火の競合製品は何ですか？」

スティーブ「そうですね。火が何のためだったかと考えると、暖を取るためだったと思います。古いやり方は、動物の毛皮などでしょうか？」

メアリー「そうですね。考え方としては正しいです。ただ、それが最も事業性のあるユースケースでしょうか？」

スティーブはしばらく考えてから答えました。

スティーブ「獣から身を守るためにも使えますね。それから、もちろん料理にも」

メアリー「正解。火を使って暖を取るというのは、季節的あるいは地理的なユースケースです。したがって、市場規模は限られます。しかし、火を使うことで人類が消費できなかった肉や穀物などの食材が使用できるようになると、世界的に訴求できます。洞窟の壁にリーンキャンバスを描いているなら、3つのユースケース（暖を取る、身を守る、料理する）のうち、料理が最も事業性があることがわかります」

スティーブは笑いました。

スティーブ「私はソリューションの世界にとらわれていたのだと思います。重要なのはソリューションがどのように使用されるのか、という大きなコンテキストを見ることですね。それで、聞きたいのですが、新しいジョブはまだあるのでしょうか？」

メアリー「私はないと思います。初期の人類はさまざまなジョブを明らかにする必要があったでしょう。しかし、現在では、すべてではないかもしれませんが、基本的なニーズやウォンツは特定されています。こうしたニーズは、マズローの欲求5段階説などのモデルで階層化されています。衣食住などの生理的欲求から始まり、安全の欲求、愛情と所属の欲求、尊厳の欲求、自己実現の欲求と続くモデルです」

スティーブ「はい、知ってます。それが先ほどの質問をした理由です」

メアリー「ただし、すべてのジョブがわかったとしても、完璧なソリューションが存在するわけではありません。すべてのジョブには労力が必要ですが、人間は最小の労力で可能な限り最大のアウトカムを達成しようとします。完璧なソリューションとは、ユートピア的な発想です。哲学的に考えるなら、永久に到達不可能なものです」

スティーブ「すべてを自動化したら、私たちはどうなるのでしょうか？ ピクサーの映画『ウォーリー』に出てくる人間のようになりますよね」

メアリー「おそらくそうですね。それでも、人間は何かを望むと思いますよ」

スティーブ「確かに……私たちは地球に戻りましょう。おかげで課題とソリューションに対する見方が変わりました。市場にはジョブを片付ける方法が常に存在するので、新規市場に参入する製品であっても、相対的なカテゴリになるというわけですね」

　メアリー「はい、そうです。ワクチン以前の治療法のように、うまく片付けられていないジョブはいくつも見つかります。何らかのイベントをきっかけにして、望ましいアウトカムの坂を上り始める人たちを見つけることが重要ですね」

　スティーブ「納得できました。私のアイデアの需要性をストレステストしてみます」

2.4　イノベーターの贈り物でアイデアの需要性を ストレステストする

　アイデアの需要性をストレステストするときは、ジグソーパズルのピースを想像して、［顧客セグメント］［課題］［UVP］のボックス（リーナーキャンバス）を見直しましょう。**図2-9**の順番で見直してください。顧客セグメント、アーリーアダプター、課題、既存の代替品の順番です。これでUVPにたどり着きやすくなります。

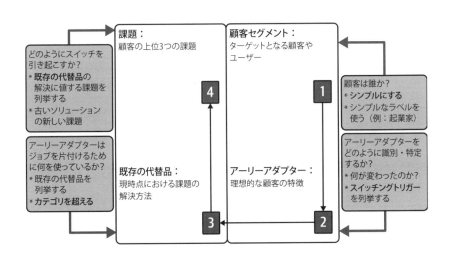

図2-9　イノベーターの贈り物のテスト

2.4.1　顧客セグメント：シンプルにする

　このステージでは、顧客セグメントはシンプルにしておきます。最終的には、総市場規模（TAM）の獲得を目指していることを忘れないでください。「起業家」「家主」「コーヒー好き」などのシンプルなラベルを使いましょう。ただし、アーリーアダプ

ターのところは具体的にする必要があります（やりすぎないでください）。

2.4.2 アーリーアダプター：ペルソナを使わない

　人口統計学的属性や心理的属性を列挙したくなりますが、それらはすべて推測です。対象が狭すぎると、たとえ顧客を発見できたとしても、小さな丘にたどり着いて終わってしまいます。局所最大化の罠を思い出してください。

　たとえば、スタートアップの創業者を「シリコンバレーのガレージにいる2人組の男性」のようなステレオタイプで定義したとします。実際に探してみると、条件に合致した起業家が見つかりました。しかし、そこで探すのをやめてしまうと、さらに大きな起業家市場を見逃すことになります。顧客セグメンテーションでは、いくつもの特徴を追いかけるのではなく、あなたから製品を購入する**要因**となる**最小限**の特徴を追いかけましょう。

　すべてのアーリーアダプターが持っている特徴があります。それは何でしょうか？スイッチングトリガーです。イノベーションとはスイッチを引き起こすものであり、すべての物語はスイッチングトリガーから始まります。アーリーアダプターとは、すでにスイッチングトリガーを経験し、それについて何かをしようと決めた人のことです。つまり、坂を上り始めた人のことです。アーリーアダプターの条件として、ひとつ以上のスイッチングトリガーを列挙してください。

2.4.3 既存の代替品：カテゴリを超える

　起業家は「競合製品はない」と自分に言い聞かせていますが、それでは視野が狭すぎます。ソリューションや製品カテゴリの観点だけで考えているからです。

　たとえば、あなたが最先端のコラボレーションソフトを開発しているとしたら、競合製品はこれから出てくる輝かしいスタートアップの製品ではなく、すでに存在する電子メールになるでしょう。電子メールは無料で、どこにでもあり、標準的なコラボレーションプラットフォームになっています。あなたは優れた技術を持っていると思うかもしれませんが、電子メールの使用を中止してもらい、あなたの製品を使い始めてもらわなければなりません。それが真の競合製品です。

―― **NOTE**

電子メールとスプレッドシートは、どのスタートアップよりも多くのスタートアップをつぶしてきました。

リーンキャンバスに「競合製品」のボックスがないのはそのためです。その代わりとして、より汎用的な「既存の代替品」があります。これまでに成功したすべての製品には、既存の代替品という競合製品がありました。イノベーターの贈り物を適用する鍵となるので、この基本的な考え方は覚えておいてください。

2.4.4　課題：古いやり方で壊れているところは？

最後に、ソリューションに依存しない課題を列挙します。どうすればいいのでしょうか？　既存の代替品の観点から課題を考えましょう。つまり、あなたのソリューションで解決できる課題にフォーカスするのではなく、顧客が既存の代替品を使っているときに遭遇する課題にフォーカスしましょう。

2.4.5　UVP：どのようにスイッチを引き起こすか？

既存の代替品の課題に対して独自の価値提案を結び付けます。こうすれば、顧客の注目が集まり、スイッチを引き起こしやすくなります。**具体的で、親しみやすく、説得力がある**からです。自分のソリューションを正当化するために課題を**捏造する**のではなく、解決に値する本物の課題を**明らかにする**ことを目指しましょう。

2.5　スティーブがハンマーの問題を抱えていることに気づく

スティーブがリーナーキャンバスを確認すると、ソリューションに特化したカテゴリ（AR/VR）を中心にしていることがわかりました。

- アーリーアダプター：クライアント向けにAR/VRアプリを作るソフトウェア開発者
- 既存の代替品：他のAR/VRプラットフォーム
- UVP：AR/VRアプリを簡単かつ迅速に構築できる

AR/VRアプリの構築は、顧客が本当に望んでいることでしょうか？　スティーブは、スイッチを引き起こすのに十分であると考えています。しかし、実際にはそうではありません。少なくとも今は違います。AR/VR技術は有望ですが、新興の技術であり、まだ実証されていない技術です。エンドユーザーが本当に望んでいるのはAR/VRア

プリではありません。以下のような、アプリの次に起こることを望んでいるのです。

- お金になるプロジェクトを販売したい（ソフトウェア開発者）
- 家具をオンラインで販売したい（小売業者）
- クライアントの夢の家を視覚化したい（建築家）

スティーブは、自分がソリューションのコンテキストにとらわれていて、顧客が必要とするものや望ましいアウトカムが存在する、より大きなコンテキストにフォーカスしていく必要があることに気づきました。

3章
事業性のストレステスト

事業性：私たちは事業化できるか？

リーンキャンバスは初期のアイデアを一貫性のあるビジネスモデルの物語に分解する優れた方法です。しかし、ステークホルダー（投資家や予算の承認者）は、あなたが見ているものを見るのに苦労しています。ビジネスモデルの物語は（初期の顧客実証が終わっていたとしても）役に立ちません（図3-1）。

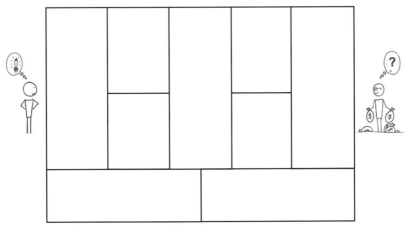

リーンキャンバスはビジネスモデルキャンバスを改変したものです。
クリエイティブ・コモンズ 表示 - 継承 3.0 非移植 ライセンスの下に提供されています。

図3-1　リーンキャンバスは十分ではない

　なぜでしょうか？ 投資家はリターンを得るビジネスをしているので、ビジネスモデルの物語の数字の部分を見る必要があるからです。これを単なる投資家の視点だと無視する前に、投資家のレンズで自分のアイデアを見る方法を学びましょう。

　あなたのアイデアの一番の「投資家」はあなただからです。あなたはお金ではなく、自分の時間を投資しているのです。時間はお金よりも価値があります。

NOTE

時間は最も希少なリソースです。

　お金は増えたり減ったりしますが、時間は一方向にしか進みません。つまり、減るだけです。あらゆるアイデア（特に優れたアイデア）は、あなたの人生を何年も消費します。何年もかけて「このアイデアがどうなるか様子を見てみよう」と思いますか？

NOTE

解決に値する「十分に大きな」課題がなければ（紙の上でも説得力がなければ）、時間や労力をかけるべきではありません。

　つまり、あなたはプロの投資家よりも自分のアイデアを厳しく見なければなりません。結局のところ、あなたと投資家は同じことを望んでいるのです。それは、**アイデアを価値のある「十分に大きな」ビジネスにすること**です。

　どうすればアイデアが「十分に大きく」なるかを判断できるのでしょうか？ 事業性があるかどうかをどのように見分けるのでしょうか？ 本章では、その方法を説明します（**図3-2**）。

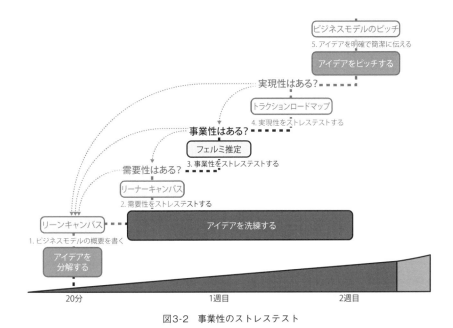

図3-2 事業性のストレステスト

3.1 財務予測ではなくフェルミ推定

　ビジネスモデルの物語の数字を明確にするために、投資家から「財務予測のスプレッドシートを作れ」と言われることがあります。

　スプレッドシートの問題点は、最もリスクの高い部分が大量の数字で覆い隠されてしまうことです。さらには、スプレッドシートに基づいて資金を調達した場合、「計画を実行する」という古い世界に戻ってしまうことです。投資家は予測に対してパフォーマンスを測定しています。そして、そのことが不都合な事実をもたらします。

　投資家は成長に関心がありますが、初期ステージの起業家は製品と学習に集中する必要があります。その結果、進捗の物語は2つに分割されます。ステークホルダーに伝える物語は、起業家が自分に語る物語と同じではありません。最初は同じかもしれませんが、それぞれの進捗の定義が異なるため、次第に大きく分岐していきます。

　計画の実行と順守にとらわれていると、高速な学習や行動はできません。インプットとなる仮定は、時間の経過によって変わっていきます。ウォーターフォール型の事

業計画プロセスから脱却できない限り、継続的イノベーションを実施することは不可能です。

　大量の数字で溺れてしまう問題を解決するために、**ビジネスモデルの簡単なテスト**を考案しました。時間は5分もかかりません。これは、物理学においてすばやく規模を計算するときに使われる「フェルミ推定」に基づいています。

　瓶の中にあるジェリービーンズの数を想像したことがあれば、それがフェルミ推定です。フェルミ推定では、1桁以内（最も近い10のべき乗）で推定します。フェルミ推定は少ないデータで実行できますが、結果として得られる推定値は驚くほど有用です。

　ビジネスモデルの財務予測をするときに犯しやすい間違いは、モデルのアウトプットに必要以上に時間をかけてしまうことです。本当に重要なのは、**インプット**です。

　従来のトップダウン型のアプローチでは、アイデアを正当化するためにビジネスモデルを「十分に大きな」顧客セグメントと結び付けていました。大きな市場の「わずか1%」でも獲得できれば、すべての準備が整うという論理です。たとえば、10億ドル規模の市場であれば、わずか1%でもゼロの数が十分に多くなります。

　このアプローチの問題点は以下のとおりです。

- 誤った安心感を与える。
- 市場の1%を獲得する方法について触れていない。
- 市場の1%は適切な成功基準ではないかもしれない。

　一方、フェルミ推定はボトムアップ型のアプローチです。このアプローチでは、インプットを可能な範囲で推定します。そして、これらのインプットを使用して、アイデアの事業性をテストします。インプットの桁数が大きく外れていなければ、推定結果は意思決定するのに十分に正確ということです。

　アイデアの事業性をテストするために、大量の数値は必要ありません。5〜7個の主要指標で十分です。これらの主要指標は何でしょうか？ この質問に答えるには、あるひとつの指標を基準にする必要があります。それは、**トラクション**です。

マインドセット#3

トラクションが目標である。

3.1.1 トラクションとは何か？

トラクションは有名な概念ですが、正しく理解されていません。右上に伸びていく便利な指標だと思われています。たとえば、累積ユーザー数は右上にしか伸びていきません。鋭い投資家であれば、こうした「虚栄の指標」を見破るでしょう。

多くのステークホルダーが収益や利益などの財務指標を求めますが、これらもトラクションではありません。なぜでしょうか？ 収益や利益はゼロから始まりますし、製品の初期ステージではマイナスになることもあるからです（**図3-3**）。

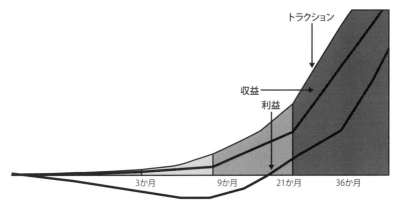

図3-3　製品のJカーブ

さらに重要なのは、収益と利益は**遅行指標**であることです。優れたトラクションは**先行指標**です。つまり、ビジネスモデルの成長を予測できるということです。

それはどのような指標でしょうか？ 最初の手がかりとして、トラクションは機能するビジネスモデルの指標であることを理解しましょう。すべてのビジネスモデルには顧客がいるため、トラクションの指標は顧客中心でなければなりません。

次の手がかりとして、ビジネスモデルの定義（顧客の価値を作成・提供・回収する方法）を見直しましょう。機能するビジネスモデルを構築するときに重要なのは、顧客から価値を回収できるかどうかです。したがって、トラクションは**ビジネスモデルが顧客からマネタイズ可能な価値を回収する割合**と定義できます。

—— **NOTE** ——————————————————————————————————

マネタイズ可能な価値は収益ではなく、将来の収益の指標となるものです。
Facebookのようなマルチサイドビジネスモデルで考えるとその違いがわかりま
す。マルチサイドビジネスモデルでは、ソーシャルネットワークのユーザー（具体
的にはユーザーの注目とデータ）がマネタイズ可能な価値です。Facebookでは、
プラットフォームに広告を出してくれる顧客（広告主）を通じて、マネタイズ可能
な価値を収益に変換しています。

　すべてのビジネスが「ユーザーを顧客に変換する」という普遍的な目標を持ってい
ます。機能するビジネスモデルのアウトプットを顧客ファクトリーで視覚化すること
で、トラクションの定義をさらに具体化できます。

3.1.2　顧客ファクトリーへようこそ

　顧客ファクトリーは、マーケティング、販売、顧客サービス、製品など、ビジネスの
内部のすべてを表したものです。顧客ファクトリーの仕事は顧客を作ることです。気
づいていない訪問者（原材料）を取り込み、幸せな顧客（完成品）に変換します。ト
ラクションは顧客ファクトリーのスループットです。つまり、顧客を作る速度です。
　顧客を獲得するプロセスは、あらゆるビジネスモデルで見られる5つのステップに
分割できます。それは、獲得、アクティベーション、定着、収益、紹介です（**図3-4**）。
顧客ファクトリーは継続的イノベーションフレームワークで使用する2番目のモデル
です。
　これらの5つのステップは、あらゆるビジネスでトラクションを測定する先行指標
になります。花屋とソフトウェア製品の例にして、各ステップを見ていきましょう。

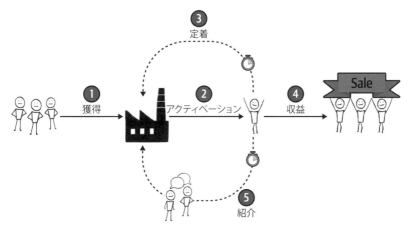

図3-4　顧客ファクトリーの設計図

3.1.2.1　ステップ1：獲得

獲得とは、気づいていない訪問者を興味のある見込み客に変換する時点です。

花屋の場合は、店の外にいる人に足を止めてもらい、お店に入ってもらうことが獲得のイベントです。

製品のウェブサイトの場合は、サイトから離脱（放棄）させる以外は、すべて獲得の手段になります。訪問者と会話できるように、一意の情報を特定した時点（例：メールアドレスを取得した時点）を「獲得」とすることをお勧めします。

3.1.2.2　ステップ2：アクティベーション

アクティベーションとは、興味を持った顧客が満足のできるユーザー体験をした時点です。**アハ体験**とも呼ばれます。

花屋の場合は、見込み客が入ったときにお店が散らかっていたら、期待が裏切られることになり、二度とお店にはやって来ないでしょう。お店に入ってもらったら、買いたくなるほどの素晴らしいアレンジメントを見てもらいたいはずです。

製品のウェブサイトの場合は、見込み客がサインアップしたら、ランディングページの約束（UVP）を製品とすばやく結び付ける必要があります。

3.1.2.3　ステップ3：定着

定着では、製品の繰り返しの使用やエンゲージメントを測定します。花屋の場合は、お店への再訪です。ウェブサイトの場合は、製品を使用するための再ログインです。

3.1.2.4　ステップ4：収益

収益では、顧客から対価を受け取るイベントを測定します。顧客が花を購入したり、製品のサブスクを開始したりすることです。収益のイベントは、初回に発生する場合としない場合があります。初回に発生する場合は、返品や返金ができる試用期間を設定する製品がほとんどです。収益がステップ4になっているのはそのためです。

3.1.2.5　ステップ5：紹介

紹介とは、幸せな顧客のループを利用して、新規の見込み客を顧客ファクトリーに取り込む獲得チャネルです。花屋の場合は、友人にお店を紹介してもらうなどのシンプルなものになるでしょう。ソフトウェア製品の場合は、ソーシャル共有機能（シェアボタン）のような間接的なものから、アフィリエイトの紹介プログラムのような直接的なものまで、さまざまなものがあります。

NOTE

顧客ファクトリーの各ステップがデイブ・マクルーアの「海賊指標」になっていることに気づいた方もいらっしゃるでしょう。海賊指標をご存知ない方のために説明すると、各ステップの頭文字である「AARRR（Acquisition、Activation、Retention、Referral、Revenue）」が海賊の叫び声のようになっているからです。

海賊指標と顧客ファクトリーの違いは、前者がビジネスモデルを直線的なファンネルとして表現しているのに対し、後者はフィードバックループのあるシステムとして表現しているところです。ビジネスモデルをシステムとしてモデル化したときの影響については、後の章で説明します。

3.2 フェルミ推定でアイデアの事業性をテストする

顧客ファクトリーでトラクションを視覚化する方法がわかったので、アイデアの事業性をストレステストする準備が整いました（図3-5）。

最初のステップでは、顧客ファクトリーのスループットの目標を設定します。次に、顧客ファクトリーの事業性をテストするために、5つのステップの値を見積もります。顧客ファクトリーが目標のスループットを達成できない場合は、目標または5つのステップ（あるいはその両方）を調整する必要があります。

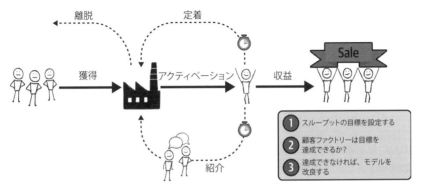

図3-5　フェルミ推定で事業性をストレステストする

これらのステップを詳しく見ていきましょう。

3.2.1 スループットの目標を設定する

どこへ行くかわからなければ、好きな道を行けばいい。
　　　　　　　　　　　　―ルイス・キャロル「ふしぎの国のアリス」の台詞を改変

上記の引用は、目標の設定が必要であることを示しています。しかし、目標を設定せよと言われることはありますが、**優れた**目標の設定方法は誰も教えてくれません。多くの予測モデルが架空の計画になってしまうのは、アイデアの最大限の可能性を予測しようとするからです。アイデアの初期段階は不確実性に満ちているので、将来の可能性を予測するのは（不可能ではないにしても）かなり難しいことです。

したがって、長期的よりも短期的な目標を設定しましょう。**最小限の成功基準**

（MSC: Minimum Success Criteria）と**最大限の可能性**を比較してみてください。た
とえば、Airbnb、Google、Facebookの創業者に「創業当初に数十億ドル規模の企業
になると思っていましたか？」と質問するとしましょう。おそらく彼らは笑うでしょ
う。マーク・ザッカーバーグが以下のように言っています。

> 開発していたときは、会社になるとは思っていませんでした。それが最高だ
> と思っていたから、作っていただけなんです。

　マーク・ザッカーバーグは10年以内に10億ドル規模の企業になるとは思っていま
せんでした。しかし、2年後にMySpaceから5,000万ドルで買収提案されたときには
断っています。5,000万ドルでは安すぎると思ったからです。FacebookはMSCであ
る7,500万ドルを提案しました。MySpaceはその提案を断りました。

—— **NOTE** ————————————————————————

MSCとは、3年後にプロジェクトが成功したと見なせる最小限の成果です。

———————————————————————————————————————

　多くの起業家は、損益分岐点をMSCに設定しようとします。しかし、これでは近
視眼的すぎます。初期のチーム（通常は1人のチーム）を超えて成長したときに、反
復可能でスケール可能なビジネスモデルを構築できることが保証されていません。
　目標はPMF（製品/市場フィット）の少し先の時点に設定しましょう（**図3-6**）。ビ
ジネスモデルのリスクの大部分が軽減され、成長にフォーカスできるようになるとき
です。また、将来を見据えて5〜7年後の財務予測を立てるときです。ほとんどの製
品はPMFを達成するまでに平均2年かかります。したがって、MSCの達成を3年後
に設定することをお勧めします。
　MSCを設定するガイドラインを紹介します。

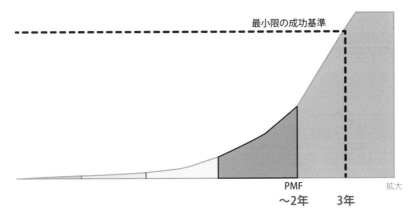

図3-6 MSCを達成するタイムライン

3.2.1.1 アイデアとは関係なくMSCを設定する

多くの起業家は（当然ながら）複数のアイデアを追求しようとします。しかし、そこからアイデアをどのように選択すればいいのでしょうか？ MSC（最小限の成功基準）を達成する可能性がないアイデアに取り組みたいと思いますか？

MSCを設定したら、MSCの観点からアイデアを選択しましょう。言い換えれば、アイデアを起点にして、どこまで成長できるかを考えてはダメです。MSCを起点にして、その目標を達成できるアイデアかどうかを考えましょう。

3.2.1.2 年間経常収益の観点から目標を設定する

目標を設定するときは、利益や企業評価（バリュエーション）よりも収益を使うことをお勧めします。収益はインプットが少ないため（顧客数、価格、購入頻度）、モデルがシンプルになるからです。利益や企業評価は収益の派生物なので、適切にバッファーを設定しておけば、基盤が揺らぐことはありません。

例：

- SaaSビジネスを構築している場合、PMFまでに80%以上の利益率になると予想できます。たとえば、年間1,000万ドルの利益を生み出したければ、スループットの目標を1,250万ドルに設定します。
- 利益率が40%のハードウェアビジネスを構築している場合、年間1,000万ドル

の利益を生み出したければ、スループットの目標を2,500万ドルに設定します。

● 手数料が10%のマーケットプレイスビジネスを構築している場合、年間1,000万ドルの利益を生み出したければ、スループットの目標を1億万ドルに設定します。

インパクト重視のビジネスであっても、目標を設定するときには収益を使用する必要があります。まずは、提供したいインパクトを見積もります（例：年間100万本の木を植える）。次に、そのインパクトに必要なお金を考えます。

―― **NOTE** ―――――――――――――――――――――――――――――

収益は酸素のようなものです。酸素のために生きているわけではありませんが、生きていくためには酸素が必要です。

―――――――――――――――――――――――――――――――――――

次に、**収益**と**経常収益**（定期的な収益）の違いを説明します。目標よりもシステムの観点で考える必要があるからです。

3.2.1.3　目標ではなくシステムにフォーカスする

目標は設定するだけでは不十分です。目標に向かって前進するシステムの構築にフォーカスしましょう。

―― **NOTE** ―――――――――――――――――――――――――――――

目標はアウトプットにフォーカスしています。システムはインプットにフォーカスしています。

―――――――――――――――――――――――――――――――――――

例：

● **目標**：5kg痩せる
● **システム**：適切な食事を学ぶ

目標の問題点は、目標の達成方法や達成後に何をすべきかを教えてくれないことです。前述の例では、やる気を出して頑張れば、5kgくらいは痩せられるかもしれません。しかし、やる気がなくなれば、体重はすぐに元に戻ってしまいます。

一方、システム（適切な食事を学ぶ）であれば、目標を達成するまでの重要な活動やルーチンにフォーカスできます。こうした活動が習慣になれば、目標を達成できるだけでなく、さらに上を目指すこともできます。

したがって、最善のアプローチは、望ましいアウトカムの概算に「目標」を使い、目標を達成する重要なステップの策定に「システム」を使うというものです。

目標はいずれ設定し直す必要があるでしょう。5kg痩せるのと50kg痩せるのとは、同じ目標でも大きな違いがあるからです。しかし、目標を5kg痩せると設定できたならば、それが4kgであっても6kgであっても、それほど大きな違いはありません。

目標を達成するために、システムの構築にエネルギーを注ぎましょう。

3.2.1.4　MSCは経営環境によって決まる

スタートアップの創業者であれば、投資家から資金を調達するつもりがあるかどうかを考えてください。資金を調達するつもりがあれば、MSC（最小限の成功基準）はあなたではなく投資家が設定します。投資家がPMFの時点の会社をどのように評価するかを調査しましょう。あなたがモデルを作るときに使える具体的なベンチマークになります。

資金を調達するつもりがなく、ブートストラップ（自己資本）で会社を起ち上げたい場合は、以下のことを考えてください。

- どれくらいの規模の会社を作りたいですか？
- どれくらいの人数の社員を雇用したいですか？

これらの答えが、目標とする年間経常収益（ARR: Annual Recurring Revenue）の概算になります。たとえば、30人の社員が必要であれば、給与だけで約500万ドル（ARR）が必要です。

大企業で働いている場合は、ステークホルダーに（3年後ではなく）現在の成功の定義を聞いてください。よくわからなければ、過去の製品を参考にして、最初の3年間の道筋を決めましょう。そして、過去の上位5つの製品を基準にしてMSCを設定します。3年間でこれまでの2〜3倍以上の収益を約束できるならば（**より良いイノ**ベーションプロセスを使用しているからです）、ステークホルダーを巻き込むことができるはずです。

3.2.1.5　精度を求めない

この演習の目的は、3年後のARRの概算を出すことです。あまり考えすぎないでください。よくわからなければ、10の累乗で考えてみましょう。

- 10万ドル（ARR）：現在の仕事を辞められる
- 100万ドル（ARR）：小さな会社（社員2〜3人）なら十分
- 1,000万ドル（ARR）：VCに支援されるビジネスとして十分

ここから調整してください。

3.2.1.6　MSCを作ってから建物の外に出る

多くの起業家は「とにかく行動が重要」と考えて、すぐに建物の外に出て、製品の構築とテストを開始しようとします。そして、数か月後、アイデアが小さすぎることに気づくのです。MSCの検討と設定は非常に重要なステップです。省略しないでください。

─── **TIP** ───────────────────────────
MSCの数字に正しいも間違っているもありませんが、数字は必要です。

3.2.1.7　スティーブがMSCを設定する

AR/VR技術は業界を変えると予測されています。また、AR/VRの市場は数十億ドルになると評価されています。AR/VR技術を展開している主要プレーヤーには、Microsoft、Apple、Google、Facebook、Amazonがいます。

スティーブは、AR/VR技術のプラットフォームの構築を目指しています。ひとりで始めることはできますが、ビジョンを広げ、プラットフォームの圧倒的な優位性を確保するには、最終的にベンチャーキャピタルが必要になることを認識しています。

スティーブは、3年後のMSCを1,000万ドル（ARR）に設定することにしました。

3.2.2　アイデアがスループットの目標を　　　　達成できるかどうかをテストする

MSCを設定したら、顧客ファクトリーの指標に推測した数値を入力できるので、

アイデアの事業性のテストを開始できます。

以下の順番で進めることをお勧めします（**図3-7**）。

1. 収益（アクティブな顧客を見積もるために前提を確認する）
2. 定着
3. 獲得
4. アクティベーション
5. 紹介

数字の裏側にある思考プロセスに興味がなければ、最後のセクションまで読み飛ばしてください。あなたの代わりに計算してくれるオンラインツールを紹介しています。

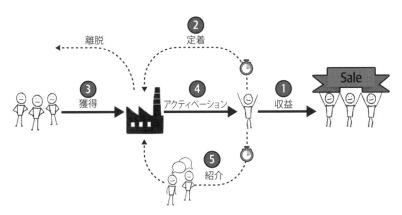

図3-7 事業性のテストの順番

3.2.2.1 アクティブな顧客の必要人数を見積もる

リーンキャンバスに価格がない場合は、p.46「1.1.6 収益の流れとコスト構造」まで戻り、製品の価格の概算を出す方法を確認してください。そして、以下の計算式を使って、MSCの目標を達成するために必要なアクティブな顧客の人数を決定しましょう。

アクティブな顧客の人数 = 年間収益目標 / 年間顧客収益

　アクティブな顧客の人数は、収益目標よりも役に立つ数値です。顧客やアーリーア
ダプターのセグメントが十分に大きいかどうかをテストできます。**図3-8**に示すよう
に、アーリーアダプターの理想的な割合は、顧客セグメント（総市場規模）の約16%
です。

　この数値は**イノベーションの普及**の理論に基づいており、エヴェリット・ロジャー
スの著書『イノベーションの普及』（翔泳社）で有名になったものです。イノベーショ
ンの普及の理論は、新しいアイデアはイノベーター、アーリーアダプター（私はこ
れらの2つをまとめています）から始まり、アーリーマジョリティ、レイトマジョリ
ティと続き、最後にラガードに広がる様子を説明しています。

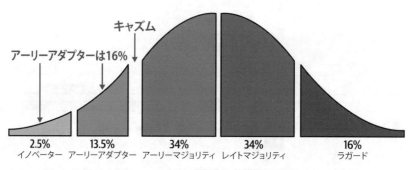

図3-8　アーリーアダプターの理想的な割合

　製品のポジショニングは途中で変わります（**図3-8**にあるギャップの部分）。ジェ
フリー・ムーアは著書『キャズム』（翔泳社）のなかで、アーリーアダプターとアー
リーマジョリティの間に大きなギャップがあり、スタートアップが道を踏み外すのに
十分な大きさであるとしています。なぜこのようなギャップがあるのでしょうか？
アーリーアダプター（とビジョナリー）は、望ましいアウトカムに近づけるならば、
新しい技術を使いたいと思っています。しかし、こうしたマーケティング戦略は次の
グループ（アーリーマジョリティ）には通用しません。彼らは実用主義者であり、リ
スクを嫌う傾向があるからです。これがアーリーアダプターを対象にしてMSCを目
指すべき理由です。

3.2.2.2 スティーブが必要とするアクティブな顧客の人数を見積もる

スティーブは、ソフトウェア開発者を対象にしたビジネスモデルを最初にストレステストすることにしました。彼のMSCは、月額50ドルのサブスクリプションモデル（SaaS）で年間1,000万ドルの収益を達成することなので、アクティブな顧客は3年後までに16,667人必要です（年間1,000万ドル / （月間50ドル × 12か月））。

スティーブはその数字を見て驚きました。すぐにオンラインで「AR/VRアプリ企業」を検索したところ、2,286社見つかりました。必要な顧客数のわずか14%しかありません。しかもこれはアーリーアダプターの数字です。3年後までにAR/VRの需要が高まり、残りの86%を埋められるようになるとは思えませんでした。

ノーコードによってソフトウェア開発者以外も顧客になると期待できる一方、やるべきことがまだまだたくさん残されているため、スティーブは不安になってきました。

3.2.2.3 必要になる最小限の顧客獲得率を見積もる

最初の3年間で一生懸命働き、ARRの目標を達成し、あとはお金を受け取るだけでいいのなら、大変素晴らしいことです。アーリーリタイアしてビーチにでも行きましょう！ しかし、残念ながら、そんなことにはなりません。顧客は**離脱**するからです。

あらゆるビジネスには離脱があります。つまり、ある時点で顧客が立ち去り始めるのです。代わりとなる顧客を見つける必要があります。それはビジネスを成長させるためではなく、現状を維持するためです。これがあなたの**最小限の顧客獲得率**です。

MSC以上にビジネスを成長させたいのなら、新規の顧客獲得率を最小限の顧客獲得率より高くする必要があります。たとえば、アクティブな顧客が10,000人で、月間離脱率が5%の場合、毎月平均500人の顧客を失うことになります。ビジネスモデルを維持するには、月に少なくとも500人の新規顧客（年間6,000人）を獲得する必要があります。成長するためには、それ以上の人数が必要です。

ほとんどの人が離脱の概念を理解しています。しかし、それを見積もることに苦労しています。離脱率を見積もるには、逆のアプローチを使用するといいでしょう。つまり、顧客ライフタイムや定着率を使用するのです。顧客ライフタイムとは、顧客が定着するであろう平均期間（数か月間または数年間）です。

平均顧客ライフタイムをどのように見積もるのでしょうか？ いくつかのアイデア

があります。

- 同じ業界の他のビジネスを調査して、平均離脱率を求めましょう。
- 製品の効果を見積もりましょう。あらゆるジョブには寿命があります。たとえば、家の塗装には2週間かかります。
- 平均顧客ライフタイムの見積りが5年以上になった場合は、そのことを裏付ける追加のエビデンスを用意しましょう。

平均顧客ライフタイムを見積もれたら、**表3-1**を使用して月間離脱率を決定できます。

表3-1　顧客ライフタイムと離脱率

ライフタイム（年）	月間離脱率
1	8.33%
2	4.17%
3	2.78%
4	2.08%
5	1.67%
6	1.39%
7	1.19%
8	1.04%
9	0.93%
10	0.83%

月間離脱率 ＝ 1 / 顧客ライフタイム（月数）

以下の計算式で最小限の顧客獲得率を計算してみましょう。

最小限の顧客獲得率（月間）＝ アクティブな顧客数 × 月間離脱率

3.2.2.4　スティーブが最小限の顧客獲得率を見積もる

スティーブはSaaS企業の平均顧客ライフタイムを調べた結果、適切な目標は「4

年」であることがわかりました。**表3-1**を見ると、月間離脱率は2.08%になります。

　3年目にアクティブな顧客が16,667人であれば、月間離脱数は347人になります。つまり、ビジネスモデルを維持するためには、少なくとも月間347人（年間約4,000人）の新規顧客を獲得する必要があります。

　これらの数字を視覚化するために、スティーブは簡単なスケッチを描きました（**図3-9**）。

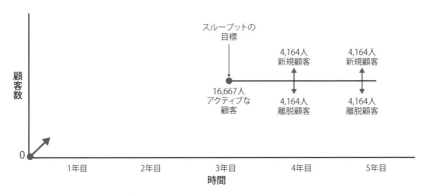

図3-9　3年後のスティーブの最小限の顧客獲得率

3.2.2.5　必要なリード数を見積もる

　顧客獲得ファンネルの変換率は100%ではありません。つまり、顧客よりも多くのユーザーが必要になります。

　顧客ファクトリーでは、ユーザーから顧客への変換を3つのステップに分割しています。

- 獲得（ユーザー獲得率）
- アクティベーション（試用期間からのコンバージョン率）
- 収益（顧客コンバージョン率）

　少し調べれば、あなたの製品タイプのコンバージョン率が見つかるはずです。正確な数値が見つからなくても、見積りの桁数が合っていれば大丈夫です。ほとんどの製品はタイプに関係なく、コンバージョン率は0.5〜3%から始まります。数字が疑わし

い場合は、1%に設定すると安全です。以下にガイドラインを紹介します。

- B2Bの場合、Salesforce（https://oreil.ly/bZZxx）によれば、MQL（マーケティング・クオリファイド・リード）からSQL（セールス・クオリファイド・リード）への平均コンバージョン率は13%です。SQLのわずか6%が契約に至ります。顧客コンバージョン率は0.78%です。
- SaaS製品の場合、さまざまな業界のベンチマーク[1]によれば、2〜10%がサインアップして、15〜50%がサブスクに登録して、20〜40%が最初の支払期間に離脱するそうです。顧客コンバージョン率は0.6〜1.2%です。
- 開始したばかりのECサイトの場合、顧客コンバージョン率は1〜3%です。

3.2.2.6　スティーブが必要なリード数を見積もる

　SaaSのコンバージョン率が1%であることを考えると、月に347人の新規顧客を獲得するには、月に34,700人のリードが必要になることがわかりました（**図3-10**）。ただし、これは年間経常収益を維持するためであり、さらに増やすためではありません。

　VCはPMF（製品/市場フィット）達成後の2〜4年で10倍のリターンを期待しているため、最終的には月に34万7,000人（年間約400万人）のリードを見つける必要があります。なんだか胃が痛くなってきました。

　スティーブのビジネスモデルは崩壊しました。さて、どうしましょうか？　絶望することはありません。もうひとつの指標があります。「紹介」です。

---

[1]　アリステア・クロール、ベンジャミン・ヨスコビッツ『Lean Analytics』（オライリー・ジャパン）参照。

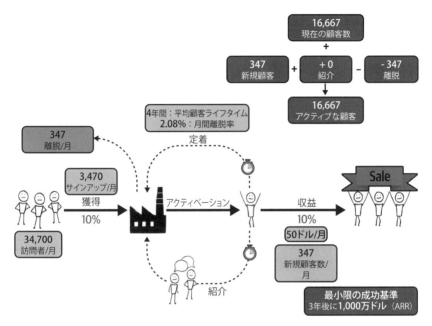

図3-10　4年目当初のスティーブの顧客ファクトリー

3.2.2.7　紹介で顧客獲得の負担を減らす

　顧客ファクトリーの紹介ループは、既存顧客を活用してビジネスモデルを成長させることで、顧客獲得の負担を減らします。あなたの製品タイプの顧客紹介率を見積もるところから始めましょう。

　バイラル型成長では、紹介率は100%を超える必要があります。Facebookのように製品自体にバイラルの機能（シェア機能）が組み込まれていなければ、紹介率100%は達成できません。私の経験からすると、持続的な紹介率が15〜25%であれば良好、40%なら優秀、70%以上は最高です。

3.2.2.8　スティーブがビジネスモデルを救おうとする

スティーブは製品がバイラルで広がることを期待していないため、紹介率は控えめに20%を使用することにしました。34,700人のリードすべてを自分で獲得する必要があると思っていましたが、既存顧客に20%（6,940人）を負担してもらえるとわかって少し安心しました。しかし、役には立ちますが、十分ではありません。

非常に高い紹介率（80%以上）を達成するか、製品がバイラル型（100%以上）にならない限り、ビジネスモデルを維持するには不十分であることにすぐに気づきました。もはや絶望的でしょうか？　では、彼がどのように解決したのかを学んでいきましょう。

3.2.3　目標を修正するかビジネスモデルを修正する

私たちが作成しているのは概算見積りですが、概算でも何もないよりはあったほうがマシです。紙の上でビジネスモデルが機能しなければ、現実世界でも機能しません。

> ─── **TIP** ───
>
> 5か月かけて欠陥のあるモデルを追いかけるよりも、5分でモデルを否定するほうがはるかにマシです。

大量の数字で覆い隠される（あるいは迷子になる）スプレッドシートとは違い、フェルミ推定に隠れる場所はありません。ビジネスモデルが事業性のテストに失敗した場合、考えられる解決策は2つだけです。目標を修正するか、ビジネスモデルを修正するかです。目標を下方修正したい人はいないでしょうから、最後の手段として残しておきましょう。まずは、ビジネスモデルの修正方法を考えてみましょう。

3.2.3.1　ビジネスモデルの修正

フェルミ推定のインプットは少ないので、モデルが失敗する理由はすぐにわかります。モデルの修正も簡単です。ただし、**図3-11**のグラフに示しているように、MSCの目標を達成できる実行可能な方法は限られています。

このグラフは、Point Nine Capitalのクリストフ・ジャンスによる「1億ドルのSaaSビジネスを構築する5つの方法」というブログ記事（https://oreil.ly/gpUxD）にインスパイアされました。

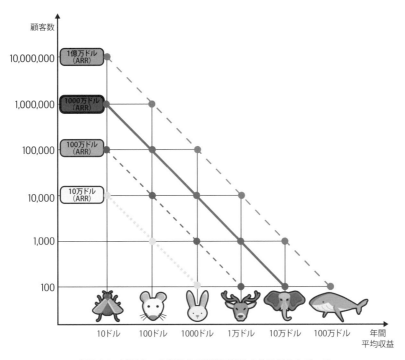

図3-11　ビジネスを構築する実行可能な方法は限られている

　グラフの使い方は以下のとおりです。MSCの目標は3年後に1,000万ドル（ARR）としましょう。グラフの線を見ると、その目標を達成するには以下のいずれかを獲得する必要があることがわかります。

- 100万人の顧客が年間10ドルを支払う
- 10万人の顧客が年間100ドルを支払う
- 1万人の顧客が年間1,000ドルを支払う
- 1,000人の顧客が年間1万ドルを支払う
- 100人の顧客が年間10万ドルを支払う
- 10人の顧客が年間100万ドルを支払う[2]

---

[2]　訳注：グラフには描かれていない。

　両端にはトレードオフがあります。たとえば、3年間で100万人の顧客を獲得するには、バイラル型成長エンジンを使用するしかありません。また、10人に年間100万ドルを支払ってもらうには、非常に高価な独自の価値提案と複雑な販売プロセスが必要です。どちらも不可能ではないにしても、実現するのは困難です。したがって、目標を達成するには4つの方法が残されています。そこから選んで試していくことになります。

　このようにすれば、アイデアから一歩離れて、事業性のレンズでビジネスモデルを見ることができます。目標を達成するための方法として「年間1,000ドルを支払う顧客を1万人獲得する」を選択した場合、「私のアイデアはどれだけ大きくなるか?」の質問は以下のように変わります。

- 3年以内に1万人の顧客を獲得できるか?
- 解決に値する年間1,000ドルの課題があるか?

　質問に対する答えに自信が持てない場合は、モデルを調整する必要があります。MSCの下方修正は検討していないので、モデルを修正するにはユーザーあたりの年間平均収益(ARPU: Average Revenue Per User)を増やすことになります。ただし、わずかに調整するだけでは、フェルミ推定の結果が変わることはありません。10倍になるもの、あるいは(こちらのほうが現実的ですが)合計して10倍になるものを探しましょう。

　そのようなものを発見する方法はいくつかあります。

価格を再検討する

　製品の価格を上げることは、最も活用されていない手段です。価格を2倍にすると、必要な顧客数は半分になります。多くの起業家は、顧客を失うことを恐れているため、価格を上げることをためらいます。以下のように考えてみましょう。価格を2倍にした結果、顧客の半数以上を失うことがなければ、結果として得をするのです。収益が同じだったとしても、顧客にサービスを提供する業務費用が減少するため、やはり得をするのです。つまり、純収益や利益が増加します。

　多くの起業家は、コストベースで価格を設定します。製品を構築するためのコストの見積りから始めてしまうのです。そこに「合理的な」利益を上乗せして、製品の価

格を決定します。このような価格設定は最適解ではありません。つまり、お金儲けのチャンスをムダにしているのです。価格設定の方法が逆方向になっています。

　顧客はコスト構造や利益率に関心がありません。関心があるのは適正な価格で望ましいアウトカム（価値）を達成できるかどうかです。それでは、適正な価格をどのように設定するのでしょうか？ イノベーターの贈り物を適用しましょう。

　イノベーターの贈り物は、**2章**でUVPの需要性（**スイッチを引き起こせる**くらい十分に大きな課題があるか？）をテストするために使用しました。ここでは、収益の流れの事業性（**解決に値する**くらい十分に大きな課題があるか？）をテストするために使用します。

　イノベーションとは、古いやり方から**より良い**新しいやり方にスイッチすることです。顧客がスイッチを検討するときには、新しいやり方と古いやり方を比較します。製品の価格も同じように考えるべきです。

　最適な価格は、2つのアンカーの間のどこかにあります。1番目のアンカーは、独自の価値提案に対する顧客の金銭的価値です。顧客は支払った金額よりも価値を感じられたときにだけあなたの製品を使用します。このアンカーは通常、価格の上限となります。

　2番目のアンカーは、既存の代替品のコストです。言い換えれば、ジョブを片付けるために顧客が費やしている時間・お金・労力です。あなたのUVPが優れていれば、割り増しをすることも可能でしょうが、顧客は常にあなたの製品と既存の代替品を比較することに注意してください。このアンカーは通常、価格の下限となります。

　最適な価格は、既存の代替品のコストとUVPに対する顧客の金銭的価値の間になります。この段階で最適な価格を決定しようとしないでください。価格設定は技芸というよりも科学です。多くのテストが必要です。価格設定のテクニックについては、本書の後半で説明しますが、とりあえず今は製品の**概算の適正価格**を設定しましょう。

　価格はどこまで上げられますか？ 2倍にできますか？ 10倍はどうですか？ イノベーターの贈り物でビジネスモデルを修正できなくても、検討すべき手段は残っています。

課題を再検討する

　大きな課題または頻繁に発生する課題を扱うことを検討しましょう。大きな課題を追求すれば、製品の価格を上げることができます。製品の使用頻度を上げれば、顧客

ライフタイムを伸ばすことができ、より多くの価値を回収できます。

他の顧客セグメントを検討する

　ミネラルウォーターから自動車まで、製品の価格はさまざまです。2万5,000ドルの自動車を購入する顧客は、25万ドルの自動車を購入する顧客とは違います。価格設定は製品の一部であるだけでなく、顧客セグメントを定義します。価格を10倍に引き上げるならば、UVPを変更するか、ターゲットにする顧客セグメントを変更しましょう。他のアイデアを再検討し、事業性のレンズで優先順位を付けてみてください。

3.2.3.2　目標を修正する

　目標を下方修正したい人はいないでしょうが、下方修正を検討すると、ビジネスを成長させることがいかに難しいかを認識できるようになります。何らかの理由でアイデアを変更できない場合は、目標を調整してみましょう。

　あるいは、PMFに到達するまで、複数のビジネスモデルに分割する方法もあります。安い価格帯の顧客セグメントから始めて、少しずつ高い価格帯の顧客セグメントにターゲットを切り替えていきます。たとえば、セルフサーブのSaaS製品から始めて、エンタープライズ向けのソフトウェア領域に移行します。

　ビジネスモデルの事業性の問題が解消されるため、非常に魅力的な戦略のように聞こえますが、3年間で複数のビジネスモデルを導入するのは簡単なことではありません。複数のチャネルを切り替えたり、新しい価値提案を作成したり、さまざまな機能を構築したりと、やるべきことが非常に多くなります。

　できるだけ単一のビジネスモデルでMSCを達成しましょう。

3.2.3.3　スティーブがビジネスモデルを修正する

　スティーブは概算を出してから、インプットにする仮定を一覧にしました。そして、以下の4つの主要指標でビジネスモデルを表せることを発見しました。

- MSC：3年後に1,000万ドル（ARR）
- 価格（収益）：月額50ドル
- 顧客ライフタイム（定着）：4年間
- 課金コンバージョン率（獲得）：1%

スティーブはそれぞれについて、3〜10倍になる方法を見つけようとしました。

MSCは譲れないので、スキップしました。顧客ライフタイムも同じです。1〜2年ほど伸ばすことはできるかもしれませんが、3〜10倍に伸ばせる方法はありません！

コントロールできるのは「価格」であることに気づきました。月額50ドルを選んだのは、ソフトウェア開発者に手軽に製品を導入してもらうためでした。ソフトウェア開発者は10倍の価格を受け入れてくれるでしょうか？

リーンキャンバスに書いた既存の代替品は無料です。ただし、アプリを構築するために数百時間ほどコードを書く必要があります。平均的なアプリだと200時間かかります。ソフトウェア開発者の時給が50〜75ドルだとすると、1万〜1万5000ドルに相当します。

スティーブはアプリの開発速度が10倍になると試算しているため、200時間のアプリが20時間で開発できることになります。このアンカーを使用すると、少なくとも5倍の価格（月額250ドル）までは受け入れてもらえます。10倍の価格（月額500ドル）はどうでしょうか？ いけるかもしれません。スティーブはあることに気づきました。

- 価格を5倍にすれば、必要な顧客数は5分の1になる。
- 価格を10倍にすれば、必要な顧客数は10分の1になる（**図3-12**）。

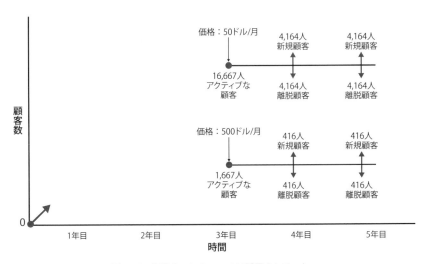

図3-12 価格のコントロールは活用されていない

3.2.3.4　単なる数字遊びでは？

　数字遊びではありません。ビジネスモデルを機能させるために、インプットとなる仮定を明確にしているのです。スティーブが持っていたのは、ビジネスモデルの物語と定性的な仮定でした。初期ステージの製品としては、有望なスタートのように思えました。

　しかし、フェルミ推定を実施すると、ソフトウェア開発者がターゲットのビジネスモデルでは、最良のシナリオでもMSCの目標である1,000万ドル（ARR）を達成できないことがわかりました。目標を達成するには、価格を少なくとも5倍（月額250ドル）、できれば10倍（月額500ドル）にする必要があります。

　この時点で、価格モデルが最もリスクの高い仮定になりました。すぐにでもテストする必要があります。

　スティーブは他のキャンバスにも注意を向けました。そして、疑問に思いました。

- 小売業者は、3〜10倍は売れる製品の価値をいくらで評価するのか？
- 建築家は、3Dレンダリングに対してクライアントにいくら請求するのか？

　価値ベースで価格を設定するには、これらの疑問に答える必要があります。顧客はあなたのソリューションではなく、自身の課題に関心があることを忘れないでください。顧客はソリューションの構築コストを気にしていません。したがって、製品の価格を設定する最善の方法は、構築コストではなく、以下をアンカーにすることです。

- 顧客が課題を解決しているコスト
- あなたが提供すると約束した価値（独自の価値提案）

3.3　アイデアに対してフェルミ推定する

　起業家が旅を始めるには目的地が必要ですが、それは本当の目的地ではありません。正しい道を進んでいることを確認するための仮定やマイルストーンです。

　以下の3つのステップを使用して、ビジネスモデルを見積もりましょう。

1. **最小限の成功基準を定義する。**

   深く「なぜ」を問いましょう。MSCからアイデアに制約をかけることが重要であり、その逆ではないことを忘れないでください。

2. **アイデアが目標を達成できるかどうかをテストする。**

   価格モデル、顧客ライフタイム、コンバージョン率を使用して、目標を達成・維持するために必要な顧客数を見積もりましょう。

3. **目標を修正するか、ビジネスモデルを調整する（必要な場合）。**

   アイデアがMSCの目標に到達しない場合は、モデルが壊れている要因を特定して、修正できるかどうかを確認しましょう。これらの要因は、すぐにテストすべき重要な仮定です。

フェルミ推定の結果、紙の上で機能するビジネスモデルが完成します。これらのインプットの仮定をリーンキャンバスに追加することを忘れないでください。マルチサイドモデルやマーケットプレイスモデルを使用している場合は、ステップは同じですが、モデルの両側を考慮する必要があります。

次はあなたの番です

フェルミ推定をどのように作成するかはあなた次第です。
たとえば、以下のようなやり方があります。

- 紙の上で計算する。
- LEANSTACKのウェブサイト（https://runlean.ly/resources）を訪問して、オンラインでフェルミ推定をする方法を学ぶ。

3.4　スティーブがメアリーと一緒にビジネスモデルを レビューする

　スティーブ「衝撃的でした。フェルミ推定はスタートアップの成長指標が学べる短期集中型のコースですね。私はこれまで製品の構築に専念してきましたが、このままでは成長できないことが理解できました。そのための計画が必要です」

　メアリー「そうですね。アイデアを思いついたら、5分かけてフェルミ推定をやるべきですね。このツールの本当の力は、**解決に値する課題の構成要素**を発見できることです。それがソリューションにつながります。逆ではありません」

　スティーブはメアリーの言葉を理解するのに時間がかかっています。

　スティーブ「ええと、何を言いたいのかはわかります。私のビジネスモデルを機能させるには、リーンキャンバスに書いた顧客や課題が何であれ、少なくとも月額500ドルの課題が必要ということですよね。特にソフトウェア開発者向けのリーンキャンバスでは、適当に設定した月額50ドルから大幅に価格を上げる必要がありました」

　メアリー「そのとおりです。価格のコントロールは、ほとんど活用されていません。多くの起業家は、価値ベースや既存の代替品をアンカーにした価格設定ではなく、コストベースの価格設定の罠に陥っています」

　メアリーは続けます。

　メアリー「フェルミ推定からわかることがもうひとつあります。それは、ライフタイム価値の小さい顧客を多数相手にするビジネスモデルよりも、ライフタイム価値の大きい顧客を少数相手にするビジネスモデルを構築したほうがよい、ということです」

　スティーブ「解約があるからですか？」

　メアリー「そうですね」

　次に、スティーブは最新のリーンキャンバスを紹介し、以下のことを説明しました。

- MSCの目標設定
- 注力する要因の発見
- 優先順位を付けた上位3つのキャンバス

　メアリー「ソフトウェア開発者のキャンバスに注力するんですね。全体的によくできていると思います。素晴らしい出発点になりますよ」

　スティーブ「私もそう思います。ですが、引っかかるところもありまして……」

　スティーブは居心地悪そうに椅子に腰を下ろし、言葉を続けました。

　スティーブ「モデルを作成したおかげで、顧客の望ましいアウトカムに対して独自の価値提案を考えたり、製品の価格を真剣に設定したりすることができました。ですが、それに合わせてスコープも増えてしまいました。私の製品ロードマップは18か月です。ソフトウェア開発者のキャンバスに取り組んだとすると、最初のリリースまでに半年……いや、9か月かかります。正直、最小限の成功基準の傾きが心配です」

　スティーブは作成したスケッチをメアリーに見せました（**図3-13**）。

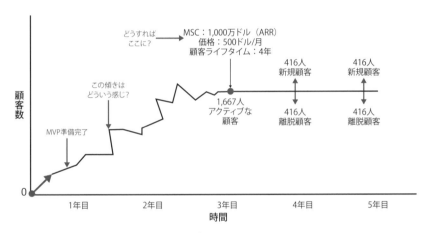

図3-13　スティーブは最初の傾きを心配している

　スティーブ「まだ3年ありますし、あまり心配する必要はないのかもしれません……が、3年後までに約1,600人の課金顧客が必要となると、1年間に約500人の顧客が必要です。これまで1年以上このプロジェクトに取り組んでいますが、状況は思わしくありません。開発者が1〜2人でも増えれば、大幅にスピードアップできると思います。あとは、誰かにマーケティングと営業を……」

　メアリーは時計をちらりと見て言いました。

　メアリー「10分後にミーティングがあるので、トラクションロードマップに関する情報をメールで送りますよ」

　スティーブ「トラクションロードマップ？　製品ロードマップのようなものですか？」

　メアリー「そうではありません。トラクションロードマップとは、3年間の目標を

マイルストーンに分割したものです。それぞれにトラクションの目標とタイムラインが設定されています。あなたの傾きに関する疑問にも答えてくれますよ。これらのマイルストーンを確認したら、今後の展開計画が明確になるはずです」

スティーブが口を開こうとしましたが、メアリーは話を続けました。

メアリー「継続的イノベーションフレームワークの最初のステップは、**機能する可能性のある**ビジネスモデルをスケッチすることです。ほとんどの製品のリスクは、顧客と市場にあります。したがって、ビジネスモデルの『需要性』と『事業性』からストレステストする必要があります。でも、あなたはもう済んでいますね。今はビジネスモデルがうまくいくかどうかに悩んでいると思います。これが次の『実現性』のストレステストです。そこで、トラクションロードマップと展開計画の登場です。トラクションロードマップを作成できたら、私に送ってください」

メアリーは再び時計をちらりと見て言いました。

メアリー「まずい！　また遅れる！」

4章
実現性のストレステスト

実現性：私たちは作れるか？

　これまでに実現性のテストや展開計画に使用されてきたのは、製品ロードマップで
した。製品ロードマップは今後18〜24か月で何を作るべきかを把握していることが
前提ですが、あなたは把握できていません。そこで、トラクションロードマップの出
番です。

── TIP ──

　製品ロードマップではなく、トラクションロードマップを作成しましょう。

　製品ロードマップはアウトプット指向ですが、トラクションロードマップはアウト
カム指向です。前の章では、アウトカム指向の指標（トラクション）を学びました。
また、3年後の最小限の成功基準となるトラクションを測定する方法も学びました。
　前の章で説明したように、3年間はアイデアの事業性を判断するのに適切なタイム
フレームです。しかし、実現性（どうすれば成功するか）を判断するには長すぎます。
　MSC（最小限の成功基準）の目標を短いマイルストーンに分割する方法が必要で
す。こうした中間的なマイルストーンは、管理しやすいステージを設定したり、展開
計画を作成したりするのに役立ちます。本章では、このようなことを含め、実現性の
テストを扱います（**図4-1**）。

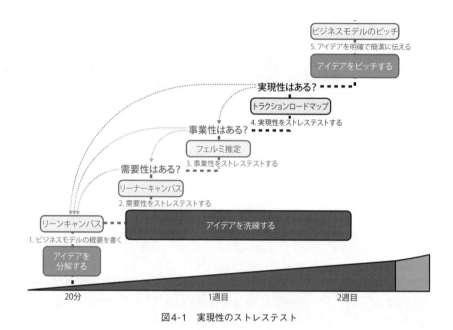

図4-1　実現性のストレステスト

4.1　トラクションの傾き

　前の章では、スティーブが3年間で約1,600人の顧客を獲得する方法がわからずに苦労していました。スティーブが3年間の傾きをモデル化するとしたら、どのようにすべきでしょうか？ 線形ですか？ 非線形ですか？ 指数関数的ですか？

　傾きを線形にすることはできません。直線は2点間の最短距離です。製品を線形に成長させるには、実行可能な完璧な計画が必要です。しかし、スタートアップの世界では、完璧な計画は神話です。

　p.101「3.2.2.3　必要になる最小限の顧客獲得率を見積もる」で紹介したイノベーションの普及理論では、新しいアイデアの市場シェアはS字カーブになることが指摘されています。S字カーブの前半は、おなじみのホッケースティックの軌道を描きます。この傾きが正解です（**図4-2**）。MSC（最小限の成功基準）はPMF（製品/市場フィット）を少し超えたところ（ホッケースティックが曲がり始めるところ）にあることを忘れないでください。

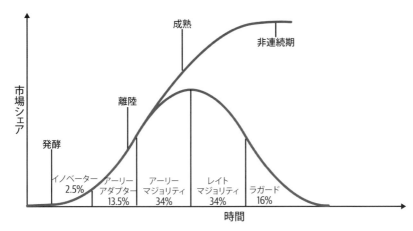

図4-2 Ｓ字カーブと採用ライフサイクル

NOTE

ホッケースティックの軌道はスタートアップだけではありません。あらゆる新製品の採用は同じ軌道をたどります。平坦な部分から始まり、少しずつ傾きが表れ、最終的に市場が飽和するか、他の何かにディスラプト（破壊）されます。

　MSCの目標は3年後に必要な顧客数を固定するものなので、目標の傾きをモデル化するには別のインプットが必要です。それは成長率です。

　製品の初期ステージに適した成長率はどれくらいでしょうか？　年に3倍？　5倍？　10倍？　それ以上？　トラクションロードマップの成長率を求められると、多くの起業家は少なく見積もろうとします。しかし、これは最善の戦略ではありません。

　図4-3を見てください。3つの成長率でトラクションロードマップを表してみました。

　成長率が低いと、初期ステージに顧客獲得率を増やす必要があることがわかります。この結果に驚かれたかもしれません。10倍モデルと5倍モデルを比べると、2年目に必要な顧客数は半分、1年目は4分の1になっています。

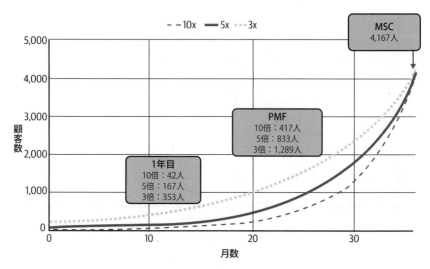

図4-3　目標を達成する3つの方法

　これは、3年後の終点がMSCの目標で固定されているからです。変更できるのは、ホッケースティックの傾きだけです。私がコーチしている多くのチームは、こうした直感に反する考え方を受け入れて、軌道を修正し、高い成長率を使用しています。

　ただし、やりすぎにも注意すべきです。開始時の適切な成長率は、学習とスケーラビリティのバランスがとれたものでなければなりません。したがって、**最初の3年間の成長率は年に10倍に設定する**ことをお勧めします。

　10倍の成長率は急成長しているスタートアップだけかと思われるかもしれませんが、それは事実ではありません。世界中のすべての企業は同じ場所から始まります。つまり、最初の顧客は1人なのです。3年目に100人の顧客まで成長することを計画しているのであれば、10倍モデルを使用できるということです。

- 1年目：1人の顧客
- 2年目：10人の顧客
- 3年目：100人の顧客

4.1.1 スティーブがトラクションロードマップを作成する

スティーブはトラクションロードマップに10倍の成長率を使用することにしました。その結果を**図4-4**に示します。

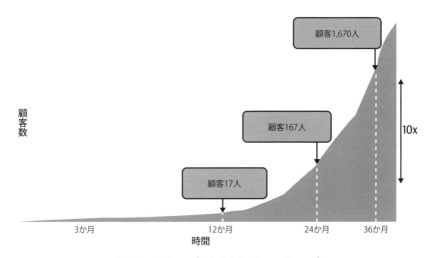

図4-4 スティーブのトラクションロードマップ

元のモデルでは、1年目に500人以上の顧客を獲得する必要がありましたが、10倍モデルでは17人の顧客を獲得するだけです。スティーブは安心しました。しかし、安心したのも束の間、ホッケースティックの右側を見ると、新たな心配事が生まれました。

スティーブは携帯電話を取り出し、メアリーにトラクションロードマップのスクリーンショットとメモを送りました。

スティーブ：3年目に1,500人の新規顧客を獲得する必要がありますが、どうすればいいでしょうか？ 想定していたよりも3倍の顧客獲得が必要です！

メアリーから返信が届きました。

メアリー：走りだす前に歩く必要があります。右側よりも先に左側にフォーカスしましょう。トラクションロードマップの数値を使用して、**現在・次回・将来**の展開計画を作成してください。

スティーブ：わかりました。ただ、1年目の目標は当初より下がっていますが、そ

れでも大変そうです。製品の準備ができるまでに9か月かかります。残り3か月間で17人の顧客を獲得できるのでしょうか？

　メアリー：顧客を早く獲得する方法が必要ですね。

　スティーブ：それがわからないんですよ。

　メアリー：明日、ランチで話しましょう。

　スティーブ：楽しみにしています。

　メアリー：それまでに考えてみてほしいことがあります。あなたは新しいレストランをオープンしようとしている未経験の経営者です。飲食業界はリスクが高いので、ほとんどのレストランは1年以内に閉店しています。また、ほとんどの経営者は（起業家と同じく）ソリューションを持っています。完璧なメニュー、食器、ナプキンをすでに選んでいます。必要なのは投資家からの資金だけです。資金があればビジネスを始められます。しかし、未経験の経営者にチャンスを与えてくれる人はいません。新しいレストランをオープンするリスクは非常に高いからです。何だか聞いたことがありませんか？

　スティーブ：非常におもしろいですね。

　メアリー：こうした「板挟み状態」を回避する鍵は、「開始のリスク」と「拡大のリスク」に優先順位を付けることです。このレストラン経営者の直近のリスクを考えてから、現在・次回・将来の展開計画を作ってみてください。それがあなたの宿題です。

　スティーブ：はい、やってみます……。

　メアリー：ちょうど飲食店の話をしたので、明日は新しくオープンしたタコスのお店でランチしませんか？　とても美味しいと聞きましたよ。

　スティーブ：私も好きです。でも、人気なので早く行かないと並びますよ。1時間は並ぶことになると思いますよ。

　メアリー：それじゃあ、11:30にしましょうか。

4.2　現在・次回・将来の展開計画

　多くの起業家は、ホッケースティックの右側に急いで行こうとします。すべてを速く進めることで、すぐに達成しようとするのです。しかし、すべてを速く進めようとしても、実際に速く進めるわけではありません。むしろ遅くなってしまいます。フォーカスを失い、早すぎる最適化の罠に陥るからです。

　早すぎる最適化とは、以下のようなことです。

- まだユーザーがいないのに、何千人ものユーザー向けに製品を最適化しようとする
- まだ顧客がいないのに、営業のマネージャーを雇う
- まだトラクションがないのに、資金を調達する

　早すぎる最適化はスタートアップの天敵です。間違った時期に間違ったリスクを優先させているからです。これでは、PMFの達成に使うべき限られたリソースがムダになってしまいます。早すぎる最適化の罠を回避するには、継続的イノベーションのマインドセットを受け入れることです。

マインドセット#4

適切な行動を適切な時期に。

　ビジネスモデルに大きなインパクトを与える行動はわずかです。それはどの時点でも同じです。あなたの仕事は、そうした行動にフォーカスし、その他の行動を無視することです。これが「適切な行動を適切な時期に」のマインドセットです。

　近視眼的になる危険性はないのでしょうか? 起業家は短期的に行動しながらも、長期的に計画を立てる必要があります。しかし、スタートアップの世界は不確実性の霧に包まれているため、将来の明確な計画を立てることができません。でも、大丈夫です。そこで、現在・次回・将来の展開計画の出番です。

　現在・次回・将来の展開計画の考え方は、ホッケースティックの曲線部分にある3つの期間でトラクションロードマップを見るというものです。つまり、平坦な部分、少しずつ傾きが出てくる部分、傾きが急になる部分です。これら3つの部分は、以下の製品ライフサイクルのステージを表しています(**図4-5**)。

1. PSF(課題/解決フィット、Problem/Solution Fit)
2. PMF(製品/市場フィット、Product/Market Fit)
3. 拡大

　トラクションロードマップを使用して、それぞれの期間で達成すべきトラクションの目標を決定します。それから、それぞれの期間の計画を立てます。想像できると思

いますが、**現在**の計画は最も具体的です。**次回**の計画はそれほど具体的にする必要はありません。**将来**の計画は最もあいまいです。

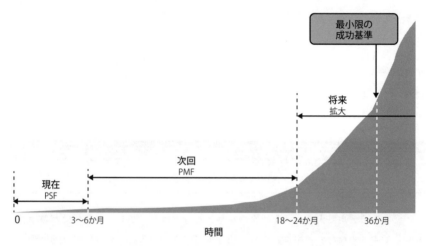

図4-5 製品ライフサイクルの3つのステージ

10倍の成長率を使用すると、各ステージは前のステージよりも桁が大きくなります。また、これらのステージを認識することで、ビジネスモデルで最もリスクの高い部分がわかります。これは、現在・次回・将来の展開計画を作るための重要なインサイトです。最もリスクの高い仮定に体系的に優先順位を付けることができるようになります。

マインドセット#5

最もリスクの高い仮定に段階的に取り組む。

それでは、3つのステージを見ていきましょう。高レベルの目標、標準的なタイムライン、成果、各ステージを進むための戦略について、概要を説明します。

4.2.1 ステージ1：現在 ― PSF（課題/解決フィット）

ホッケースティックの平坦な部分を楽しめる人はいません。しかし、正しいマインドセットを身につければ、贈り物として見られるようになります。「適切な行動を適切な時期に」のマインドセットを実践する最初のステップは、平坦な部分を通過しなければ、ホッケースティックの右側に到達できないと理解することです。

TIP

製品の初期ステージでは、加速よりも減速する必要があります。

ホッケースティックの平坦な部分は、ユニークなものや価値のあるものを構築するために、インサイトや秘密を明らかにするところです。そのためには、必要な時間をかけて顧客を深く理解し、解決に値する本物の課題を明らかにし、デモ・販売・構築のプロセスを使用して可能性のあるソリューションをテストします。

ここでの直観に反するインサイトは、**課金顧客を獲得するために機能する製品は必要はない**です。

このステージの最終成果は、アイデアの構築ステージ（ステージ2）に進むために、エビデンスに基づいた意思決定をすることです。

最初のステージが終わるまでに、以下のことを行う必要があります。

- 顧客のニーズ（とウォンツ）を明確に理解する
- 顧客に価値を提供するために構築すべき最小限のもの（MVP）を把握する
- 顧客から具体的な約束（前払いや契約書など）を取り付ける

通常、PSFを達成するまでに3〜6か月かかります。PSFを達成する詳細なステップについては、7章から11章で説明します。

4.2.2 ステージ2：次回 ― PMF（製品/市場フィット）

ステージ1の終わりまでに「顧客に欲しいと思ってもらいたい製品」ではなく「顧客が欲しいと思う製品」を定義する必要があります。そこから数週間から数か月かけて、製品（MVP）を構築し、ローンチの準備をします。最初の目標は、価値の提供を示すことです。つまり、顧客が欲しいものを構築できているかを判断することです。そのためには、顧客からフィードバックをもらいながら、製品を継続的に改善します。

　ここでの直感に反するインサイトは、**ビジネスモデルの再現性を実現するために多くのユーザーは必要ないです**。

　このステージの成果は、ビジネスモデルの再現性を確保することです。また、ホッケースティックの曲がるところを越えて、成長の加速に目を向け始めるところでもあります。これによって、ステージ3に入る準備が整います。

　通常、PMFを達成するまでに18〜24か月かかります。PMFを達成する詳細なステップについては、**12章**から**14章**で説明します。

4.2.3　ステージ3：将来 — 拡大

　PMFを達成すれば、ある程度の成功は保証されます。それはどのくらいなのでしょうか？ 拡大ステージでは、戦略に大きな変化があります。適切な製品を構築することから、成長を追い求めることへとフォーカスが変わるのです。このステージでは、最適化の実験を使用して、考えられるいくつもの成長戦略やキャンペーンをテストします。

　ここでの直感に反するインサイトは、**このステージになっても、すべてを速く進めようとすると遅くなるので、同時にひとつの成長エンジンに集中する必要がある**です。

　本書の目的は、コンセプトの作成からPMFを達成するまでの道のりをナビゲートすることです。**14章**では、PMF達成後の成長と生存のガイドラインを紹介します。

4.3　スティーブが「適切な行動を適切な時期に」の教訓を手に入れる

　メアリーはタコスのお店で最後の席を確保し、スティーブに合図を送りました。スティーブは席につくと、ビックリしたように言いました。

　スティーブ「うわ、行列すごいですね。あそこの曲がり角のところまで並んでますよ。まだ11:45なのに。ちょうどよかったですね」

　メアリー「そうなんですよ。有名になってから毎日こんな感じですよ」

　メアリーはスティーブが落ち着くのを待ってから、質問しました。

　メアリー「それで、昨日の宿題はどうですか？ 未経験のレストラン経営者が直面する最もリスクの高い仮定とは何でしょうか？」

　スティーブ「この店を見ればわかりますが、レストランは料理と場所が<u>重要</u>です。不動産業界ではよく言われるように、とにかく場所が<u>重要</u>です」

メアリー「未経験のレストラン経営者は、場所から考えるべきということですか？」

メアリーは続けます。

メアリー「場所がいいと賃料も高いですよね。つまり、レストランを成功させるまでのランウェイが短くなり、大きな賭けになってしまいます」

メアリーはスティーブがうなずくのを待ってから続けました。

メアリー「それに、場所がいいだけでは、成功は保証されません。すごくいい場所なのに、ひどいレストランに行ったことはありませんか？ 逆に、ひどい場所なのに、すごくいいレストランに行ったこともあるでしょう」

スティーブ「場所は重要ではない、ということですか？」

メアリー「そういうわけではありません。いい場所は成長には役立ちます。しかし、それは『拡大のリスク』であって、『開始のリスク』ではありません。未経験のレストラン経営者は実証されていない製品を持っています。したがって、開始のリスクは**成長の加速ではなく、価値の提供**を中心に考えるべきです」

メアリーはしばらく考えてから続けました。

メアリー「この場所を選んだのは、もちろんタコスが素晴らしいというのはありますが、大人気になる前の話があるからです。オープンしたときの話を知っていますか？」

スティーブは首を振りました。

メアリー「創業者のジャックはフードトラックから始めたのです。もちろん最高の場所ではありませんよね」

スティーブ「何かで読んだことがあります。実店舗よりもフードトラックのほうが安くてすぐに始められるので、料理のコンセプトをすばやくテストできます。つまり、フードトラックがレストランのMVPだったということですか？」

メアリー「そのとおりです。多くの起業家が陥りやすいのが、早すぎる最適化の罠です。起業家は数千人の顧客が使用する完成品を想像して、それを実現しようとします。その結果、間違ったリスクが優先され、間違った時期に間違った行動をするのです。アイデアの初期ステージでは、多くのユーザーは必要ありません。少数の優れた顧客、つまりアーリーアダプターが必要なのです」

スティーブ「結局、最もリスクの高い仮定とは何だったんですか？ 料理ですか？」

メアリー「料理で間違いありませんが、料理を販売することだけではありません。あらゆる製品の最初の戦いは『顧客の注目を集める』ことです。イノベーターの贈り物を覚えていますか？ イノベーションとはスイッチを引き起こすものでした。この

町には半径5キロ圏内に100を超えるお店があります。そのなかから、顧客はどうしてそのフードトラックを選ぶのでしょうか？」

スティーブ「クチコミですか？」

メアリー「クチコミはまたあとです。まずは独自の価値提案によって、最初の顧客（アーリーアダプター）の注目を集めます。注目が集まったら、他とは違うものを提供します。こうしたことをうまくやれば、ようやくクチコミが始まります」

スティーブ「それはわかりますが、それだけでフードトラックに顧客が集まりますか？　創業者は大規模なブランディングキャンペーンをやったのでしょうか？　それともSNSのフォロワーがたくさんいたのでしょうか？」

メアリー「いいえ。これを見てください」

メアリーは当時のフードトラックの写真をスティーブに見せました。

メアリー「気づいたことはありますか？」

フードトラックの上半分に巨大な広告が見えました。

スティーブ「韓国風バーベキュータコス？」

メアリー「そうです。でも、それはお店の名前やロゴではありません。キャッチコピーでもありません。製品を作る人たちが夢中になるものです。何でしょうか？」

スティーブ「独自の価値提案ですか？」

メアリー「正解です。テキサスでは、美味しいバーベキューかタコスを提供すれば、食通（アーリーアダプター）の注目を集めることができます。バーベキューとタコスの両方をやれば、さらにうまくいきます。ですが、すでに多くの人がやっています。そこにひねりを加えれば（韓国風にすれば）、他とは違うユニークなものとなり、大きな注目が集まるのです。食通やインフルエンサーはすぐに試してみたいと思うでしょう。そして、美味しかったかどうかを他の人にも伝えてくれるはずです」

メアリーは水をひとくち飲んでから続けました。

メアリー「ここまでの話をまとめてみますね。未経験のレストラン経営者の最大のリスクは注目です。製品の独自の価値提案は何かを考える必要があります。それは何のためですか？　誰のためですか？　このレストランの創業者は、食通をターゲットにして、フードトラックを選択しました。フードトラックであれば、安価で高速に（車だけに）コンセプトをテストできるからです。それが当時の『現在』の計画でした。そして、準備に数週間や数か月かけるのではなく、数日で実行に移しました」

スティーブ「『次回』や『将来』の計画も同時に立てていたのですか？」

メアリー「はい、彼はそうしていました。ただし、非常に高レベルなものです。『次

回』の計画として、町中に複数のレストランをオープンすることを思い描いていました。また、『将来』の計画の一部として、他の都市にも出店し、全国的なブランドを構築するという野望を持っていました」

スティーブ「フードトラックはどれくらいやっていたんですか？」

メアリー「彼の場合はそれほど長くはありません。当初のコンセプトはうまくいきませんでしたが、フードトラックで小さくイテレーションを繰り返した結果、うまくいくコンセプトを見つけることができました。素晴らしいレシピをいくつか考案したあとに、クチコミが始まりました。オープンから4週間後、フードトラックにはランチタイムに長い行列ができるようになりました」

スティーブ「4週間？ そんなに早くですか？」

メアリー「そうです。その後、大人気になりました。毎日、売り切れ状態です。それが料理評論家たちの注目を集めることになりました。彼らがフードトラックを取り上げると、さらに行列は長くなりました。急増した需要に応える必要があります。そこで、『次回』の計画を実行に移すことにしました」

スティーブ「新しいフードトラックをオープンする！」

メアリー「はい、彼はこの近くに新しいフードトラックをオープンしました。市場に参入するにはフードトラックのほうが安価な方法だったのです。ご存知のように、店舗の家賃は安くありません。新しいフードトラックは好調でした。投資家から資金を調達するために提示できるトラクションになりました。最初のフードトラックを始めてから9か月後、2つのフードトラックを2つの店舗に変えました。これからあと3店舗できるみたいです。その後は、言うまでもありませんね」

スティーブ「投資家はこれからビジネスを拡大できるかどうかを心配しなかったのですか？ つまり、フードトラックと実店舗では、やり方が違うじゃないですか。ましてや、全国的なブランドの構築となると、全然違いますよね」

メアリー「心配だったと思いますよ。でも、それは投資家が好きなリスクです。拡大のリスクと開始のリスクの違いです。あらゆる製品の最初の課題は、需要に対応することです。十分な需要を生み出すことができたら、供給側は解決可能です」

スティーブ「供給側というのは、製品を作るという意味ですか？」

メアリー「はい、そうです。別の言い方をすれば、需要側のリスクは顧客（需要性）と市場（事業性）のリスクです。供給側のリスクは製品（実現性）のリスクです」

スティーブ「なるほど。よくわかりました」

メアリー「2台のフードトラックから十数店舗にするまでに、ジャックはさまざ

な拡大のリスクを持っていたと思います。人事、トレーニング、ブランディングなどのリスクです。しかし、コアとなる検証された製品があれば、どのようなリスクも解決可能な障害物です。Facebook、YouTube、Twitterの初期を思い出してください。数千人の熱狂的なアーリーアダプターから数億人のユーザーになるまでに、大規模な拡大のリスクをどうにか克服してきました。Twitterのクジラを覚えていますか？」

メアリーはスティーブの目が大きくなったことに気づきました。

スティーブ「早すぎる最適化は避けるべきですね。勉強になりました。ただ、これをどうやって私の製品に適用すればいいのかを悩んでいます」

メアリー「事例を見るときに重要なのは、原則と戦術を区別することです。レストラン経営とソフトウェア事業は戦術的にはまったく違いますが、戦術の背後にある原則は普遍的です。原則はあらゆる種類の製品に適用できます」

スティーブ「本当に普遍的ですか？ レストランでうまくいったことはわかりましたが、料理のMVPは数時間で作れますよね。開発に数か月から数年かかる製品はどうすればいいのでしょう？」

メアリー「そういえば、あなたはチームで最も説得が難しい人でしたね。それでは、開発に何年もかかる製品を考えてみましょう。たとえば、電気自動車です」

メアリーはひとくち飲んでから続けました。

メアリー「テスラは知っていますよね。あなたがイーロン・マスクだったとして、2006年に手頃な価格の電気自動車を作るというビジョンを持っていたとしましょう。現在・次回・将来の展開計画をどのように作りますか？ 考えてみてください」

ちょうどメアリーの携帯が鳴りました。

メアリー「お昼休みの時間が終わりですね。明日はコーヒーを飲みながら、これまでの原則をテスラに適用してみましょう」

メアリーは店をあとにしました。

4.4　スティーブがオズの魔法使い型MVPを学ぶ

翌日、メアリーはいつものコーヒーショップでスティーブに質問しました。

メアリー「テスラの展開計画はどうなりましたか？」

スティーブ「テスラの創業の話を知っていたので、うまくまとめることができたと思います」

メアリー「聞かせてください」

　スティーブ「あらかじめ言っておきたいのですが、昨日の会話の前に同じ質問をされていたら、新興自動車会社の最もリスクの高い仮定として、テクノロジー、デザイン、製造、充電インフラ、ブランディング（自動車業界の経験がない創業者が率いていること）などを挙げていたと思います。昨日の会話のあと、これらは需要側のリスクではなく、供給側のリスクだとわかりました。そこで、イノベーターの贈り物を適用して、人々はどうして電気自動車にスイッチしたいのだろうか？と考えました」

　メアリーは続きを求めました。

　スティーブ「エネルギーコストが安いからという人もいれば、二酸化炭素排出量を削減できるからという人もいると思います」

　メアリー「いいですね。2006年のイーロン・マスクにとって有利だったのは、気候変動に対する意識の高まりと、ガソリン価格の上昇という2つのスイッチングトリガーの存在です。すでにガソリン車からハイブリッド車にスイッチしていた人もいました。こうした人たちがイーロン・マスクの**潜在的な**アーリーアダプターです。ハイブリッド車の問題は、部分的に化石燃料に依存していることです。化石燃料の完全排除、もしくはゼロエミッションを達成することが、手頃な価格の電気自動車の約束でした」

　スティーブ「それがビジョンの一部になるのは素晴らしいですね。テスラの最初の仕事は、その約束をテストすることでした。イーロン・マスクは、人々を興奮させ、注目を集めるために、ゼロエミッションのビジョンを共有したのだと思います」

　メアリー「そうですね。さらにテスラは、まだ製造していない段階で予約注文できるようにしました。デモ・販売・構築のプロセスを使ったのです」

　スティーブ「そこには気づきませんでした。レストランのデモ・販売・構築は理解していましたが、まだ発明されていないテクノロジーに依存していて、製造までに何年もかかる電気自動車にも適用できるとは思いませんでした。どうすればすばやく反復やテストができるのでしょうか？」

　メアリー「最初から車全体を作ったと思いますか？」

　スティーブは困惑した表情をしました。

　スティーブ「それは、ロードスターのことですか？」

　メアリー「はい。テスラが最初に発表したロードスターは、彼らが製造したものではありません。少なくともすべてを製造したわけではありません。テスラのエンブレムは付いていますが、デザインとシャーシは別の自動車会社（ロータス）からライセンス供与されました。なぜテスラはそうしたのでしょうか？」

スティーブ「すぐに市場に出すため？」

メアリー「そのとおりです。自動車会社が新車を発売しようとすると、コンセプトの立案から市場に出すまでに約10年かかります。テスラはこれを2年半で実現しました。自動車業界では光のようなスピードです。この事例で私が気に入っているのは、学習速度は相対的なものである、というところです。つまり、勝つためには競争他社を徹底的に研究する必要があるのです」

スティーブ「いいですね」

メアリー「市場投入までのスピードはこれで終わりではありません。車全体の設計、開発、生産をする必要がないということは、最もリスクの高い仮定を優先的にテストできるということです。それが何だったかわかりますか？」

スティーブ「バッテリーですか？」

メアリー「そうです。自動車をゼロから設計、開発、製造することは、簡単だとは言いませんが、克服できないリスクではありません。自動車会社であれば、自動車の製造方法は知っています。しかし、当時は**電気**自動車の製造方法を知る会社はありませんでした。そこが最も難しく、優先させるべきところでした」

スティーブ「だからすでにある自動車のライセンスを取得し、バッテリーを付け替えて、**既知**の作業を回避し、**未知**の作業を優先したわけですね。自動車エンジニアを雇ったり、大規模な工場を建設したりする必要がなく、バッテリーの開発に集中すればよかったわけですね。それをすでにある自動車に付け替えれば、すぐに販売することができます。月並みな表現かもしれませんが、天才ですね」

メアリー「はい、それが彼らの『**現在**』の計画でした。MVPで既存のソリューションと組み合わせるアプローチは、継続的イノベーションフレームワークでよく使われる検証方法です。『オズの魔法使い型MVP』と呼ばれます。リーンスタートアップのムーブメントの初期に提唱されたパターンです」

スティーブ「オズの魔法使い？ 映画ですか？」

メアリー「そうですね。この検証パターンの本質は、**作成する準備ができるまでは偽装する**です。つまり、すべてをスクラッチから構築するのではなく、既存のソリューションと組み合わせることで、最初のMVPのスコープを縮小するのです」

スティーブ「既存のソリューションを組み合わせるとなると、ディフェンシビリティ（競合他社からの防御方法）はどうやって確保するんですか？」

メアリー「独自の価値提案を提供することに変わりはありません。独自の価値は**既存のソリューションの新しい組み合わせ**から生まれます。部分の合計よりも全体が大

きくなるということです。あるいは、**新しい構成要素**からソリューションを組み立てることもあるでしょう。テスラの場合は後者でした。彼らは独自のバッテリー技術で既存の自動車に電力を供給し、顧客が求める新しいUVPを提供したのでした」

スティーブは空中を見つめています。スティーブの注意を引くために、メアリーは話を中断しました。

スティーブ「あ、ごめんなさい。考えごとをしていました。オズの魔法使い型MVPを使えば、私の製品もローンチを早めることができるかもしれませんね。ただ、もっと考える必要がありそうです。テスラはどのようにして顧客の需要と技術的リスクのバランスを取ることができたのでしょうか？ 彼らはまだ発明していない技術を使った自動車の予約注文を受け付けていたわけですよね。顧客の要求に圧倒されて、実現できない約束をするリスクはなかったのでしょうか？」

メアリー「そのリスクはあったと思います。彼らはステージベースの『現在・次回・将来』という展開計画を使って管理していました」

スティーブが困惑した表情をしているのを見て、メアリーはさらに詳しく説明しました。

メアリー「イーロン・マスクは2006年までに『手頃な価格の電気自動車』を届けることを世界に約束していましたが、テスラが最初に発売したロードスターはそのようなものではありませんでした。発売当初の価格は10万ドルを超えていたのです。理論的には、バッテリーを取り付けることができれば何でもよかったはずです。では、なぜ彼らは高級なスポーツカーを選び、起亜自動車、フォルクスワーゲン、フォードマスタングなどの手頃な価格の車を選ばなかったのでしょうか？」

スティーブ「うーん。ブランディングや利益が目当てだったと思いますが、おそらくそれ以上の何かがあるんですよね？」

メアリー「そうです。これから3つの車種を発表する、3つのステージからなる展開計画の一部だったのです。これらは適切なタイミングに適切なリスクに取り組めるように優先順位が付けられていました。2006年にイーロン・マスクは、この展開計画は『秘密のマスタープラン』であるとブログに書いています。モデル3の発表会の基調講演でマスタープランのことが詳しく説明されています。この基調講演はオンラインで閲覧できます[1]。私の記憶が正しければ、3:30あたりで展開計画の説明をしています」

---

[1]　訳注：https://www.youtube.com/watch?v=Q4VGQPk2Dl8

　メアリーの話を聞きながら、スティーブはあとで基調講演を見ようとメモを取りました。

　メアリー「最初の車の最大のリスクは電気の使用でした。新しい車を作るのではなく、既存の車のライセンスを取得することが、彼らのステージ1（現在のプラン）の重要な要素でした。次に重要な要素は、適切な車を選択することでした。なぜ2人乗りのロードスターだったのでしょうか？　販売開始時の価格が3倍だったら、製品の需要はどうなると思いますか？」

　スティーブ「下がりますよね？」

　メアリー「そのとおりです。最初に高級スポーツカーを発売することで、誰もがあこがれるような車にしたのです。実際に入手できる人はわずかでした」

　スティーブ「メインストリームの市場に参入する気がなかったのでしょうか？」

　メアリー「いいえ。イノベーションの普及のベルカーブを思い出してください。彼らはアーリーアダプターのみを対象にしていたのです。プレミアム価格をうまく利用して、ホッケースティックを操ったのです。ロードスターは高価格かつ少量生産でした。数年間、年間500台しか販売せず、その後生産を停止しました」

　スティーブ「学習のためのMVPだったということですか？」

　メアリー「そうです。ステージ1はMVPのテストだったのです。ここでのMVPは、スポーツカーという殻に内蔵されたバッテリーでした」

　スティーブ「ようやくわかりました。数百万ドルの自動車を注文できるような人は、すでに車を何台も持っているはずです。そのような人がロードスターを普段使いする可能性は低いでしょう。納車されるまで2年くらいは待つでしょうし、メインストリームの顧客とは違った使い方をするはずです」

　メアリー「そのとおりです。顧客が少ないということは、インフラ（販売店、充電ステーション、サービスセンターなど）を拡大する必要がないということです。これらの価値提供を『コンシェルジュ型』にしたのです」

　スティーブ「バッテリーのリスクが軽減したあとにステージ2に移行して、モデルSで高級セダンの市場に参入したわけですね」

　メアリー「はい。少しだけ価格が下がり、生産台数も増えましたが、それでも予約注文で段階的に展開されました。モデルSを展開するなかで、車の自社製造、充電ステーションの構築、小売店、その他のインフラなど、新しいリスクを受け入れることになりました」

　スティーブ「私はモデル3はステージ3だったと思います。メインストリーム市場

向けの手頃な価格の自動車という意味です」

　メアリー「そうかもしれませんね。モデル3が発表されるまでに、メインストリームの市場を相手にできるだけのインフラが整っていました。重要なことは、メインストリームの顧客に購入してもらえるように、電気自動車のリスクを軽減していたことです。モデル3の販売は最大規模であり、2週間で25万台の予約注文がありました」

　スティーブ「はい、記事で読みました。最初のうちは意図的に遅くして、キャズムを越えてから速く進めるようにしていたそうです。ホッケースティックを操作するという意味がようやくわかりました。これらのステージは10倍のトラクションモデルに従っていたのでしょうか？」

　メアリー「イーロン・マスクは、指数関数的あるいは10倍思考の人だと知られています。彼の展開は10倍戦略の教科書です。ネットで探せば、10年間で3車種を50万台販売するという、テスラのトラクションロードマップを見つけることができるはずです」

　スティーブ「10年間ですか？　私の3年よりもずいぶん長いですね」

　メアリー「自動車や火星ロケットを作るとなると、タイムラインは長くなりますね。実現までに10年かかるような大きなビジョンを持つことに何も問題はありません。あなたのメタバースのビジョンも同じです。ただし、ビジョンを実行可能にするには、短い期間に分割する必要があります。テスラは発表後わずか数週間で予約注文を受け付けていたことを忘れないでください。どのような種類の製品であっても3か月以内にPSFを達成しましょう。このステージではまだ製品を構築していないからです」

　スティーブ「テスラは構築ステージでもオズの魔法使い型を使ってましたよね」

　メアリー「そうです。規律と創造性があれば、最初のMVPのスコープを大幅に削減できます。その時が来たら、また話し合いましょう」

　スティーブ「お願いします。ただ、3か月後のPSFまでのトラクションロードマップがまだよくわかりません。販売する製品がない場合は、どうすればいいのでしょうか？　予約注文できるようにすべきなのでしょうか？」

　メアリー「いい質問ですね。ここでの目標は顧客を生み出すことです。予約注文を受け付けるというのは、PSFに到達するのとほぼ同じです。とはいえ、すべての製品や顧客関係が予約注文になるわけではありません。パイロット版やトライアル版の開始、リードの収集など、顧客ファクトリー以前の『顧客作成』を使用しても構いません」

　スティーブ「顧客ファクトリーは理解できるんですが、フェルミ推定で算出した顧客コンバージョン率は使えると思いますか？」

　メアリー「使えますよ」

　スティーブ「よかった。そろそろ時間ですね。刺激的な事例だったので、頭がまだ回転しています。午後はオフィスに戻ってから、現在・次回・将来の計画に取り掛かります」

　メアリー「頑張ってくださいね。また連絡してください」

4.5　スティーブの現在・次回・将来の展開計画

　オフィスに戻ったスティーブは、現在・次回・将来の計画を考えることにしました。彼の最初の仕事は、PSFの成功基準を設定するために、1年目に17人の顧客という目標から、3か月の目標を導出することです。

　フェルミ推定のインプットを取り出し、作業に取り掛かりました。

- 最小限の成功基準：3年後に1,000万ドル（ARR）
- 価格モデル：月額500ドル
- 顧客ライフタイム：4年間
- 顧客獲得コンバージョン率：1%
  - ユーザー獲得コンバージョン率（トライアル）：10%
  - 課金コンバージョン率（アップグレード）：10%
- 紹介：20%

　計算を単純化するために、1年目は線形であると仮定してモデル化しました。次に、コンバージョン率の仮定を使用して、**図4-6**のグラフに変換しました。

　スティーブは選択肢を考えています。3か月の時点で、以下のいずれかが必要になります。

- 月に2人の課金顧客
- 月に20人のトライアル
- 月に200人のリード

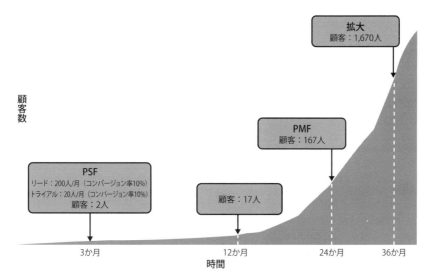

図4-6 スティーブのPSFの成功基準

　スティーブはトライアル期間が30日間のサブスクリプションモデルにしようと考えているので、PSFの基準としてトライアルの指標を使うことにしました。つまり、1年目の目標を達成するには、毎月20社のソフトウェア開発会社に月額500ドルの製品のトライアルを開始してもらう必要があります。

　これを実現するにはMVPのスコープを削減する必要がありますが、スティーブはオズの魔法使い型MVPを学んだところなので楽観的です。自分でプラットフォームを構築するのではなく、すでに数千社のソフトウェア企業で使用されている有名なプラットフォームのプラグインから開始すれば、かなり速く進むことができ、ユニークで価値のあるものを構築できると考えました。これが彼のステージ1（現在）の計画です。

　テスラのように、最終的にはUVPを拡張し、彼自身のプラットフォームに人々を導く予定です（ステージ2）。壮大なメタバースビジョンはステージ3で展開されます。スティーブはステージ3を夢見ながら、気持ちを抑えることにしました。

　メアリーに現在・次回・将来の計画をメールで送りました。数時間後、彼女から返信がありました。

　メアリー：トラクションロードマップと現在・次回・将来の計画はいい感じですね。

ビジネスモデルの設計をアドバイザーや投資家と共有して、フィードバックをもらうといいですよ。

　スティーブ：早すぎませんか？

　メアリー：大丈夫ですよ。出資してもらうわけではありませんから。**フィードバックをもらう**と言いましたよね。初期ステージに創業者が直面する課題は、自分のアイデアを他人に明確かつ簡潔に伝えられないことです。フィードバックをもらいながら会話を組み立てれば、素晴らしい練習、関係の構築、キラーピッチの構築につながりますよ。

　スティーブ：前回のピッチはうまくいきませんでした。いろんなところを回っただけでした。何度か防御的にもなりました。時間のムダのように感じました。

　メアリー：自分を責めないでください。創業者は他人に同じものを見せることに苦労するものです。今のあなたはより明確な物語を持っているはずです。モデルをさらに洗練させるには、誰かに共有することですよ。

　スティーブ：これから会話をするにあたり、うまくやるヒントはありますか？

　メアリー：ありますよ。**アイデアを明確かつ簡潔に伝える**メールを送りますね。

5章
アイデアを明確かつ簡潔に伝える

　スタートアップが失敗する最大の理由は、誰も欲しがらないものを作ってしまうからです。2番目の理由は、重要なステークホルダーから賛同を得ていないからです。

> **NOTE**
>
> 重要なステークホルダーとは、創業時のチームメンバー、初期の顧客、投資家のことです。

　大企業でアイデアを出さなければならないとしたら、5年間の財務予測と18か月の製品ロードマップを含む60ページの事業計画書の提出を求められるでしょう。しかし、新規性のあるイノベーティブなアイデアにおいては、これらは最初からわかるはずがありません。その結果、こうしたアイデアは承認されずに終わります。

　スタートアップであれば（あるいはイノベーションを義務付けられたチームであれば）始めるのは簡単です。リーンキャンバスを描いて、MSC（最小限の成功基準）を設定し、顧客セグメントと課題を特定すればいいのです。しかし、そこで行き詰まります。製品やチームを成長させるためのリソースが確保できないのです。あなたが見ているものを見てもらい、あなたの世界観に賛同してもらい、ミッションに参加してもらい、時間・お金・労力を投資してもらうためには、アイデアをピッチする必要があります。

　スティーブは自分のアイデアを他の人に見てもらうことに苦労していました。他の人たち（投資家や共同創業者）からビジョンに賛同してもらうことができず、板挟み状態の状態になっていました。投資を求めずに自己資金だけでやるにしても、アイデアを成長させるには、いずれ共同創業者や設備などのリソースが必要になります。

　ピッチはすべての起業家が身につけるべき重要なスキルです。ピッチの相手は投資家だけではありません。顧客、共同創業者、アドバイザーも相手にします。本章では、フィードバックや賛同を得るために、アイデアを明確かつ簡潔に伝える方法を学びます（**図5-1**）。

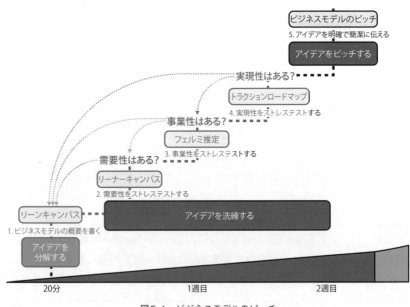

図5-1　ビジネスモデルのピッチ

5.1　エレベーターピッチとは？

　エレベーターピッチとは、あなたのアイデアを表した概要です。潜在的な投資家や顧客が一緒のエレベーターに乗っていたときに、アイデアを30秒で説明できるようにするものです。ほとんどの起業家が最初に作るピッチです。私たちもここから始めましょう。ただし、エレベーターピッチには以下のように聞こえるという問題があります。

　　私たちはブロックチェーンベースのロジスティックスエンジンを構築してい
　　ます。機械学習と人工知能を利用しているため、送り主が収益を最大化でき
　　ます。

　ひたすらバズワードが並んでいて、何を伝えたいのかわかりません。
　あるいは、以下のように聞こえるものもあります。

　　私たちはライトセーバーを作ります。
　　私たちはジェダイを訓練します。
　　私たちは邪悪な帝国軍と戦うジェダイを支援します。

　こちらはバズワードは並んでいませんが、おそらくうまくいかないでしょう。なぜ
でしょうか？ 想定が壮大すぎて、ソリューション中心だからです。多くの起業家は
30秒のピッチに**ソリューションの説明**を詰め込もうとします。それはエレベーター
ピッチの役割ではありません。エレベーターピッチは興味をかき立てるものです。う
まくいけば（立ち去る口実ではなく）もっと聞きたいと言ってもらえるものです。
　興味をかき立てるものはソリューションではなく、需要性の物語です（**2章**参照）。
これはあなたの製品が存在する理由を示すものです。
　次のセクションでは、そうした物語に基づいてエレベーターピッチを作成するテン
プレートを紹介します。

5.1.1　エレベーターピッチの概要

　以下のテンプレートを使用して、エレベーターピッチを顧客の物語として表します。

　　［顧客］が［トリガーイベント］に遭遇したとき、
　　［望ましいアウトカム］のために［ジョブ］を片付ける必要があります。
　　通常は［既存の代替品］を使っていますが、
　　［スイッチングトリガー］があるため、［既存の代替品］は［課題］で機能し
　　ません。このまま課題が解決されなければ、いずれ［危機的状態］になるで
　　しょう。
　　そこで、私たちは［顧客］を支援するソリューションを構築しました。
　　これは、［独自の価値提案］によって、［望ましいアウトカム］を実現します。

以下は私の製品の例です。

> **起業家がアイデアを思いついたとき、**
> **アイデアの実現のために資金を調達**する必要があります。
> 通常は**40ページの事業計画書**を書きますが、
> **世界中でスタートアップが爆発的に増加している（起業家のルネッサンス時代）**ため、誰も**事業計画書**を読んでくれません。私たちは**注目を集める競争の時代**に生きています。つまり、現代の投資家は**事業計画書に投資してくれません。トラクションを持ったスタートアップ**を求めています。このまま投資家の注目を集めることができなければ、アイデアを成長させるリソースが手に入らず、いずれ**撤退を余儀なくされる**でしょう。
> そこで、私たちは**起業家を支援するソリューション**を構築しました。
> これは、**20分以内にアイデアを明確かつ簡潔に伝え、重要なステークホルダーの賛同が得られるようにすることによって、ビジネスの計画よりも構築に時間をかけること**を実現します。

このピッチには製品名である「リーンキャンバス」が含まれていません。

エレベーターピッチをうまく届けられると、さらに長いピッチにつなげることができます。次に何を言うべきかは、それを聞く人の世界観によって決まります。

5.2　アイデアのさまざまな世界観

セス・ゴーディンは画期的な著書『マーケティングは「嘘」を語れ！』（ダイヤモンド社）において、世界観とは人々が状況に持ち込むルール、価値観、信念、バイアスであると定義しています。優れたマーケティングとは、世界観を変えることでは**ありません**。その人の世界観に合わせて、あなたの物語を組み立てることです。

起業家精神も同じです。すべての起業家がビジネスモデルの物語を語ります。優れたピッチとは、ソリューションを押し付けるものでは**ありません**。聞き手の世界観に合わせて、あなたのビジネスモデルや製品の物語を組み立てることです。ここで言う聞き手とは、投資家、顧客、アドバイザーのことです。

効果的なピッチを構築する最初のステップは、聞き手の世界観を理解することです。

5.2.1 投資家の世界観

投資家はあなたのソリューションを気にしませんが、設定された期間内に投資のリターンを約束するビジネスモデルの物語は気にします。通常、投資家には投資対象となる既存の代替品（他のスタートアップ、株式市場、暗号通貨など）が数多くあります。どうしてあなたのビジネスモデルを選ぶべきなのでしょうか？

投資家たちが知りたいのは、以下のことです。

- 市場機会の大きさ：投資家はあなたの顧客が**誰**であるかは気にしませんが、顧客が**どれだけいるか**（**市場規模**）は気にします。
- お金の稼ぎ方：投資家はコスト構造と収益の流れの交差点（**収益率**または**成長可能性**）を理解したいと思っています。
- 競合他社からの防御方法：投資家はあなたが成功したときに必ず参入してくるコピーキャットや競合他社への対応方法（**圧倒的な優位性**）を知りたがっています。

しかし、何よりも投資家が注目するのは（これまでの章でも説明した）**トラクション**です。トラクションのある状態で投資家のオフィスに足を踏み入れたら、投資家たちはパブロフの条件反応を示すでしょう。つまり、あなたを座らせて、ビジネスモデルの物語を聞かせてほしいと言ってくるでしょう。

投資家の世界観を持つ人にピッチするときには、リーンキャンバスの**図5-2**の部分にフォーカスしましょう。

まだトラクションがなければ、ビジネスモデルの物語を定義・測定・伝達するために、トラクションロードマップと現在・次回・将来の展開計画を投資家に見せましょう。

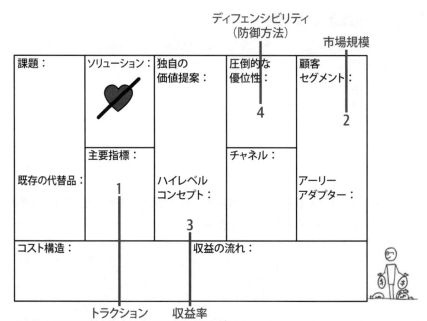

リーンキャンバスはビジネスモデルキャンバスを改変したものです。
クリエイティブ・コモンズ 表示 - 継承 3.0 非移植 ライセンスの下に提供されています。

図5-2 投資家の世界観

5.2.2 顧客の世界観

顧客もあなたのソリューションを気にしません。顧客が興味を持っているのは、これまでも説明しましたが、望ましいアウトカムやジョブを妨げる課題（や障害物）です。顧客がジョブを片付けようとするときには、投資家と同じように、既存の代替品が数多くあります。どうしてあなたのビジネスモデルを選ぶべきなのでしょうか？

3章で説明したように、最初の戦いは顧客の注目を集めることです。それが独自の価値提案の役割です。UVPの約束が顧客に伝われば、あなたのソリューションを（通常はデモによって）説明する許可が得られます。

デモは、A地点（課題が山積みの状態）からB地点（あなたのソリューションによって課題が解決された状態）までの物語です。説得力のあるデモを提供できれば、あとは何を見返りにするか（収益の流れ）を決めるだけです。ダイレクトビジネスモデルでは、お金との交換になるでしょう。マルチサイドモデルでは、（広告主などを

相手にした）二次的な取引でお金に変換されるデリバティブ商品（注目など）になるでしょう。

　顧客にピッチするときには、リーンキャンバスの**図5-3**の部分にフォーカスしましょう。

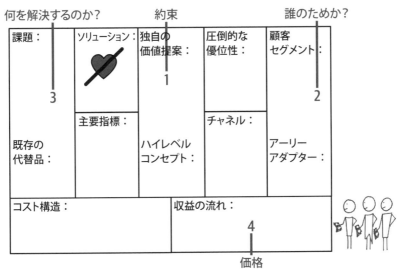

リーンキャンバスはビジネスモデルキャンバスを改変したものです。
クリエイティブ・コモンズ 表示 - 継承 3.0 非移植 ライセンスの下に提供されています。

図5-3　顧客の世界観

5.2.3　アドバイザーの世界観

　私たちには、間違いを指摘してくれたり、外部に説明責任を持たせてくれたりする人物が必要です。つまり、アドバイザーです。

　アドバイザーも独自の世界観を持っています。ただし、アドバイザーは過去の経験や関心事が原動力になっています。あなたを補完してくれるようなアドバイザーを置き、できるだけオープンで正直になることが重要です。

　「成功劇場」を演じていると（つまり、アドバイザーに良いニュースしか知らせないようにしていると）、称賛はされるでしょうが、学習の機会を逃してしまいます。アドバイザーと効果的にコミュニケーションするには、ピッチのフレームではなく、学習のフレームを使う必要があります。

それでは、どこから始めるべきでしょうか？ 最終的には2種類のピッチが必要になります。

- 投資家の世界観に対応するもの
- 顧客の世界観に対応するもの

投資家はトラクションを重視します。トラクションは顧客から得られます。したがって、投資家へのピッチよりも顧客へのピッチを優先するように思えます。しかし、そのどちらでもありません。まずは、アドバイザーの世界観から始めましょう。

最初のうちはピッチのフレームよりも学習のフレームを使用して、誰にでも話しかけ（潜在的な投資家、アーリーアダプター、アドバイザー）、ビジネスモデルを共有し、フィードバックを得ることができます。学習のフレームは、相手の警戒心を解き、利害関係を低下させるため、学習したり、相手の興味を測ったり、信頼関係を築いたり、ピッチを反復的に進化させたりすることができます。

5.3 ビジネスモデルのピッチを伝える

ピッチは他のスキルと同じように、練習すればうまくなります。本セクションでは、ビジネスモデルの物語を伝えるためのガイドラインを提供します。ただし、ピッチのフレームではなく、学習のフレームを使います。

ターゲットを選択する

広く「アドバイザー」の定義に当てはまる人をターゲットにしましょう。たとえば、潜在的な共同創業者、起業家仲間、仲の良いドメイン専門家、潜在的な投資家、スタートアップのコーチやメンターなどが考えられます。顧客は含めません。顧客はあなたのビジネスモデルのことを気にしていません。気にしているのはビジネスモデルの一部だけです。**10章**では、顧客にピッチするときの台本を紹介します。

十分な時間を確保してもらう

ピッチとフィードバックに30分は必要です。

スライドと配布資料を組み合わせる

10ページのスライドを説明するときには、途中で中断されないように、リーンキャンバスとトラクションロードマップを配布しておきましょう。スライドデッキのテンプレートについては、次のセクションで説明します。

20/80の法則を使用する

ピッチに20%の時間（5分間）を費やし、残りの時間はフィードバックを求めましょう。

5分間で、ビジネスモデルをピッチします。ピッチの目的は、深く掘り下げることではありません。ビジネスモデルについて、明確で簡潔な概要を伝えましょう。

ピッチが終わったら、フィードバックを求めてください。相手の言葉に耳を傾けましょう。相手がビジネスモデルを理解できたかどうかを確認しましょう。疑問点を持たれた場合は、それについて回答してから、あとでピッチを改良しましょう。

アドバイザーのパラドックスに注意する

10人にアドバイスを求めると、10種類の異なる答えが返ってきます。スタートアップのアクセラレーターでは日常的な光景です。すべてのアドバイスに従う必要はありません。それらを内面化し、うまく統合し、適用していきましょう。

NOTE

演壇に上がれば、誰もが評論家になります。

指示的なアドバイスをする人に出会ったら、その背景にある考え方を探ってみてください。それは、信念、事例的な証拠、ディープラーニングに基づいていますか？

優秀なアドバイザーを採用する

優秀なコーチやメンターは、ソリューションではなく適切な質問を投げかけてくれます。そのような人を見つけたら、何としても確保しましょう。起業家の旅は誰かと一緒に進んでいくものです。

5.4　ビジネスモデルの10枚のピッチスライド

　これから紹介するスライドのテンプレートは、モデルをストレステストする順番と同じになっています。つまり、需要性、事業性、実現性の順番です。以降のセクションでは、各スライドの内容を説明します。

5.4.1　需要性

最初のスライドでは、以下のトピックを取り上げます。

スライド1：なぜ今なのか（スイッチングトリガー）
　あなたのアイデアが重要になる世界の変化とは何でしょうか？ これはマクロ的な変化や世界的なトレンドになります。たとえば、気候変動、インターネットの発明、パンデミックなどです。これらはジョブを片付けるための古いやり方を破壊するものです。

スライド2：危機的状態（市場機会）
　現状のまま続けば（何もしなければ）どのような状態になるでしょうか？ 機会はペイン（危機や損失）またはゲイン（願望や成功）の観点から組み立てることができます。

スライド3：壊れているところ（課題）
　既存の代替品を紹介し、なぜそれがトリガーイベントに適していないかを説明します。既存の代替品には価値がないことを示しましょう。

スライド4：修復方法（ソリューション）
　あなたの革新的なアイデアを紹介します。課題をどのように解決するのか（ソリューション）、顧客の望ましいアウトカムをどのように実現するのか（UVP）についても説明します。

5.4.2　事業性

次は以下の情報を提供します。

スライド5：防御方法（圧倒的な優位性）

投資家があなたのソリューションのコンテキストやUVPを理解できるように
なると、コピーキャットや競合他社にどのように対応するのかを知りたがりま
す。圧倒的な優位性の有無によって、あなたの答えは変わります。

- 圧倒的な優位性を持っていれば、それを説明してください。
- 圧倒的な優位性に取り組んでいれば、それを説明してください。
- 圧倒的な優位性を持っていなければ、探している最中だと正直に説明し
  てください。

スライド6：お金を稼ぐ方法（収益の流れ）

次に、ビジネスモデルがどのように機能するかを説明します。顧客が誰なのか
（ビジネスモデルに複数のアクターがいる場合）、収益化可能な価値をどのよう
に獲得するのか（収益の流れ）を記述します。

スライド7：マイルストーン（主要指標）

トラクションを獲得する方法を示します。トラクションロードマップを使用し
て、3年後のMSCの目標を設定し、重要なマイルストーンを強調します。

5.4.3　実現性

最後に取り上げるトピックは以下のとおりです。

スライド8：現在の進捗（展開計画）

現在の進捗をトラクションロードマップで示し、現在・次回・将来の展開計画
を説明します。まだ始めたばかりであれば、トラクションロードマップの開始
地点にいることになります。

スライド9：どうやって達成するのか（チーム）

あなたの創業物語や創業チームを紹介しましょう。まだチームが存在しなけれ
ば、製品を実現するために必要なスキルセットを示しましょう。

スライド10：行動要請（依頼）

ここはピッチの相手とあなたの目的によって決まります。アドバイスを求めて
いるのであれば、フィードバックをお願いしましょう。賛同を求めているので

　　　あれば、あなたが必要とするものを明確にしましょう。

5.5　スティーブがビジネスモデルのピッチを共有する

　　スティーブ「全然違いましたよ」

　　スティーブはビジネスモデルのピッチの状況をメアリーに報告しました。

　　スティーブ「1年前に協力や投資を求めた相手に連絡しました。あなたに教えられたように、学習のフレームを使いました。メールにはエレベーターピッチも添付しました」

　　メアリー「どうでしたか？」

　　スティーブ「すぐにみんなから返事が来て、話をすることができました。前回は無表情でしたが、今回は何度もうなずいてくれました。違いは2つあったと思います。1つ目は、事前にエレベーターピッチを送ったことです。前回は技術プラットフォームについてピッチしたので、誰に向けたものかが伝わらなかったのだと思います。私たちは顧客セグメントやユースケースについて何度もブレストしました。今回はコンテキストを明確にしておいたので、話を深堀りしてもらうことができました」

　　メアリー「素晴らしいですね。2つ目は何ですか？」

　　スティーブ「2つ目は、トラクションロードマップと現在・次回・将来の計画を組み合わせたことです。前回は大きなビジョン（ステージ3）についてピッチしましたが、そこに至るまでの明確なロードマップがありませんでした。誰も点と点をつなげることができなかったのです。まあ、そう言う私もよくわかってませんでした！」

　　と言いながら、スティーブは笑いました。

　　メアリー「結局、最後はどうなったのですか？」

　　スティーブ「そこが重要です。私が話をした2人は、昨年に投資を断られたエンジェル投資家だったのですが、今回は状況が進んだら連絡してくれと言われました。PSFの成功基準を達成したら、2人とも投資すると約束してくれました」

　　メアリー「よかったですね。エンジェル投資家はステージ別の投資を好みます。トラクションロードマップはそうしたステージを表すのに最適なツールです。ビジネスモデルのピッチを投資家向けのピッチに進化させる方法をあとで教えますよ」

　　スティーブ「ありがとうございます。それからもうひとつニュースがあります。リサとジョシュが共同創業者としてジョインしてくれそうです」

　　メアリー「それはすごい。ジョシュは買収後にしばらく休んでいましたよね。リサ

は大企業のシニアマーケティングのポジションですよね」

　スティーブ「はい。昨年も共同創業者として誘ってみたんですが、断られてしまいました。今回はうまくいったと思います。ご存知だと思いますが、ジョシュは素晴らしいUXデザイナーです。すでにいくつかのアイデアを共有しています。実装するのが待ちきれません。リサにはセールスとマーケティングの才能があります。これらの領域は私のアキレス腱です。2人とも最初はパートタイムを希望しています。適切な時期が来たら飛び込んでくれるそうです」

　メアリー「どれも素晴らしい進展ですね。リサとジョシュがチームに参加すると聞いて、興奮しています。2人ともA級プレーヤーですし、あなたのスキルセットを補完してくれますね。ビジネスモデルの設計から検証へと移行するタイミングだと思います」

　スティーブ「私も興奮しています。これまでひとりでやることに慣れてきましたが、これからはギアを入れ替えたいと思います。注目すべき分野について、3人で話し合いを始めています。3人いれば、作業を分担できますし、より多くのことを成し遂げることができます」

　メアリー「うーん。理論的にはそうですが、別々に取り組むよりも、より少ないことにチームで取り組んだほうが、より多くのことを成し遂げられますよ」

　スティーブは混乱した表情をしています。

　スティーブ「ちょっと何を言ってるのかわからないんですが」

　メアリー「スタートアップの初期ステージで分割統治法を導入すると、リソースに制約のあるチームがさらに薄くなってしまいます。3つの問題を別々に追いかけるよりも、優先すべきナンバーワンの問題にチームとして取り組んだほうが効果的です」

　スティーブ「それはわかります。しかし、スタートアップには無数に問題がありますよね。ナンバーワンの問題をどうやって特定するのですか？」

　メアリー「システム思考を使いましょう。あなたのビジネスモデルはシステムです。あらゆるシステムにはスループットを妨げる単一の制約、あるいは最も弱いつながりが存在します。全体のスループットは最も遅いステップで決まるので、すべてのステップを最適化しようとするのはムダです。スループットを向上させたければ、最も遅いステップを修正する必要があります。それが終わったら、次に遅いステップを探すのです」

　スティーブ「それって、ゴールドラットの制約理論ですよね？」

　メアリー「はい、そうです。制約理論は顧客ファクトリーにも当てはまります。顧

客ファクトリーの目的は、スループット（トラクション）を向上させることです。顧客ファクトリーで最も遅いステップ（制約）を発見し、修正することがあなたの仕事です。制約は指標を見ればすぐにわかります。しかし、制約を解消する方法を見つけるのは大変です。そこで、チームの可能性を最大限に活用することが重要になります。他にもやるべきことはあるでしょうが、リソースの80%を制約に割り当てましょう」

スティーブ「システム理論なら、こうした制約は移動しますよね？」

メアリー「移動します。予測もできません。たとえば、サインアップが増えてくると、次の制約が何になるかはわかりません。指標やアナリティクスが必要になります。データを持たずに、最も遅い部分を発見できるかどうかを想像してみてください」

スティーブ「制約はどのくらいの頻度で再評価すべきでしょうか？」

メアリー「あらゆるシステムには遅延があるため、理想的には毎週、指標を監視する必要があります。ただし、ビジネスモデルに関する大きな決定をするときは、顧客ファクトリーが落ち着くまで十分に時間を作ってください。継続的イノベーションフレームワークでは、90日間サイクルを推奨しています。90日間というのは、トラクションの目標を達成するのに十分な長さであり、途中で軌道を修正するのに十分な短さです」

スティーブ「私はこのプロジェクトに18か月取り組んでいますが、一瞬の出来事でした。90日間はあっという間に過ぎ去ると思います」

メアリー「確かにそうですね。90日間サイクルを2週間のスプリント6回に分割すると、さらにそう感じると思います」

スティーブ「スプリントですか？　アジャイル開発のスクラムみたいに？」

メアリー「そうです。継続的イノベーションフレームワークでは、ビジネスモデルが製品です。したがって、スプリントの進捗を表すために開発のベロシティは使用しません。代わりにトラクションのベロシティを使用します」

スティーブ「おもしろそうですね。ところで、私が次に聞くことがわかりますか？」

メアリーは微笑みました。

メアリー「わかりますよ。90日間サイクルの実施方法をあとでメールします」

スティーブ「ありがとうございます！」

第II部
検証

2012年1月の寒い朝のことでした。リーンキャンバスのオンラインツールをローンチしてから、約4か月が経っていました。月曜日の朝、いつものようにコーヒーを片手に製品の週次の指標を確認していました。

またか……。

4週間連続で不穏なトレンドを示していました。アクティベーション率が着実に低下しています。

私たちの**アクティベーション**の定義は、ユーザーが最初のリーンキャンバスを完成させることでした。継続的なエンゲージメントの先行指標となるため、非常に重要なマイルストーンの指標です。最初の1週間でリーンキャンバスを完成させたユーザーは、またサイトに戻ってきて、製品をより深く使ってくれます。最初のリーンキャンバスを完成させなかったユーザーは、ほとんど戻ってきません。

現在、アクティベーション率は35%未満で推移しています（ローンチ直後は80%でした）。つまり、サインアップした100人のうち、65人が戻ってこないということです！

このことは何週間も前から認識していたので、何か対策せずにはいられませんでした。デザイナーにお願いして、離脱率が高い部分のユーザビリティを改善してもらいました。

しかし、効果はありませんでした。むしろ事態は悪化していました。何をどうやっても、指標の上限を超えることはできませんでした（**図II-1**）。

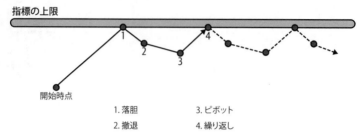

1. 落胆　　　　3. ピボット
2. 撤退　　　　4. 繰り返し

図Ⅱ-1　典型的な実験のライフサイクル

　映画『恋はデジャ・ブ』のようでした。ビル・マーレイ演じる主人公が、自分のことについて気づきを得るまで、同じ日を何度も繰り返すという話です。

　チームの残りのメンバーは、製品の他の部分の開発に忙しくしていました。私たちはそれぞれの領域にフォーカスしていたからです。

- 私は、コンテンツとワークショップを充実させ、新規ユーザーのサインアップを高めようとしていました。
- 開発者たちは、リーンキャンバスを補完するツールを構築していました。
- デザイナーは、これらをサポートするために、さまざまな作業をしていました。

　しかし、こうした分割統治のアプローチがうまくいかないことに気づきました。忙しくはなりましたが、手広くやっているだけで、適切なことにフォーカスできていなかったのです。本当にフォーカスすべきは、アクティベーションの改善です。

　別のアプローチが必要になりました。

Ⅱ.1　最も弱いつながりにフォーカスする

　私はチームミーティングを開き、**チーム全体**でアクティベーションの問題を解決すべきだと主張しました。それがビジネスモデルのボトルネック（制約）だったからです（**図Ⅱ-2**）。それ以外に意識を向けるのは生産的ではありません。理由は以下のとおりです。

- 新規のサインアップを増やしても、最初の1週間で65%を失うことになるから

- さまざまなツールを構築しても、ユーザーの65%は目に触れることすらないから

まずはアクティベーションに取り組む必要がありました。

図II-2　重要なのは最も弱いつながりに対処すること

チームは私の話に納得してくれましたが、その他の優先順位をどうやって設定するのかと質問してきました。その他の活動も重要ではないわけではありません。そこで、新しいポリシーを設定することにしました。それは、**制約の解消に80%、その他の活動に20%**の意識を振り分けるというものです。

II.1.1　専門化の呪いを避ける

議論の結果、可能性のあるソリューションが生み出されましたが、驚くべきことが起こりました。

- 開発者たちは、開発の提案を始めました。
- デザイナーは、デザインの提案を始めました。
- マーケティング担当者は、マーケティングを拡大したいと考えました。

専門化の呪いです。私たちの宿敵であるイノベーターのバイアスの変種です。

―― NOTE ―――――――――――――――――
ハンマーを上手に使えると、すべてがクギに見えるものです。

　私たちは堂々巡りをしていました。私はミーティングを切り上げ、みんなでブレインストーミングするのではなく、各自でアイデアを考えてもらうことにしました。

II.1.2　課題を特定する

　ミーティングが終わる前に、私たちは小さなチームであり、フォーカスできるキャンペーンは1〜2個しかないこと、最も有望なアイデアは投票で決めることを伝えました。

　キャンペーンを選択するときには、実現性をテストする必要はありません。それよりも重要なのは、**ソリューションが解決する課題のエビデンスを用意する**ことです。

　私たちは週の終わりに再び集まることにしました。

II.1.3　可能性のあるソリューションの選択肢を作る

　これまでにソリューションを考えてきたのは私でしたが、明らかにうまくいっていませんでした。さまざまなアイデアが必要でした。そこで、チームでミーティングを開きました。ブレインストーミングをするわけではありません。ブレインストーミングは、すぐに集団思考やHiPPOにハイジャックされてしまいます。

NOTE

HiPPO：Highest paid person's opinion.（高給取りの意見）

　その部屋のHiPPOは私でした。私もアイデアをいくつか持ってきましたが、私のアイデアだとは言わずに、他の人と同じように投票してもらうことにしました。

　専門化の「呪い」を「祝い」に変えるには、**発散と収束のプロセス**でさまざまなアイデアを育てます（**図II-3**）。このテクニックを使うときは、ミーティングは調整や意思決定のためだけに使います。自由形式の議論やブレインストーミングには使いません。

　したがって、私たちも全員がリサーチに出かけ、提案を考えました。

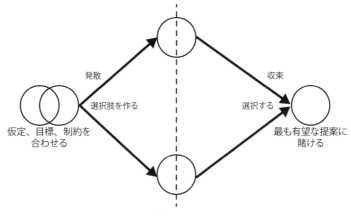

図II-3 発散と収束のプロセス

II.1.4 最も有望な提案に賭ける

　週の終わりにチームで集まりました。全員で十数もの提案を作ることができました。

　すぐにソリューションを提案するのではなく、課題を裏付けるエビデンスを提示してから、それに適したソリューションを説明してもらうことにしました。

　投票はすぐに終わりました。全員一致です。デザイナーが提案した「空欄のリーンキャンバス」が選ばれました。

　この数日間、デザイナーは新規ユーザーに対して簡単なユーザビリティテストを実施していました。テストを7回実施した結果、リーンキャンバスを記入するのに全員が躊躇していることがわかりました。また、ほとんどの人が「参考にできるガイドやサンプルはないか？」と聞いてきました。

　テスト回数は少ないですが、以下のことを裏付ける重要なインサイトです。

　　ローンチ直後のアクティベーション率が非常に高かったのは、ユーザーがアーリーアダプターだったからです。彼らは私のブログ、ワークショップ、書籍（『Running Lean』）でリーンキャンバスのことを知っていました。リーンキャンバスを記入するのにヘルプは必要なかったのです。しかし、ユーザーベースが拡大した結果、こうした事前知識を持たないユーザーが増えました。空欄のキャンバスを前にして、筆が止まっていたのです。

　課題が明確になったので、ソリューションはシンプルになりました。新規ユーザーが最初のリーンキャンバスを書くためのヘルプを用意することになりました。

II.2　テスト、テスト、テスト

　キャンペーンを選択したあとは、高速にテストする方法について話し合いました。たとえば、ツールチップを導入したり、『Running Lean』の抜粋をダウンロードできるようにしたり、動画を見れるようにするといったアイデアが出てきました。

　最終的には、私のワークショップのスライドやコンテンツを利用して、新規ユーザーが最初のリーンキャンバスを書くための動画を作ることになりました。

　2週間のタイムボックスを設定して、作業に取り掛かりました。

　数日後に動画が完成したので、新規ユーザーに対してスプリットテストを実施しました。つまり、サインアップしたユーザーの半数にだけ動画を見せるようにしたのです。こうすれば、ソリューションの有効性を独立して測定できます。

II.3　次の行動を決める

　2週間後、みんなで集まって結果をレビューしました。

　アクティベーションに大きな改善が見られました。また、動画を見た新規ユーザーのエンゲージメントが大きく向上しました。

　実験が成功したので、このキャンペーンに本格的に取り組むことになりました。

　次の行動は、これを90日間のキャンペーンにして、すべてのユーザーに動画を公開することでした。結果を検証できるように、指標の測定は続けました。

　その結果、動画キャンペーンは有効であることが証明されました。ユーザーにシェアされて、動画は数十万回以上も再生されました。その後、本腰を入れて取り組むことにしました。動画コンテンツを増やして、完全なコースを作成しました。

　ここから継続的イノベーションフレームワーク（CIF：Continuous Innovation Framework）が誕生しました。

　第Ⅱ部では、90日間サイクルでCIFを実行するステップを説明します。また、最初の重要な検証マイルストーンであるPSF（課題/解決フィット）を達成するための第一歩を紹介します。**第Ⅱ部**の各章では、以下のことを説明します。

- 90日間サイクルでアイデアを検証する（6章）
- 90日間サイクルをキックオフする（7章）
- 顧客以上に課題を理解する（8章）
- スイッチを引き起こすソリューションを設計する（9章）
- 顧客が断りきれないマフィアオファーを提供する（10章）
- 90日間サイクルレビューを開催する（11章）

6章
90日間サイクルでアイデアを
検証する

　アイデアをビジネスモデルに分解すれば、強固な基盤を築くことができます。ただし、ビジネスモデルの物語のピッチがどれだけ魅力的であっても、テストされていない一連の仮定に基づいて構築されていることを認識することが重要です。

　設計したビジネスモデル（プランA）を**機能する**ビジネスモデルに変える方法が、ビジネスモデルの検証です。

　ビジネスモデルを検証するときには、分割統治のアプローチを取りたくなります。チームメンバーの個々の強みに応じて、チームのフォーカスを分割してしまうのです。**第Ⅱ部**の例で見たように、さまざまなことに手を出すと、リソースが分散して最適化されません。チームの可能性を最大限に引き出すには、ビジネスモデルの最もリスクが高い部分（制約や弱いつながり）にフォーカスしましょう。

　最もリスクの高い部分をどうやって特定するのでしょうか？　あまりにも多くの起業家が、直感だけで最もリスクの高い部分を列挙したり、「専門家」のアドバイスを求めたりしています。しかし、そのようなアプローチは主観的すぎます。また、あなた、チーム、アドバイザーのバイアスがかかる恐れもあります。

--- **NOTE** ---

リスクの優先順位を不適切に設定することが、ムダの最大の要因です。

　良い方法はあるのでしょうか？　答えは「イエス」です。システムベースのアプローチを使用しましょう。具体的には、制約理論（TOC: Theory of Constraints）です。TOCとは、エリヤフ・ゴールドラットが提唱した、システムを最適化するアプローチです。詳しくは革新的な著書『ザ・ゴール』（ダイヤモンド社）で解説されています。

　TOCの前提は、システムは常に単一の制約や最も弱いつながりで制限されている、というものです。あなたが工場のスループットを改善する仕事をするとしましょう。作業員やマネージャーの意見を聞くこともできますが、おそらく課題と解決策のアイデアが手に入るだけでしょう。では、どこから調査すればいいのでしょうか？

　まず、工場を一連のステップとして考えましょう。現在の制約となっている最も遅い機械を探すためです。制約は常にひとつは存在します。ここが最もリスクの高い部分です。これ以外のステップを改善しようとしても、工場のスループットは改善しません。最も遅い機械がシステム全体のスループットを制限しているからです。その他のステップに取り組もうとするのは、早すぎる最適化の罠です。

　制約を特定すると、リソースを追加して制約を解消したくなります。たとえば、作業員の雇用や機械の購入を考えたくなります。これで制約を解消できることもありますが、ムダにつながる可能性のほうが高いでしょう。作業員をトレーニングしたり、機械を修理したりすることで、制約を解消できるとしたらどうでしょうか？

マインドセット#6

制約は贈り物である。

　システムの観点からすると、制約は贈り物であり、「適切な行動を適切な時期に」を実践する鍵となります。

- システムを一連のステップとして定義すると、制約を特定しやすくなります。
- 制約を正しく特定できると、そこにフォーカスしやすくなります。
- 制約の根本原因を突き止めることで、制約を解消してスループットを高める方法が明らかになります。

　この制約理論を使えば、ビジネスモデルのなかで最もリスクの高い仮定を明らかにすることができます。

　システムの制約を解消できれば、制約はシステムの別の部分に（たいていは予想できない部分に）移動します。注意を怠り、制約の移動に気づかないままでいると、過剰最適化の罠に陥ります。その結果、最適化の取り組みの効果が薄れます。

　ビジネスモデルは必然的に変化します。ビジネスモデルで最もリスクの高い部分も

同じです。ビジネスモデルを体系的に最適化し、成長させていくには、ビジネスモデルの目標、仮定、制約をチームで確認する定期的なリズムが必要です。

マインドセット#7

外部に対する説明責任を担う。

そこで、90日間サイクルです。

6.1 90日間サイクル

90日間は、あなた自身、チーム、ビジネスモデルについて、外部に説明するのに適したリズムです。意味のある仕事をこなし、測定可能な進捗（トラクションの達成）を出せる十分な長さでありながら、緊迫感を生み出せる十分な短さです。

90日間のリズムを使用すると、MSCの目標を達成する3年間の旅を**12回の90日間サイクル**に分割できます（**図6-1**）。90日間サイクルには、トラクションロードマップから推定したトラクションの目標（OKR）が設定されます。モデルや指標と関連した目標を設定すれば、チームは共通のミッションに従いながら、目標を達成するための複数の方法を探索することができます。そのような方法が「キャンペーン」です。

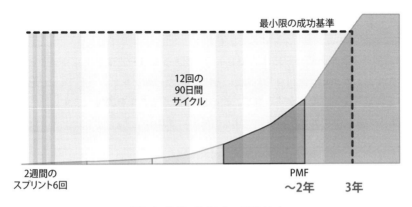

図6-1　目標、サイクル、スプリント

NOTE ─────────────────────────────────────

キャンペーンとは、90日間サイクルのOKR（トラクションの目標）を90日以内に
達成するための提案です。

　ひとつのキャンペーンだけでは目標を達成できないかもしれません。したがって、
90日間サイクルで複数のキャンペーンを並行で走らせるか、連続して実行する必要が
あります。キャンペーンは2週間のスプリントに分割します。スプリントは構造を生
み出すだけでなく、短期的なフィードバックループも提供します。これにより小規模
で高速な実験をしながら、キャンペーンを何度もテストすることができます。
　要点をまとめます。

- 目標はミッションを定義します。
- キャンペーンは目標を達成するための戦略を定義します。
- スプリントは戦略をテストします。

6.1.1　典型的な90日間サイクル

　90日間サイクルは3つのフェーズに分かれます。「モデルの作成」「優先順位付け」
「テスト」です（**図6-2**）。最初の2週間では、モデルの作成と優先順位付けを行いま
す。チームは90日間のOKRに従い、有望なキャンペーンの一覧を作ります。残りの
10週間では、キャンペーンをテストします。
　90日間サイクルの終わりには、90日間サイクルレビューを実施します。ここでは、
サイクルをふりかえり、何をしたのか、何を学んだのかをレビューして、次に何をす
るかを決定します。それが終われば、次の90日間サイクルを開始します。
　これらの3つのフェーズについて詳しく見ていきましょう。

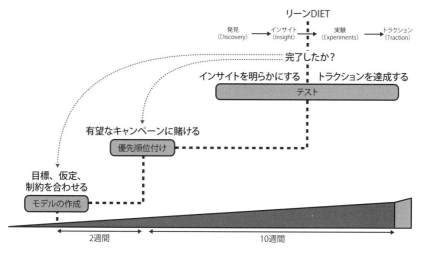

図6-2　典型的な90日間サイクル

6.1.1.1　モデルの作成

　モデルの作成のフェーズでは、チームで目標、仮定、制約を合わせます。サイクルの開始時には、**90日間サイクルキックオフミーティング**を開き、今回のサイクルのOKRを設定します。発散と収束のプロセスの**発散**のステップです。

　ビジネスモデルの設計フェーズで作成したモデルから着手します。モデルはこれから進化していくため、サイクル全体で定期的に更新することが重要です。ビジネスケース、財務予測スプレッドシート、製品ロードマップのような重量級の計画とは違い、すばやく簡単に更新できるように、意図的に軽量にしています。

　モデルを更新するだけではありません。ビジネスモデルのベンチマークを測定する必要があります。新しいアイデアに着手するときは、すべての指標はゼロから始まります。最初の目標は、顧客ファクトリーの稼働です。制約は典型的な顧客ライフサイクルに従うため、ある程度は予測可能な順番になります。

1. 獲得
2. アクティベーション
3. 定着
4. 収益

5.　紹介

　しかし、顧客ファクトリーが稼働し始めると（顧客とやり取りを始めると）、制約
は予想外の動きを始めます。制約（と最もリスクの高い仮定）を明らかにするには、
現在の指標を体系的に分析するしかありません。最もリスクの高い仮説を推測しよう
とすると、バイアスの影響を受けますし、間違った判断はムダにつながります。本章
の後半では、測定のガイドラインをいくつか紹介します。

6.1.1.2　優先順位付け

　次のフェーズは優先順位付けです。ここでは、最も有望なキャンペーンを選びま
す。90日間サイクルのキックオフが終わったら、サイクルの目標を達成するために、
メンバーは各自で制約を分析して、キャンペーンの提案を策定します。

　全員が集まるのは**90日間サイクルプランニングミーティング**です。ここでは、各
自が考えてきたキャンペーンの提案をピッチします。

　キャンペーンのピッチでは、

- 考えられる制約の原因を特定します
- エビデンスを示しながら根本的な課題をまとめます
- 考えられるソリューションを提案します
- 予想される結果を表明します

　提案されたすべてのキャンペーンに取り組むことはできないため、チームは90日
間サイクルで取り組むべき最も有望なキャンペーンに投票します。

マインドセット#8
小さな賭けを何度もやる。

　選択するキャンペーンは多すぎるよりも少なすぎるほうが適切です。90日間サイ
クルで選択するキャンペーンの数の目安は、チームメンバーの人数を2で割った数で
す。たとえば、5人チームであれば、最大2つのキャンペーンに取り組みます。

　従来の製品計画とは異なり、計画を完璧にして実行する必要はありません。有望な

キャンペーンをいくつか特定し、並列で評価しましょう。

90日間サイクルの残り（10週間）は、5回の2週間スプリントに分割します。スプリントでは、選択したキャンペーンのテストと改良をしていきます。

マインドセット#9

エビデンスに基づいた意思決定をする。

6.1.1.3 テスト

キャンペーンを選択できたら、テストのフェーズに移行します。キャンペーンの提案者は、実験を設計し、サブチームを編成し、タスクを割り当てます。その後、正式にスプリントを開始します。

テストと言われると、通常は評価実験だけを考えてしまいます。「Xを実行すると、Yが得られる」のように、インプットとなる仮定（や仮説）と期待されるアウトカムをテストする実験です。以下に例を示します。

1. この製品をローンチすると、100人の新規課金顧客を獲得できる。
2. この広告を掲載すると、1,000件のサインアップが増える。
3. この機能を構築すると、離脱率が40%減少する。

評価実験を顧客ファクトリーの5つのステップ（AARRR、**3章**参照）に結び付ければ、**トラクションの実験**になります。しかし、すぐに評価実験に取り掛かるべきではありません。なぜでしょうか？ 実験から得られる結果の有用性は、インプットとなる仮説の質に比例するからです。つまり、ゴミを入れると、ゴミが出てきます。では、優れた仮定や仮説を手に入れるには、どうすればいいのでしょうか？

そこで創発実験です。創発実験とは**発見的な実験**のことです。つまり、新しいインサイトや秘密を明らかにするものです。インサイトは最初から明らかになるものではありませんが、ブレイクスルーの実現やトラクションの増加には必要な要素です。

マインドセット#10

ブレイクスルーには想定していなかった結果が伴う。

発見的な実験（創発実験）で仮説を作るための重要なインサイトを明らかにしてから、トラクションの実験（評価実験）で仮説を検証します。

トラクションの前に発見が必要であることを覚えてもらうために、略語を用意しました。**D-AARRR-T**（The Art of Testing）です。

優れたキャンペーンは、ソリューションよりも課題から、あるいはトラクション（T: Traction）よりも発見（D: Discovery）から始めるべきです。キャンペーンの最終目標はトラクション（T）を増やすことなので、顧客ファクトリーの指標（AARRR）のいずれかと結び付いていることは不思議ではありません。

キャンペーンを設計するときは、以下の7つの質問を検討しましょう。

1. **発見（D）**：解決に値する根本的な課題はあるか？
2. **獲得（A）**：十分な人数の人たちが興味を持っているか？／影響を受けているか？
3. **アクティベーション（A）**：価値を提供しているか？
4. **定着（R）**：その人たちは戻ってくるか？
5. **収益（R）**：収益（などの意味のある指標）に対するインパクトはあるか？
6. **紹介（R）**：他の人に紹介してもらえるか？
7. **トラクション（T）**：トラクションは増えているか？

すべての質問に2週間のスプリントだけで答えることはできないので、キャンペーンでは複数回のスプリントを実行します。次の章で説明しますが、各スプリントでテストを設計するテンプレートとして、D-AARRR-Tが使えます。

6.2 最初の90日間サイクルの準備

90日間サイクルの流れが理解できたので、前提条件を説明しましょう。

6.2.1 適切なチームを編成する

製品の開発をひとりで始めることは可能ですが、利用可能な時間（1人24時間しかありません）、スキルセット（専門化の呪い）、世界観（さまざまなバイアス）により、いずれ進捗に限界が来ることを認識しておくことが重要です。

すでに理由を説明しましたが、部門横断的なスキルセットとさまざまな分野の世界観を持つチームを編成することが重要です。また、定期的に現実のチェックをしてく

れる人がいると便利です。理想的には共同創業者ですが、アドバイザー、投資家、他のスタートアップの創業者が、その役割を果たしてくれることもあります。

NOTE ────────────────────────────────

初期ステージは優れたアイデアではなく、優れたチームが勝利の鍵となる。

優れたチームは、悪いアイデアをすぐに認識して排除し、良いアイデアを見つけます。悪いチームは、良いアイデアと悪いアイデアを見分けることができず、悪いアイデアにいつまでも固執するか、良いアイデアをあてもなく探し回ります。

優れたチームを編成するには、思った以上に時間がかかります。スティーブが行なったように、ビジネスモデルの物語のピッチをできるだけ早く候補者と共有しましょう。

以下は、チームを編成するときに考慮すべきガイドラインです。

6.2.1.1　従来の部門を忘れる

初期ステージのスタートアップでは「エンジニアリング」「QA」「マーケティング」のような従来の部門のラベルが邪魔になり、不必要な摩擦を生じさせることがあります。また、成果物がサイロで作られ、内部でさまざまなKPIが設定されている場合、局所的な指標が重視され、全体的なスループットが損なわれる可能性があります。たとえば、歩合制の営業チームは、学習や発見ではなく、成約率で動いています。

トラクションの目標を達成するという共通のミッションを掲げた創業チームを持つことが、最も効果的な方法になります。

6.2.1.2　実用最小限のチームから始める

メトカーフの法則「通信システムの価値は、そのシステムのユーザー数の約2乗に相当する」をプロジェクトチームに当てはめると、以下のようになります。

> チームの効率性は、チームメンバーの人数の2乗の逆数になる。
> ──マーク・ヘドランド（Wasabe社チーフ・プロダクト・オフィサー）

チームの規模が大きくなると、コミュニケーションは崩壊し、集団思考に陥ります。MVPを小さなチームで構築する理由は、以下になります。

- コミュニケーションが簡単
- 構築できるものが少ない
- コストを抑えられる

チームの規模に関するルールとして、2枚のピザのルールがあります。

> チームは2枚のピザで足りるくらいの規模であることが望ましい。
>
> ―ジェフ・ベゾス（Amazon創業者）

通常、新しいプロジェクトは2〜3人の実用最小限のチームから始まり、コアチームは5〜7人程度まで成長します。これよりも大きくなったときは、トラクションに関する共通のミッションを持った、小さくて完全なチームに分割しましょう。

6.2.1.3　優れたチームは完全なチーム

メンバーの人数よりも重要なのは、チームのスキルセットと世界観に適度な多様性があることです。これはすばやくイテレーションを繰り返すためです。何かを成し遂げるために外部のリソースに頼らなければならないとすると、学習速度は低下します。

完全なチームとは、ハッカー、デザイナー、ハスラーの役割が混在するチームです。ラベルが気に入らなければ、以下のような代替案を使ってください。

- ハッカー、ヒップスター、ハスラー
- 開発者、デザイナー、ディールメーカー
- ビルダー、デザイナー、マーケッター
- （自分で好きな役割を作る）

実用最小限のチームには必ず3人必要だということではありません。これらの役割を果たすことができれば、2人や1人でも構いません。

これらの役割を私なりに定義してみました。

ハッカー

製品を構築する場合は、チームに製品開発のスキルを持った人が必要です。過

去に製品を構築した経験や使用している技術の専門知識を持っていることが重
要です。

デザイナー

デザインとは、見た目の美しさとユーザビリティの両方を指します。新しい市
場では、形よりも機能が優先されることがありますが、私たちは「デザインを
意識した」世界に住んでいるため、形を無視することはできません。また、製
品は単なる機能の集合ではなく、ユーザーフローの集合です。チームには、顧
客の世界観に合致するエクスペリエンスを提供できる人が必要です。

ハスラー

その他はすべてマーケティング（とセールス）です。マーケティングとは、製
品に対する外部の認識を高めるものです。顧客の立場になって考えられる人が
必要です。指標、価格設定、ポジショニングの理解だけでなく、優れたコピー
ライティングやコミュニケーションのスキルも必要になります。

6.2.1.4　優れたチームは強みに重なりがある

完全なチームには、ハッカー、ハスラー、デザイナーのスキルセットの重なりが必
要です（**図6-3**）。

重なりを明らかにするには、以下のようにします。まずは、各チームメンバーに自
身の強みの1位と2位を挙げてもらいます。たとえば、私の1位はハスラーで、2位は
ハッカーなので、**ハスラー・ハッカー**です。私が共同創業者を探すなら、完全なチー
ムにするために、**ハッカー・デザイナー**か**デザイナー・ハッカー**にするでしょう。

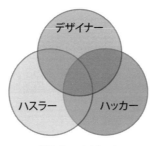

図6-3　コアチーム

6.2.1.5　主要なスキルセットのアウトソースには注意する

　これら3つの領域の一部あるいは全部をアウトソースしようとするチームがいますが、あまり良い考えではありません。初期のプロトタイプやデモであればアウトソースも可能でしょうが、誰かのスケジュールに翻弄されないように注意しましょう。すばやくイテレーションすることも学習することもできなくなります。

―― **TIP** ――――――――――――――――――――――――――――――

学習は絶対にアウトソースすべきではありません。

6.2.1.6　優れたチームは外部に対する説明責任を担う

　コアチームには、目標を達成するためなら何でもできる権限が必要です。アイデアをテストするために許可が必要になると、速度が大幅に低下するでしょう。しかし、チームが完全に自律して、誰かに報告する必要がないのも危険です。これは伝統的なR&Dモデルの「スカンクワーク」です。イノベーションを実現するためにチームに大きな予算を与えると、あればあるだけ使われてしまいます。

　既存のビジネスとは違った考え方をさせるために、こうしたチームをクリエイティブなスペースに移動することもあります。悪くはないように思えますが、チームを自由にさせていると、個人の情熱（やバイアス）に問題が生じることがあります。

社内起業家制度と深宇宙

　社内起業制度は宇宙に探査機を飛ばすようなものです。遠くに飛ばしすぎると、行方がわからなくなり、資源を使い果たし、静かな死を迎えます。

　たとえ帰還できたとしても、既存のビジネスに異質なものを持ち帰ってしまうため、偉い人に存在を消されてしまうでしょう。

　成功させたいならば、深宇宙を目指すべきではありません。何らかのターゲット（かなりあいまいですが）を周回することを目指しましょう。そして、定期的に母星のスポンサーと連絡を取りましょう。

　ターゲットを決めれば、目標が決まります。定期的な連絡と外部に対する説明責任によって、期待をマネジメントし、帰還を安全なものにしましょう。

　　　―デル社の初期の社内起業家であったマニッシュ・メータとの会話から

適切なバランスは半自律性です。つまり、チームの自律性を認めながら、ビジネスモデルの制約や目標に基づいた外部説明責任を伴うシステムを構築するのです。

継続的イノベーションフレームワーク（CIF）を実装しながら、社内外のステークホルダーを巻き込むことが重要です。スタートアップであれば、ステークホルダーはアドバイザーや投資家になるでしょう。企業であれば、その分野の専門家やプロジェクトのスポンサーになるでしょう。ブートストラップ（自己資金）の起業家であっても、何らかのアドバイザリーボードを作ることをお勧めします。

6.2.1.7　優れたチームはコーチを活用する

CIFに挑戦するチームは、外部のコーチを呼ぶとよいでしょう。コーチはコアチームやステークホルダーではありません。ドメインの専門家（アドバイザー）とは違い、コーチは**正しい答えを与えてくれるのではなく**、**適切な質問をしてくれます**。バイアスを抑え、制約を客観的に特定するには、こうした質問が重要です。スティーブ・ジョブズ、ラリー・ペイジ、エリック・シュミットにもコーチがいました[1]。現在の主流である方法論（スクラム、アジャイル、リーンシックスシグマなど）は、多くのコーチによって世の中に広がり、進化してきました。CIFも同じです。

適切なチームを編成することが最初のステップです。次のステップは、定期的な報告のリズムを確立することです。

6.2.2　定期的な報告リズムを作る

リーンキャンバスやトラクションロードマップは、ビジネスモデルの進捗を定義・測定・報告することで、外部に対する説明責任を果たせる最適な軽量級のモデルですが、これらをうまく機能させるには、定期的にモデルを見直す必要があります。

モチベーションだけでは不十分です。製品に没頭すると、時間の感覚を失うフロー状態に陥ります。スティーブのように、数週間がすぐに数か月、数年になるでしょう。

モチベーションに頼るのではなく、定期的にモデルを検討する仕組みが必要です。そこで定期的な報告リズムです。これは90日間サイクルのイベントとして実装します。

イベントは新しい考え方ではありません。チームのコミュニケーションと説明責任

---

[1]　元フットボール選手およびコーチのビル・キャンベルは「1兆ドルコーチ」として知られています。Google、Apple、Intuitなど、シリコンバレーの最高の企業の発展に貢献しました。

を促進するために、アジャイル開発、スクラム、デザイン思考などの方法論でも広く利用されています。これらの方法論を導入しているのであれば、既存のイベントを90日間サイクルのイベントにしても構いません。まだであれば、この機会に導入しましょう。

90日間サイクルには、6つのイベントがあります（**図6-4**）。

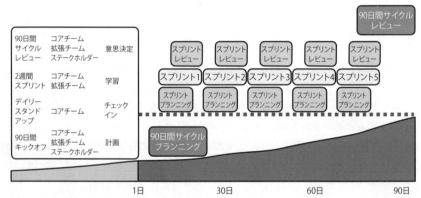

コアチーム：創業チーム
拡張チーム：コーチ、アドバイザー、ドメイン専門家
ステークホルダー：投資家、スポンサー

図6-4　90日間サイクルの報告リズム

90日間サイクルキックオフミーティング

チームで目標、仮定、制約の認識を合わせるために使用します。

90日間サイクルプランニングミーティング

最も有望なキャンペーンに賭けるために使用します。

スプリントプランニングミーティング

実験を定義して、スプリントのタスクを割り当てるために使用します。

デイリースタンドアップミーティング

メンバーの日々のタスクを更新し、注意が必要な障害物を共有するために使用します。

スプリントレビューミーティング

スプリントで学習したことを共有するために使用します。

90日間サイクルレビューミーティング

90日間サイクルの進捗レポートを提示し、次の行動（継続、ピボット、停止）を決定するために使用します。

6.3 効果的な実験のための7つの習慣

ビジネスモデルの設計フェーズでは、アイデアをまとめるために思考実験をしました。検証フェーズに移行する準備が整ったら、顧客に対して本物の実験をしましょう。

以下は、優れた実験を設計および実行するための基本ルールです。ですがその前に、科学の実験と起業家の実験の違いを説明しましょう。

まず、目的が違います。科学者は森羅万象の謎を解き明かすために、永遠の真実を求めます。起業家はビジネスモデルを機能させる秘密（インサイト）を明らかにするために、一時的な真実を求めます。

次に、タイムラインが違います。起業家には無限の時間はありません。学習速度を何よりも優先させる必要があります。

以上の理由から、起業家の実験に科学と同じ厳密さを求めないでください。起業家が知識を獲得するのは学習のためではなく、結果（トラクション）につなげるためです。ノイズから正しいシグナルをすばやくキャッチし、それを倍増させることが目的です。

ノイズからシグナルを見つける最速の方法は、直感をテストすることかもしれません。学習と速度のトレードオフをどのように解決すべきでしょうか？ 起業家の実験を効果的にするための「7つの習慣」を導入しましょう。

6.3.1 1. 期待するアウトカムを事前に宣言する

何かが起きることを見たいというだけながら、その計画はきっと成功するだろう。いずれにしても必ず何かが起きるからだ。

——エリック・リース

科学者は何も準備せずに実験室に入り、適当に化合物を混ぜ合わせ、「何が起きる

かな？」と見ているわけではありません。起業家もアイデアが何なのかわからないまま実験するべきではありません。

　バイアスは気づかないうちに忍び寄ってきます。たとえば、夏に製品をローンチしたのに、あまり売れなかったとします。あなたは、世間が夏休みだったからだと自分に言い聞かせるでしょう。秋になってもまだ売れなければ、夏休みが終わったばかりなので、まだ買う気がないのだと自分に言い聞かせるでしょう。その後も（少なくともアメリカであれば）、ハロウィーンがあるから、サンクスギビングがあるから、クリスマスがあるからと、立て続けに売れない言い訳がでてきます。このような論理で考えていると、いつなら売れるのかさっぱりわかりません。

NOTE

頭のいい人は何でも正当化できますが、起業家は天性の才能でそれをやってしまいます。

　こうした「正当化の罠」に陥らないようにするには、経験主義のアプローチを取る必要があります。何が起きるかを待つのではなく、（季節などを考慮に入れながら）期待するアウトカムを事前に宣言するのです。ただし、言うのは簡単ですが、実際にやるのは大変です。事前に宣言したくない理由は2つあります。

1.　間違っていると証明されたくないから
2.　未知のものについて経験に基づいた推測はできないから

　以下の2つの習慣は、こうした障害物を克服するものです。

6.3.2　2. アウトカムの宣言をチームスポーツにする

　あなたが創業者やCEOであれば、期待するアウトカムを公言したくはないでしょう。何でも知っていて、すべてをコントロールしていると思われたいからです。CEOだけではありません。たとえば、デザイナーが新しいデザインを提案するときには、結果をあいまいにしておくほうが安全です。具体的なコンバージョン率を宣言してしまうと、間違いが証明されるリスクがあるからです。

　ほとんどの人が事前に宣言したがらないのは、仕事にエゴを結び付けているからです。エゴは当事者意識を強化するには効果的ですが、経験的学習には向いていま

せん。

エゴを製品から切り離すことが簡単ではないことはわかっています。起業家は起きている時間のほとんどを自分の製品に費やしているからです。しかし、自分のエゴを大切にするよりも、適切な製品を構築するほうが重要になる時点がやってきます。こうした考え方の転換は、健全な実験の文化を構築するのに不可欠です。

安全な宣言だけをするというやり方もあるでしょう。しかし、安全な道だけでは、ブレイクスルーを達成することはできません。誰もが強い意見、奇妙な予感、風変わりの本能を持ち、それらを厳密にテストできる文化を育む必要があります。

私が提案するやり方は、期待するアウトカムをひとりで宣言しないというものです。それはチームの責任です。ただし、工夫が必要です。

早い段階からチームで合意しようとすると、集団思考に陥る可能性があります。期待するアウトカムを宣言すると、部屋にいるHiPPOの影響を受けやすくなります。

メンバーに宣言を紙に書いてもらってから、それらを比較するといいでしょう。

たとえば、デザイナーが新しいランディングページを提案する場合、まずはチームにそのことを説明します。そして、チームの全員が期待するスループット（コンバージョン率）を個別に見積もります。見積りが終わったら、それらを比較して、その数値を達成するための方法を話し合います。

実験後に見積りと実際の結果を比較するのもいいでしょう。見積りが最も近かった人に賞を出すのも楽しいかもしれません。重要なのは、見積りが正しかったかどうかではなく、チームで期待するアウトカムを宣言するということです。このようなことをするだけでも、チームの判断力を大幅に向上させることができます。

ひとりの場合も、実験する前に期待するアウトカムを紙に書くことが重要です。

6.3.3　3. 見積りの精度ではなく行為を重視する

期待するアウトカムを事前に宣言したくないもうひとつの理由は、有意義な精度を出すための情報が不足していると感じているからです。たとえば、iPhoneアプリをローンチした経験がなければ、ダウンロード率を予測することはできません。

完璧な情報は入手できないという事実を受け入れ、予測をする必要があります。

そのための3つの方法を紹介します。

6.3.3.1　類似例を探す

理想の世界では、あらゆるコンバージョン率を調べることができます。しかし、多

くの企業は競争上の理由から、顧客ファクトリーの仕組みを明らかにしていません。

3章のフェルミ推定の演習でやったように、ちょっとした調査で把握できるものもあります。ただし、正確な見積りをするには、時間をかけて自分の判断力を向上させる必要があります。顧客の行動パターンの専門家になるべきです。そのためには、事前にアウトカムを宣言し、少しずつ段階的に学習する必要があります。

アウトカムを宣言するときには、数値が大きく外れることを覚悟しておきましょう。たとえば、iPhoneアプリのダウンロード数を1日あたり「100」と予想していたのに、実際には「10」になることもあります。この予想は楽観的すぎるかもしれませんが、何度も桁が外れていたら、現実に合わせて調整できるようになるはずです。

6.3.3.2　トラクションロードマップと顧客ファクトリーモデルを使用する

何の根拠もなく「ダウンロード数は1日あたり100」と設定しないようにしましょう。こうした数値は、トラクションと顧客ファクトリーのモデルから導きましょう。モデルを作るときのポイントは、ビジネスを成功させるための顧客の行動を予測する（結末から逆算する）ことです。その後、実験によってモデルを検証していきます。

6.3.3.3　絶対値ではなく範囲で予測する

事前に宣言をしたくないもうひとつの理由は、正確な予測をしなければならないと感じているからです。

TIP

まったく見積りをしないよりも、何でもいいから見積もったほうがマシです。

ダグラス・ハバードの見積り手法を紹介しましょう。これは、不確実性の評価は基本的なスキルであり、測定可能な改善から学ぶことができる、という研究に基づいたものです。彼の見積り手法では、絶対値ではなく範囲で予測します。彼は演習を交えながらその手法を紹介しています。私のワークショップでも効果的に使わせてもらっています。詳しくは、コラムで説明します。

演習：ボーイング747機の翼の長さを求めよ

航空業界の人でなければ、このような問題にはお手上げでしょう。まずは、1つの答えを求めようとせずに、問題を2つに分割しましょう。90％の信頼区間で上限を見積もり、同じように下限を見積もるのです。実際にやってみましょう。

翼の長さは5メートル以下になるでしょうか？

いいえ、それでは明らかに短すぎます。

それは、100％確実です。

では、10メートルはどうでしょうか？

快適さがなくなるまで、この値を増やしていきます。90％の確実性を目指しましょう。

数値は記録しておいてください。そして、同じように上限を決めましょう。

翼の長さは150メートル以上になるでしょうか？

いいえ、それでは明らかに長すぎます。

それは、100％確実です。

では、100メートルはどうでしょうか？ サッカーの競技場がそれくらいです。

快適さがなくなるまで、この値を減らしていきます。90％の確実性を目指し、数値を記録しましょう。

どうでしたか？

正解は、64.4メートルです。

私がワークショップでこの演習を実施すると、答えがわからないからと宣言することを避けていた参加者たちが、最終的に1〜6メートルの誤差で答えを出すことができました。これはスループットの実験にも適用できます。コンバージョン率の上限と下限はすでに設定しています。例として、獲得率やサインアップ率を見てみましょう。それらが100％にならないことはわかっています（達成できるはずがありません）。同じように、0％になることもないでしょう（それでは実験する意味がありません）。上限と下限を段階的に調整していけば、90％の信頼区間で「20〜40％」というサインアップ率を求めることができるはずです。

うまくいけば、少しずつ確実性が高まり、範囲も狭くなっていくでしょう。

6.3.4　4. 言葉よりも行動を測定する

　評価実験では、顧客ファクトリーにおける行動（AARRR）の観点から、期待する
アウトカムを定義する必要があります。一方、創発実験は主観的なものになる可能性
が高いので、少し難しいかもしれません。たとえば、顧客の獲得はどうだったかと起
業家に聞いてみましょう。おそらく肯定的な答えが返ってくるはずです。これは、確
証バイアスが働いているからです。つまり、自分の世界観に合致するものだけを選択
的に頭に残し、残りを無視する傾向があるのです。ユーザーが何を話しているかを定
性的に評価するのではなく、具体的に何をしているか（何をしていたか）を測定しま
しょう。

6.3.5　5. 仮定を反証可能な仮説に変える

　アウトカムを事前に宣言するだけでは不十分です。今度はそれを反証可能または否
定可能なものにする必要があります。漠然とした理論を反証することはできません。
自分自身を納得させる情報のみを収集する「帰納法論者の罠」に陥らないようにする
には、反証可能性が必要です。白鳥の有名な例をご存知かもしれません。これまでに
見たことのある白鳥がすべて白であれば「すべての白鳥は白である」と思ってしまい
ますが、1羽でも黒い白鳥がいれば、この理論を反証できるのです。

　ビジネスモデルの例を使って、この問題を浮き彫りにしてみましょう。たとえば、
「私は専門家なので、アーリーアダプターはこの製品を使ってくれるだろう」と仮定
したとします。このことを検証するために、あなたは製品について言及したり、リン
クをツイートしたり、ブログに記事を書いたりするでしょう。そうすれば、いずれサ
インアップの増加につながるはずです。しかし、この仮定をいつ「有効」だと見なせ
ばいいのでしょうか？ サインアップが10回あれば有効ですか？ 100回ですか？ それ
とも1,000回ですか？ 期待するアウトカムがあいまいです。

　もうひとつの問題点は、多くの活動を混在させると因果関係が不明になってしまう
ことです。サインアップの増加はあなたの行動のすべてが原因なのでしょうか？ そ
れとも、主要な原因となる活動がひとつだけ存在するのでしょうか？

　上記の仮定は「挑戦の要」ではありますが、反証可能な仮説ではありません。具体
的でテスト可能になるように、洗練させる必要があります。

- ブログ記事を書くことによって、サインアップ数が100以上になるだろう。

これなら実験の成否が明確に判定できるようになりました。前のセクションでも触れましたが、この「100」という数値は、根拠もなく適当に決めたものではありません。トラクションと顧客ファクトリーのモデルから導き出したものです。リーンキャンバスに書いた仮定は、最初のうちは「反証可能な仮説」ではなく「挑戦の要」です。挑戦の要を反証可能な仮説に変えるには、以下のように書き直す必要があります。

● ［具体的にテスト可能な活動］によって、［期待する計測可能なアウトカム］になるだろう。

効果的な実験を生み出すための2つの習慣を取り上げました。成果を事前に宣言することと、それを反証可能にすることです。しかし、それだけでは不十分です。期待するアウトカムを表現するには、まだ何かが欠けています。何だかわかりますか？

6.3.6　6. 実験に期限を設定する

たとえば、実験の1週間後に結果を確認したとしましょう。サインアップ数は20でした。これは幸先が良いと思い、あと1週間ほど実験を続けることにしました。1週間後、今度はサインアップ数が50でした。サインアップ数の目標は100です。中間地点まで到達しました。ここからあなたは何をするべきでしょうか？

起業家は必要以上に楽観的であり、いずれよくなるだろうと希望を抱きながら、「もうちょっとだけ」実験を続けようとします。これは罠です。数週間だけ実験するつもりが、いつの間にやら数か月になってしまいます。

期限を設定しないといつまでも実験を続けてしまいます。貴重なリソースはお金や人ではなく、時間であることを覚えていますか？ 期限（タイムボックス）を設定しましょう。たとえば、期待するアウトカムを以下のように書き直すことができます。

● ブログ記事を書くことによって、2週間以内にサインアップ数が100以上になるだろう。

タイムボックスを設定することで、チームと議論するときの譲れないラインを設定できます。もちろん、世界が終わらないことが前提になっています。

タイムボックスを設定できたら、すべての実験をタイムボックスに収めましょう。タイムボックスに合わせて、目標を下方修正しても構いません。たとえば、2週間で

サインアップ数を「100」にすることが難しければ、目標を「50」にして2回実験します。

- 実験1：ブログ記事を書くことによって、最初の2週間以内にサインアップ数が50以上になるだろう。
- 実験2：ブログ記事を書くことによって、次の2週間以内にサインアップ数が50以上になるだろう。

　最初の2週間でサインアップ数が「10」であれば、何らかの対策を実施しない限り、次の2週間で目標を達成できる可能性は低いでしょう。実験のバッチサイズを小さくするために、タイムボックスを使っていると考えてください。バッチが小さくなれば、実験のフィードバックループが高速になります。

　このような期限の制約については、私はこれまでに小規模なチームと大規模なチームの両方に適用したことがあります。どちらのチームもさまざまな規模の実験が存在していました。実験の進捗を示すために使われていたのは、チームの開発速度（ベロシティ）でした。しかし、あまり信頼性が高い指標ではありませんでした。

　タイムボックスを2週間にしてからは、プロジェクトの監督者と定期的に進捗ミーティングを開催するようにしました。これはつまり、チームは2週間ごとに構築・計測・学習を繰り返し、ビジネスの成果を伝える準備をする必要があるということです。このチームは魔法のようにステップアップしました。「巨大な」実験を小さな実験に分割する創造的な方法も発見できました。高速なフィードバックループのおかげで、大規模な取り組みを早いうちから否定できるようになり、それ以外のことに自信を持って取り組めるようになりました。進捗の指標は変わっていません。

6.3.7　7. 常に対照群を用意する

　進捗は相対的なものです。実験が機能しているかを確認するには、以前の状態と比較する必要があります。科学の世界では、対照群を使うことになるでしょう。

　本書の後半では、顧客ファクトリーを週次バッチ（コホート）で測定するステップを説明します。こうした週次バッチが対照群（これから行う実験のベンチマーク）になります。直列型スプリットテストの一種です。ユーザーがそれほど多くない場合や、複数の実験を同時に行わない場合はこれでいいでしょう。

　本来であれば、並列型スプリットテストを実施すべきです。並列型スプリットテ

ストでは、ユーザーの一部（グループA）を対象にして実験を行います。グループA
と残り（対照群）を比較して、進捗を判断します。これは「**A/Bテスト**」とも呼ばれ
ます。

　さらには、テストするトラフィックが十分にあり、可能性のあるソリューションが
複数存在する場合は、「A/B/Cテスト（必要なだけアルファベットを増やしてくださ
い）」を実施して、優れたアイデアを競争させるといいでしょう。

6.4　スティーブが外部に対する説明責任構造を確立する

　スティーブはジョシュとリサに週に20時間働いてもらえることになりました。そ
のことをメアリーに伝えました。

　メアリー「よかったですね。ジョシュとリサに会えることを楽しみにしています」

　スティーブ「次回から彼らを呼んでも大丈夫でしょうか？」

　メアリー「大丈夫ですよ。むしろこれからアドバイスを続けるにはそのほうがいい
と思います」

　メアリーは少し考えてから、続きを始めました。

　メアリー「創業チームは足並みをそろえる必要があります。特に考え方を一致させ
るべきです。この数週間であなたは『ビルドファースト』から『トラクションファー
スト』に考え方を変化させることができました。チームメンバーに古い世界に戻され
たくはないはずです」

　スティーブ「そうですね。あなたが教えてくれたことをどうやってメンバーに伝え
るべきかを悩んでいました」

　メアリー「私が教えたモデルの強みは、シンプルで理解しやすいことです。難しい
のは、日常的に実践することです。チームメンバーに伝えるときには、例を使うとい
いでしょう。実際にやってみるのです。90日間サイクルを正式にキックオフして、
イベントの日時を予約し、構造化されたプロセスに従うことをお勧めします。ジョ
シュとリサはどちらも本当に頭のいい人です。すぐにこのやり方を身につけてくれる
でしょう」

　スティーブ「モデルがシンプルなのはそのとおりですね。ビジネスモデルの物語の
ピッチを見せたとき、2人ともすぐに理解してくれました。ジョシュはリーンキャン
バスとトラクションロードマップも見せてほしいと言っています」

　メアリー「いいですね。今から予定を空けておいてくださいね。多くの起業家は良いことばかりを議論しますが、ブレイクスルーを発見できるのは悪いことからです。これからおもしろくなりますよ。頑張ってください」

　スティーブはメンバーと話し合い、イベントの日程をカレンダーに設定しました。

7章
90日間サイクルを
キックオフする

　前の章で学んだように、90日間サイクルの最初の2週間はモデルの作成（およびレビュー）と優先順位付けです。まずは、モデルを整理します。それから、90日間サイクルのキックオフミーティングを開催し、チームで目標、仮定、制約を合わせます（**図7-1**）。

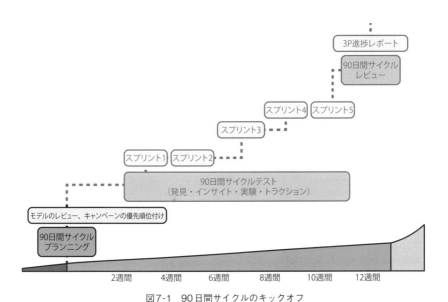

図7-1　90日間サイクルのキックオフ

7.1　スティーブが90日間サイクルの　　キックオフミーティングを開催する

　スティーブはすでにモデルを作成しているので、更新するのにそれほど時間はかかりませんでした。90日間サイクルキックオフミーティングを開催し、上位2つの顧客セグメントである「ソフトウェア開発者」と「建築家」について、最新のリーンキャンバスとトラクションロードマップをジョシュ、リサ、メアリーに説明しました。

　メアリー「これまでソフトウェア開発者のモデルについて話し合ってきましたが、そこは変わってませんよね。建築家のモデルについて、詳しく説明してもらえますか？」

　スティーブ「ソフトウェア開発者のモデルを残したのは、私がその分野についてよく知っているのと、アプローチできる企業があるからです。しかし、イノベーターの贈り物を適用して建築家のモデルの価格を設定したところ、現在の3Dレンダリングのコストを抑えることができ、さらに高い価格を請求できる可能性があることがわかりました」

　リサ「それは建築家の時給を参考にしているのですか？」

　スティーブ「はい、アーリーアダプターは注文住宅の建築家になると思います。彼らは1時間あたり250ドルを請求しています。建築家のクライアントは3Dレンダリングを期待しています。レンダリングを作成するのに12時間はかかります。つまり、3,000ドルです。月に1つ以上作るとしたら、おそらく作ると思うのですが、1か月に3,000〜5,000ドルは請求できることになります。私たちの製品を使えば、わずかな時間ではるかに優れた成果（AR/VR）を手に入れることができるからです」

　ジョシュ「建築家は設計以外でもモデルを使うのでしょうか？　設計の期間は通常は3か月です。それから、クライアントのためにいくつレンダリングを作るのでしょうか？　これはライフタイムバリューにも影響がありますよね」

　スティーブ「確かにそうですね。年間のクライアント数が6件で、すべてのクライアントにモデルを作成するならば、1つにつき1,000ドルだとして、年額6,000ドル、月額ならば500ドルになります。偶然ですが、ソフトウェア会社と同じ数字になりました」

　メアリー「現時点では、どちらの顧客セグメントも価格を月額500ドルに設定するといいと思います。トラクションロードマップを機能させる最低価格になるからです。もっと高くできるとわかったら、そのときにロードマップを調整しましょう」

スティーブはミーティングの議題に戻しました。

スティーブ「それでは、私たちのビジネスの仮定を明確にしましょう。90日間のOKRの目標は、ステージ1（PSF）を達成することです。2つの顧客セグメントの目標価格は同じにしているので、月額500ドルのトライアルを2件ほど確保する必要があります」

メアリー「わかりやすいですね。制約についてはどうですか？　みなさんはどう思いますか？」

しばらくお互いに視線を交わしてから、スティーブが口を開きました。

スティーブ「以前、指標があれば制約を特定できると言ってましたよね。ということは、先に指標を収集する必要がありますよね。それはMVPをローンチしたあとですか？」

メアリー「指標を収集するのに製品をローンチする必要はありませんよ。デモ・販売・構築を思い出してください。最初のステップは何ですか？」

スティーブ「確かに。顧客ファクトリーはまだ稼働していないので、最初のステップは見込み客を顧客ファクトリーに入れることです。とすると、獲得が制約ですか？」

メアリー「正解です。獲得または需要の創出が制約です。見込み客を獲得するまでは、もっと言えば売上が発生するまでは、他のステップを最適化しても意味がありません。製品を作る前に、十分な人数の顧客を作る必要があることを忘れないでください」

ジョシュが困惑した顔で質問しました。

ジョシュ「製品がないのに顧客を作るんですか？」

スティーブとメアリーは顔を見合わせました。そして、メアリーがスティーブに説明を促しました。スティーブは「構築・デモ・販売」ではなく「デモ・販売・構築」を使用するロジックを15分かけて説明しました。以前メアリーと話し合ったフードトラックやテスラの事例も紹介しました。

リサ「デモ・販売・構築。シンプルなのがいいですね。デモを販売できないなら、どうして製品を構築する必要があるのか？って話ですよね」

ジョシュ「次の仕事はデモを作って、顧客に連絡することですね」

スティーブ「ランディングページを作ったり、広告でトラフィックを増やしたり」

メアリー「忘れないでください。これはチームの認識を合わせるためのミーティングです。ブレインストーミングやソリューションの設計をする場ではありません。みんなで制約を共有できたら、ミーティングを終了しましょう。これから数日間、90日

間のOKRを達成できるキャンペーンを各自で考えてください。今週末のミーティングでみなさんの提案をレビューして、最も有望なキャンペーンに賭けることにしましょう。あとでPSFに関する追加情報を送ります。さあ、ここから始まりますよ」

　以上でミーティングは終了しました。

7.2　PSFのプレイブック

　製品ライフサイクルの最初のステージ（**4章**で説明した現在・次回・将来の展開計画の「現在」）はPSF（課題/解決フィット）の達成です。このステージでは、製品を**構築する前に**十分な需要があることを示す必要があります。

　製品を構築することなく、顧客にお金を支払ってもらえるでしょうか？　これは重要な質問です。その答えによって、製品のタイムラインを何か月も短縮できます。さらに重要なのは、最初のステージが終わるまでに、顧客が「あったらいいな」ではなく、確実に「欲しい」と望んでいる製品を理解することです。

7.2.1　顧客が購入するのは製品ではなく約束

　iPhoneのような革新的な新製品の発表を思い出してください。顧客がiPhoneを購入するには大きな飛躍が必要でした。iPhoneと似たようなものは存在しなかったからです。iPhoneを購入するために行列に並んだアーリーアダプターは（私もそうです）、事前に試してみることはできませんでした。スティーブ・ジョブズの**製品のデモ**を見て、**製品の約束**に一目惚れして、**製品の購入を決断**したはずです。

　つまり、顧客が購入するのは製品ではありません。**約束**です。より良いものを約束するには、機能する製品は必要ありません。必要なのは**オファー**です。

　オファーは3つの要素で構成されています。

- 独自の価値提案（UVP）
- デモ
- 行動要請（CTA: Call To Action）

　前にも説明したように、最初の戦いは顧客の注意を引くことです。これはUVPの仕事であり、既存の代替品よりも優れていることを主張する必要があります。

　次のステップでは、約束したUVPを提供できることを顧客に納得してもらいます。直感に反するかもしれませんが、これは動作する製品の仕事ではなく、デモの仕事です。優れたデモであれば、できるだけ少ない情報で顧客に納得してもらうことができます。

　最後のステップは、顧客に実行してもらいたい行動要請（CTA）です。ここでの目標は、できるだけ課金顧客に近づけることです。

　顧客は動作する製品ではなく、オファーを購入します。これが製品を用意せずに顧客を獲得する鍵です。ここから「デモ・販売・構築」の戦略の扉が開かれます。

　まだ納得していませんか？

- クラウドファンディングのキャンペーンを支援したことがあれば、完成した製品ではなくオファーを購入しています。
- 完成した製品ではなくオファーを販売できるのは、iPhoneのような少額の製品だけではありません。テスラの最初のオファーは、5,000ドルの頭金と10日以内に45,000ドルを支払えば、車の予約ができるというものでした。
- B2Cの製品だけでなく、B2Bの製品もオファーの販売が可能です。ただし、B2Bの取引は複雑なので、販売プロセスも複雑になります。数週間から数か月はかかるでしょう。だからこそ、最初にUVPを提供し、次にデモを複数の関係者に見せて、最後に意思決定者と価格について話し合う必要があります。オファーを販売できなければ、製品がパイロット版のステージに進むことはありません。

　一般的に信じられていることとは違い、**アーリーアダプターに販売するために完成した製品は必要ありません**。技術的リスク（実現性）が懸念される場合は、デモ用の製品が必要になることもありますが、顧客が要求しない限り、考慮する必要はありません。

7.2.2　より良い約束をする方法

オファーを作ってテストするには、さまざまな方法があります。以下は、一般的に使用されるオファーキャンペーンのレシピです。

スモークテスト
> メールアドレスを収集するために予告ページを使用する。

ランディングページ
> 行動要請（サインアップなど）を促すためにオファーページを使用する。

ウェビナー
> 認知度を高めるために教育用の動画セミナーを使用する。

予約注文
> 先行販売を促進するために予約キャンペーンを使用する。

クラウドファンディング
> プロジェクトの資金を集めるために、Kickstarterなどのクラウドファンディングプラットフォームを使用する。

直接販売
> 販売を促進するために「見込み客・デモ・成約」の販売プロセスを使用する。

マフィアオファー
> 課題を明確にして、ソリューションを設計し、顧客が拒否できないオファーを作成するために、台本を用意した顧客インタビューを使用する。

私自身の経験から、各キャンペーンの効果をマッピングしました。顧客リーチのスケーラビリティとコンバージョン率を軸にしています（**図7-2**）。

90日間のOKRに基づいて、ひとつまたは複数のキャンペーンを選択できます。

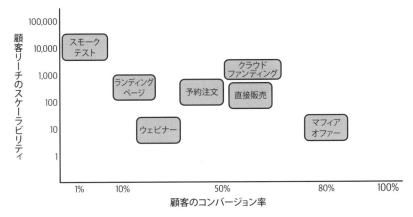

図7-2　各種オファーキャンペーンの効果

7.2.3　PSFはいつ終わるのか？

ステージ1が終わる頃には、ビジネスモデルがステージ2（PMF）に進めるかどうかをエビデンスに基づいて判断できるようになります。

具体的には、以下のような顧客ファクトリーを構築できているはずです。

- アーリーアダプターに対して、興味の喚起、アクティベーション、スイッチの発生が繰り返し発生している（需要性）。
- トラクションロードマップで定義している、アーリーアダプターからの具体的なコミットメント（前払いや同意書）を確保している（事業性）。
- アーリーアダプターに価値を提供するために、構築すべき最小限のもの（MVP）を明確に定義できている。

通常、PSF（課題/解決フィット）を達成するには、90日間サイクルが1〜2回転（3〜6か月）必要です。

7.3　スティーブが90日間サイクルのプランニングミーティングを開催する

チームは週末に集まり、キャンペーンの提案をレビューしました。ジョシュとリサは直接販売のアプローチを採用したいと考えていますが、スティーブはランディングページを使用してトライアル顧客を獲得したいと考えています。

メアリー「MVPを構築するよりも、オファーのピッチをするほうが速いですし、優れています。しかし、現在の状況を考えると、最適なステップではありませんね」

全員の表情が困惑しています。

スティーブ「前回のミーティングでは、オファーから始めると言ってましたよね？」

メアリー「はい、オファーから始めると言いました。しかし、オファーのピッチをするのではありません。まずは、適切なオファーを組み立てる方法を学びましょう」

全員の表情がまだぼんやりしているのを見て、メアリーは説明を続けます。

メアリー「ランディングページのキャンペーンについて考えてみましょう。広告を出せばトラフィックは増えるでしょう。しかし、誰もサインアップしなかったらどうしましょう？ 何を修正すればいいのかわかりません。ランディングページは、見出し、ビジュアル、コピーライティングなどで失敗する可能性があります。顧客からフィードバックがなければ、複数の変数を最適化することになり、堂々巡りになるでしょう」

スティーブ「MVPを急いで構築しないのと同じ……ビルドトラップだ」

メアリー「そのとおりです。オファーはMVPよりも高速ですが、あくまでもソリューションの代わりです。下手に推測すると、失敗する可能性が高くなります。さらには、顧客からのフィードバックがないので、最適化の罠も続きます」

リサ「直接販売はどうですか？ 顧客からフィードバックをもらえますよね？」

メアリー「そうですね。対面のピッチは、うまくやれば悪くはありません。しかし、うまくできなければ、すぐに行き詰まってしまいます。現時点でわかっていることは、説得力のあるピッチを作るための仮説だけです。それも大部分が検証されていない仮定の上に成り立っています。たとえば、AR/VRプロジェクトに取り組んでいるソフトウェア企業の数や、注文住宅の分野における3Dレンダリング（AR/VR）の影響については、まだ何もわかっていません。顧客の課題や既存の代替品などの基本的な仮定が間違っていた場合、ピッチは失敗し、製品の位置づけが『絶対になくてはならないもの』から『あればうれしいもの』に下がってしまうでしょう」

リサはうなずきながら質問しました。

リサ「そのとおりだと思いますが、ピッチの一部が間違っていたとしても、見込み客から学びながら、何度も改善していくことはできませんか？」

メアリー「できなくはありません。顧客との関係性や会話の構成によって決まると思います。ただ、心の底から信頼されなければ、顧客は手札を見せてくれません。ほとんどの場合、オファーの的が外れていることがわかるだけです。話を深く掘り下げて、ピボットできるように学習することは難しいでしょう。すぐに話が行き詰まると思います。この度は時間を作っていただいてありがとうございました、と感謝の言葉を伝え、丁寧に会話を切り上げて終わりです。学習の機会は生まれません」

ジョシュ「確かにおっしゃるとおりです。この分野のことをよくわかっていないので、つまらないピッチになりそうです。私たちが取るべき行動は何でしょうか？」

メアリー「ピッチをする前に学習しましょう。説得力のあるピッチを構築するには、まずは顧客の課題を深く理解することです。奇妙に聞こえるかもしれませんが、顧客よりも顧客の課題について理解することは可能です。そうすれば、適切なソリューションを設計したり、説得力のあるピッチを組み立てたりすることができます。ピッチが的を外すことも少なくなるでしょう。顧客が解決したい課題が明確になっているからです」

リサ「共有してもらったキャンペーンのリストがありますよね。あのなかのどれかをやる前に顧客について学習するのですか？」

メアリー「いいえ、あのなかにひとつだけ、すべてのステップが含まれているキャンペーンがあります。それはマフィアオファーです」

スティーブ「あなたが言っていたので、マフィアオファーに興味はありましたが、あれはスケールしないですよね。だから、獲得する顧客数に合ったものを選びました」

メアリー「確かにマフィアオファーのキャンペーンはスケールしません。しかし、単位時間あたりの学習量が最も多くなります。また、見込み客に対して1対1で提供するため、コンバージョン率も高くなります。他のキャンペーンよりも時間がかかるように見えるかもしれませんが、私から言わせてもらえば、これが最速です。10人でもいいので、製品を販売できるようになれば、スケールする方法は明らかになります」

リサ「直接販売とは違うのですか？」

メアリー「ピッチが始まったあとは、マフィアオファーと直接販売はよく似ています。しかし、ピッチをする前に発見的な会話をするところが違います。マフィアオファーのほうが計算されています。ピッチを始めるのは、アーリーアダプターの基準

を明らかにして、真の競合製品を特定し、課題を深く理解してからです。イノベーターの贈り物を覚えていますか？　ビジネスモデルの設計フェーズでは、イノベーターの贈り物を使用しながら、思考実験によってモデルをテストしました。ここでは、発見的な実験によってインサイトを明らかにし、テストしていきます」

　スティーブ「すべて合理的に思えますね。しかし、ピッチを開始する前に、相手は心を開き、情報を提供してくれるでしょうか？」

　メアリー「いい質問ですね。初期の見込み客の扱いは、多くの起業家がつまずくところです。会話の設定、インタビューの実施、インサイトの獲得の方法については、情報がいろいろとありますので、あとでみなさんに送りします。情報を処理するのに数日はかかると思いますので、そのあとに集まって、最初のスプリントを開始しましょう」

7.4　マフィアオファーキャンペーン

　マフィアオファーとは、顧客が拒否できないようなオファーです。これは強要しているわけではなく、以下のような説得力のあるオファーを作成しているからです。

- 顧客の課題を突きつける
- 課題を解消するためのソリューションを提示する
- 第一歩を踏み出すための明確な方法を提供する

7.4.1　マフィアオファーの構築

　ピッチやランディングページはマフィアオファーにはなりません。検証されていない仮定（推測）に基づいているため、コンバージョン率が低いのです。また、顧客がオファーを受け入れなかった場合、複数の変数を扱うことになります。問題があったのは、UVP、デモ、価格設定、デザイン、キャッチコピー、その他のどれでしょうか？

　上記の理由から、体系的な3つのステップを使用することをお勧めします（**図7-3**）。

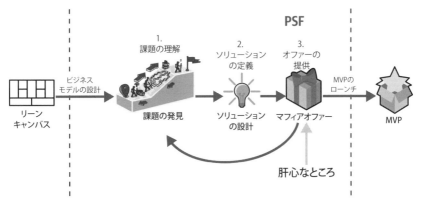

図7-3　マフィアオファーを作成する３つのステップ

　各ステップを見ていきましょう。

7.4.1.1　1. 課題の発見

　リーンキャンバスに書かれたものは推測であり、表面的な課題にすぎません。マフィアオファーを作成するには、顧客の課題を深く理解するところから始めましょう。

　顧客を深く理解する最速の方法は、直接会ってインタビューすることです。ランディングページを作成したり、コードをリリースしたり、アナリティクスを収集したりするのではなく、人と話すのです。

　課題の発見の目的は、現状の（既存の代替品の）解決に値する課題を明らかにすることです。そのためには、ソリューションのピッチをするのではなく、顧客が既存の代替品でどのようにジョブを片付けているかを調査します（**図7-4**）。

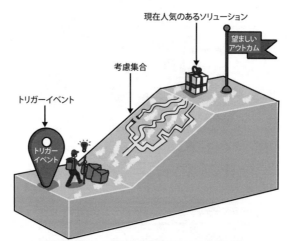

現在人気のあるソリューション

望ましい
アウトカム

考慮集合

トリガーイベント

トリガー
イベント

現在選択されている**既存の代替品**は何か？それはなぜか？

図7-4　ステップ1：課題発見

7.4.1.2　2. ソリューションの設計

問題を明確に定義できたなら、すでに半分解決されている。

　　　　　　　　　　　　　　　　―チャールズ・ケタリング（アメリカの発明家）

　顧客の現在のワークフロー（現状）で十分に大きな苦労が見つかれば、スイッチを引き起こす機会（解決に値する課題）が見つかるはずです。次のステップでは、スイッチをうまく引き起こせるように、製品を設計または改良します（**図7-5**）。

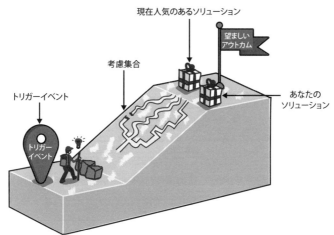

図7-5 ステップ2：ソリューションの設計

7.4.1.3 3. オファーの提供

　最後のステップでは、ソリューションからマフィアオファーを作り、顧客に提供して、何度もテストします。ここが肝心なところです。

　十分な人数の顧客がオファーを受け入れてくれれば、PSFを達成できます。PSFが達成できたら、MVPを構築するプロセスを開始します。それでは「十分な人数」とは何人でしょうか？ それはトラクションロードマップで決まります。

7.4.2　マフィアオファーキャンペーンの実施

　マフィアオファーキャンペーンは90日間サイクルに収まるように設計されています。これが可能な理由は、**動作する製品**（MVP）を構築するのではなく、**オファー**を作るからです。オファーであれば、製品に対する需要を高速に検証できます。

　図7-6は、90日間サイクルの典型的なマフィアオファーキャンペーンを示しています。課題の発見に2スプリント、ソリューションの設計に1スプリント、オファーの提供に1スプリントを確保しています。これはあくまでもガイドラインであり、製品の種類や顧客セグメントによって違いがあります。

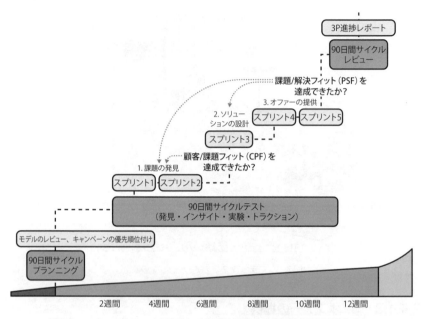

図7-6　マフィアオファーを使用してPSFを達成する典型的な90日間サイクル

7.4.3　マフィアオファーキャンペーンをいつ使用するのか

　マフィアオファーは顧客と直接やり取りが必要になるため、クラウドファンディングやランディングページなど、スケールしそうなキャンペーンを優先したくなります。

　しかし、これらは最適な結果になりません。理由はすでに説明しました。直感に反するようですが、ゆっくりと始めて、時間をかけて適切なことにフォーカスしたほうが、あとから高速になるのです。

　マフィアオファーは、スケールするキャンペーンではありませんが、最高の学習をもたらすキャンペーンであり、最高のコンバージョン率につながるキャンペーンです。

―――― NOTE ――――――――――――――――――――――――――――――――

マフィアオファーを使えば、クオリファイド・リードから課金顧客へのコンバージョン率は60〜80%を期待できます。

―――

　したがって、マフィアオファーキャンペーンから始めることをお勧めします。マフィアオファーで明らかになったインサイトは、クラウドファンディング、ランディングページ、営業職の雇用など、スケール可能なオファーのときに役に立ちます。

　2010年に本書の第1版（自費出版）を発売したときに、私はマフィアオファーキャンペーンを使用しました。当初のMSC（最小限の成功基準）の目標は、3年間で1万部を販売することでした。10倍の成長率で換算して、PSFの基準を「100部を販売する」または「書籍に興味のある1,000人（クオリファイド・リード）のメールアドレスを集める」と設定しました。

　書籍を発売するにあたり、以下のようなオファーを実行しました。

- マフィアオファーキャンペーンを使用して、25部の販売を確保する（4週間）
- マフィアオファーの学習を踏まえ、スモークテストで予告ページを作り、1,000人のクオリファイド・リードのメールアドレスを収集する（8週間）

　PSFの基準を達成してから、本を書き始めました。書き終わるまでに9か月かかりました。トラクションを高めるために、同時並行で複数のキャンペーンを実行しました。たとえば、以下のようなものがありました。

ワークショップキャンペーン
　本の内容を教えました。チケットには発売する本をバンドルしました。

講演キャンペーン
　講演を行いました。チケットには発売する本をバンドルしました。

先行予約キャンペーン
　アーリーアダプターに本を購入してもらいました。執筆中の章を段階的に配信できるようにしました。

　これらのキャンペーンのおかげで、何度も本を執筆してアーリーアダプターに配信することができました。その結果、読者に求められる本ができあがりました。トラクションロードマップを上回る部数となりました。プロジェクトを開始してから18か月以内に1万部となりました。MSCの目標を10万部に上方修正しました。

7.5　スティーブがショートカットしようとしている

スティーブはメアリーが送ってくれたマフィアオファーの資料を確認しています。

顧客を深く理解する最速の方法は、対面でインタビューすることです。

スティーブ「対面でインタビューだって？ そんなの永久に終わらないよ！」
スティーブはしばらく考えてから、アンケートを実施することにしました。

特定の対象者に有料でアンケートできるオンラインサービスを見つけたので、その日はアンケートの質問項目を作ることにしました。翌日、アンケートを実施しました。

結果がすぐに出てきました。次の日には100件を超える回答が表とグラフにまとめられました。自分が想定していた最大の課題について、回答者の85%が「解決したい」としていたので、スティーブはうれしくなりました。

すぐにメアリーに送るメールを書きました。

課題の発見には4週間かかるとおっしゃっていましたが、スピードアップするためにアンケートを実施しました。その結果、私が想定していた課題を裏付ける強力なシグナルが得られました（85/100）。何か見落としていることはあるでしょうか？ このままソリューションの設計フェーズに進むべきでしょうか？

メールを送ってから2分後に返事が来ました。

至急、コーヒーでも飲みましょう。あと30分で時間を作れます。いつもの場所で待ってます。

7.5.1　メアリーがスティーブの思い込みを破壊する（再び）

メアリー「あなたのなかのエンジニアが効率を求めていますね。私も昔はそうでした。しかし、アンケートは課題の発見に適したツールではありません」
スティーブ「なぜですか？」
メアリー「理由はいくつかあります。まず、アンケートはあなたが適切な質問を

知っていることを前提としています。また、アンケートの選択肢も知る必要があります。プロジェクトの初期ステージでは、あなたは何を知らないかをわかっていません」

メアリーは一息ついてから続けました。

メアリー「検証すべき質問と回答がわかっていれば、アンケートを使うこともできるでしょう。しかし、課題の発見のツールにはなりません」

スティーブ「今の目標は、リーンキャンバスの課題を検証することですよね？」

メアリー「そうです。でも、起業家が最初にリーンキャンバスに書いた課題は、適切な課題ではありません」

スティーブ「なぜですか？」

メアリー「起業家の頭の中には、すでにソリューションがあるからです。それを簡単に諦めることはできません。起業家は『顧客の課題は何か？』ではなく『私のソリューションが使える課題は何か？』と質問してしまうのです」

スティーブは困惑した顔をしています。

メアリー「ハンマーを作ろうと決めたときから、すべてのものがクギに見え始めます。リーンキャンバスに書いた課題によって、自分のソリューションを正当化しようとします。アンケートでその課題の重要性を聞くと、他の選択肢よりも重要だという答えが返ってくるでしょう。しかし、本当の課題は選択肢には存在しないので、あなたに知らせる術がありません。つまり、あなたは**本当の課題を発見できないのです**」

メアリーはしばらく考えてから続けました。

メアリー「アンケートで本当の課題がわかったとしても、その理由まではわかりません。理由は階層になっています。深いところに到達するには、会話するしかありません。相手がこれまでに何を試してきたのか、なぜうまくいかなかったなどを探る必要があります。こうした詳細を知ることが、マフィアオファーを構築する鍵になります」

スティーブ「おっしゃる意味はわかりますが……。それじゃあ、リーンキャンバスから始める意味は何ですか？」

メアリー「リーンキャンバスに書けば、ビジネスモデルのスナップショットになるからです。最初に意見を書いてから、事実で裏付けしていきます。ビジネスモデルの物語に説得力があっても、それを裏付けるエビデンスがなければ、あなたの個人的な意見にすぎません。**どのようなビジネスモデルであっても、最初のリスクは顧客と課題の仮定から始まります**。これらが間違っていれば、キャンバスの残りの部分も崩壊

します。だからこそ、PSFの最初のステップが課題の発見なのです」

スティーブ「起業家がソリューションに対するバイアスに気づくことが重要なのですか？」

メアリー「ある意味ではそうです。イノベーターのバイアスやイノベーターの贈り物のような概念は理解しやすく、当たり前のように思われますが、実際にそれらを見つけるには鋭い自己認識が必要です。自己認識は時間をかけて磨いていく必要があります。認知バイアスは隠れていて、無意識のレベルで動いているからです。これから先、イノベーターのバイアスは何度も醜い顔を見せるでしょう」

スティーブは笑いました。

メアリー「このステージでは、収益化可能な『痛み』のエビデンスを見つけることが最優先事項です。そのためには、1対1の課題インタビューを実施することが最善の選択肢になります。1対1のインタビューは非効率のように思えるかもしれませんが、単位時間あたりの学習量は最も多くなります。私の言葉を理解するには、実際に体験してみないとわからないでしょう。それから、行動につながるパターンを見つけるまでに、それほど多くのデータポイントは必要ありません」

スティーブ「インタビューは何回くらいやればいいのでしょうか？」

メアリー「5〜10回でパターンが見え始めます。すぐに結論を出さないためにも、もう少し多いほうがいいでしょう。相手が何を言うかを予測できるようになれば、インタビューを終了できます。私の場合、約20回のインタビューが必要でした」

スティーブ「わかりました。もうショートカットはしません。送っていただいたマフィアオファーキャンペーンの資料すべてに目を通します。それから、チームで集まって、最初のスプリントのキックオフをします」

7.6　アンケートやフォーカスグループをしない

顧客から学ぶために最小限のことを実行するように言われると、多くの起業家はアンケートやフォーカスグループをやろうとします。インタビューより効率的に思えるかもしれませんが、そこから始めるのは悪い考えです。以下に理由を述べます。

アンケートはあなたが適切な質問を知っていることを前提としている

適切な質問項目を作ることは、不可能ではないにしても、非常に困難です。それが何かをまだ知らないからです。顧客にインタビューすれば、それが明らか

になりますし、最初の理解の範囲外を探索することができます。

NOTE ─────────────────────────

顧客発見とは、何がわからないのかさえわからないことの探求です。

アンケートはあなたが適切な答えを知っていることを前提にしている

アンケートでは、適切な質問をするだけでなく、適切な回答の選択肢を提供する必要があります。今までに「その他」と答えたアンケートの回数をおぼえていますか？

TIP ──────────────────────────

初期の学習は「自由回答形式」の質問から得られます。

アンケートでは顧客に会うことができない

質問の回答だけでなく、ボディランゲージも PSF の指標になります。

フォーカスグループは役に立たない

フォーカスグループの問題点は、すぐに集団思考に陥ることです。全体の意見ではなく、声の大きい少数派の意見が表面化されてしまいます。

7.6.1　アンケートは何にでも使えるのか？

アンケートは初期の学習には向いていませんが、顧客インタビューから学んだことを検証するには効果的です。顧客インタビューは質的な検証方法です。「合理的に小さな」サンプルサイズを使用して、仮説を検証または反証する強力なシグナルを明らかにします。インタビューによって仮説を予備的に検証できたら、学んだことからアンケートを作成して、発見したことを量的に検証します。アンケートが目的とするのは学習ではなく、結果のスケーラビリティ（または統計的有意性）を示すことです。

7.6.2　先制攻撃と反論（あるいは顧客にインタビューする必要がない理由）

「顧客と話をする」は「人が欲しがるものを作る」と同じくらい役に立ちます。しかし、製品のピッチができなければ、顧客と話をすることは難しいでしょう。

- 誰をターゲットにしていますか？
- 相手に何を伝えますか？
- 具体的に何を学ぼうとしていますか?

　これらの質問については、次の章で取り上げます。その前に、顧客インタビューに対するよくある反対意見を取り上げて、みなさんの不安を取り除きたいと思います。

「顧客は自分が欲しいものがわからない」

　多くの人が顧客と話をしても意味がないと断言します。ヘンリー・フォードの言葉「顧客に欲しいものを聞いていたら、彼らは『もっと速い馬が欲しい』と答えていただろう」を引き合いに出すこともあります。しかし、この言葉には顧客の課題が隠されています。顧客が「もっと速い馬」と言ったのは、既存の代替品よりもっと速い何かを求めていたからです。それがたまたま「馬」だったというだけです。

　適切なコンテキストがわかれば、顧客は課題を明確に説明できます。しかし、ソリューションを考え出すのはあなたの仕事です。あるいは、スティーブ・ジョブズが言ったように「欲しいものを知るのは顧客の仕事ではない」のです。

「20人と話しても統計的に有意ではない」

　スタートアップは新規的で挑戦的なものを世界にもたらします。最初に立ちはだかる最大の課題は、誰かに注目してもらうことです。

> 10人中10人があなたの製品をいらないと言ったら、それは非常に意味のあることだ。
>
> 　　　　　　　　　　　　　　　　　　　　　　　　——エリック・リース

10人に「欲しい」と言ってもらうことができても、統計的に有意にはなりません。しかし、「欲しい」あるいは「いらない」の共通パターン（インサイト）を見つけることができれば、いずれ統計的有意性につながるはずです。以降のスプリントで追加のデータを用いて、こうしたインサイトをテストしましょう。

「私は定量的指標を信頼している」

よく使われる戦術として、定量的指標のみを信頼するというものがあります。このアプローチの問題点は、十分なトラフィックを確保できないことです。さらに重要な問題点は、定量的指標は訪問者がやっている（またはやっていない）行動しか示せないことです。その行動が発生している（または発生していない）理由まではわかりません。訪問者が離れた原因は、キャッチコピーですか？ グラフィックですか？ それとも価格設定？ 無限に修正を試してみることもできますが、顧客に聞くほうが早いです。

「私自身が顧客なので、誰かと話す必要はない」

自分の悩みからアイデアを考えるのは優れた方法です。私も多くの製品（リーンキャンバスなど）をこの方法で始めました。しかし、だからといって、顧客と話さないことの言い訳にはなりません。起業家と顧客の両方の役割を演じているときに、課題や価格設定について客観的になれるでしょうか？

「友達が素晴らしいアイデアだと言ってくれた」

最初のうちは、とにかく誰かと話すことをお勧めします。ただし、あなたの友達や家族は、起業家に対して極度に楽観的（あるいは悲観的）なイメージを持っている可能性があります。友達にはインタビューの練習相手になってもらいましょう。実際にインタビューする相手は、交友関係の外側で探してください。

「週末に開発が終わるので、何週間もかけて顧客と話をする必要はない」

高速なフィードバックを得るために、ソフトウェア開発者は「早めのリリース、しょっちゅうリリース」という言葉を唱えます。しかし、どれだけ「小さな」リリースであっても、構築にかけた時間がムダになる可能性があります。「小さな」リリースが十分に「小さい」ことはほとんどありません。また、すでに説明したように、ソリューションをテストするために最後まで構築する必要はありません。

「課題が明らかなので、テストする必要はない」

何らかの理由により、あなたにとって課題が明らかな場合があります。

- その分野の知識を持っている。
- 売上やランディングページのコンバージョン率の向上など、よく知られ

た課題を解決しようとしている。

- がんの治療法の発見や貧困の撲滅など、よく知られているが、解決が困難な課題を解決しようとしている。

このような場合、リスクが高いのは、課題を**テスト**することではなく、**理解す**ることになるでしょう。つまり、どのような顧客が影響を受けるのか（アーリーアダプター）、課題はどのように解決されているか（既存の代替品）、あなたが何を提供できるのか（UVP）です。ソリューションを定義・検証する前に、課題発見インタビューを実施して、課題の理解について検証することをお勧めします。

「課題が明らかではないので、テストができない」

課題解決を目的としない製品を構築することがあります。たとえば、ビデオゲーム、短編映画、小説などです。これらは「痛み」よりも「欲望」によって駆動されるものですが、それでも課題は存在します。顧客に課題を聞くのではなく、顧客が片付けようとしているジョブにフォーカスしてから、邪魔になっている障害物や苦労を探すといいでしょう。その方法については、次の章で説明します。

「誰かにアイデアを盗まれる」

最初のインタビューは課題にフォーカスしています。顧客が抱えている課題を明らかにするものです。ですから、あなたから盗めるものはありません。製品のピッチについても、共有するのはUVPとデモ（秘密にするものはない）だけです。しかも相手はクオリファイド・アーリーアダプターです。自分で製品を構築しようとせずに、あなたの製品にお金を支払ってくれるでしょう。

8章
顧客以上に課題を理解する

　顧客の課題を顧客以上にうまく説明できれば、顧客の知識を自動的に獲得できます。顧客はあなたが適切なソリューションを持っていると信じ始めるのです。有名なマーケッターであるジェイ・エイブラハムは、この現象を「卓越の戦略」と呼んでいます。

　あなたも病院で同じ経験したことがあるはずです。医者は診察したらすぐに病気を突き止め、処方箋を書いているわけではありません。専門的な知識を使いながら病状を推測し、体系的な消去法のプロセスで判断を下しているのです。

—— **NOTE** ——

顧客の課題を理解すれば、スーパーパワーが手に入ります。

　本章では、課題発見スプリントで顧客を深く理解する方法を説明します（**図8-1**）。

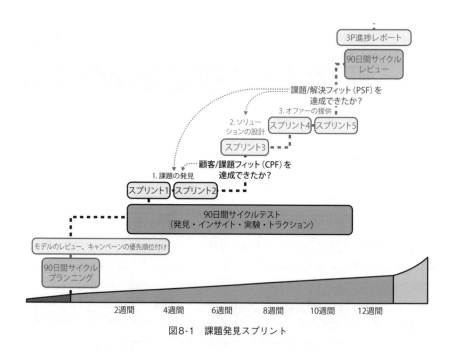

図8-1　課題発見スプリント

8.1　課題の問題

　顧客と会話して課題を明らかにするという考えはシンプルですが、実際にうまくやるのは大変です。顧客から課題を聞くことは簡単ではありません。理由は以下です。

顧客は課題をわかっていない可能性があるから

セラピーに通う人がいますが、それには理由があります。課題に深く入り込み、根本的要因を突き止めるには、第三者が必要なのです。

顧客はあなたに言いたくない可能性があるから

課題を認めることで、不安や不快を感じることがあります。あなたを心の底から信頼していない限り、顧客は課題を教えてはくれないでしょう。

あなたが答えにバイアスをかける可能性があるから

課題を見つけようとして、特定の領域にスポットライトを当てると、顧客の答

えに過剰に反応するようになります。木を見て森を見逃してしまいます。

顧客は課題ではなくソリューションを伝える可能性があるから

顧客もイノベーターのバイアスに陥りやすいので注意してください。顧客は課題について質問されると、あなたと一緒に課題を探索するのではなく、解決方法を話し始めることがあります。慎重に判断しましょう。

以上の理由から、課題発見インタビューでは「課題」という言葉を使わないことをお勧めします。会話の目的は課題の**検証**ではなく**発見**です。課題について質問するのではなく、既存の代替品をどのように使用しているかを聞きましょう。そのなかで摩擦点（苦労、不満、回避策）や理想と現実のギャップを見つけましょう。

課題発見スプリントを説明する前に、事例を見ていきましょう。

8.1.1　事例：課題発見インタビューで新築住宅を販売する

あなたは住宅建築業者です。売上の向上と広告掲載の検討をしています。広告を掲載するのに最悪の時期はいつでしょうか？

ほとんどの人はホリデーシーズン（10〜12月）と答えるでしょう。この時期に家探しや内覧をしたくはないからです。家を探している人が少ないのであれば、この時期に広告を掲載する必要はありません。年明けまで広告費を節約したほうがよさそうに思えます。しかし、ホリデーシーズンは広告に最適な時期なのです。

ある業者は課題発見インタビューを活用して、重要なインサイトを明らかにしました。その結果、安定したクオリファイド・リードのパイプラインを構築することができました。どのようなことをしたのでしょうか。まずは、1年間で最も家が売りに出される時期を発見しました（3〜5月）。そして、その時期に家を契約した人にインタビューしました。家を売ろうとしたのではなく（相手は家を購入したばかりです）、その人たちから学習したいと考えたのです。具体的には、家を購入する**要因となった**一連のイベントを**スイッチングトリガー**から理解したいと考えました。

そこからいくつかの物語が明らかになりました。そのなかに特に目立つものがありました。家の購入を**最初に**考えたのは、ホリデーシーズンのパーティー（サンクスギビングの夕食など）の翌日の朝だった、と答えた人が多かったのです。パーティーのあとなので家は散らかっています。朝食をとりながら夫婦で「大きな家を買うべきか」という話になったそうです。パーティーまでは不満のなかった家が、パーティー

の翌日には狭すぎるように感じられたのです（期待違反）。これから家族が増えていくことについて話し合い、将来的には大勢の親族が集まれるようにしたいという希望を持ちました。そのためには、より楽しく生活できる空間が必要になります。

　パーティーは**スイッチングトリガー**として機能しました。既存の代替品（現在の家）から離れ、新しい家を受動的に探すきっかけとなったのです。業者はこのスイッチングトリガーを中心に会話を展開し、新しい家の検討から、検索、購入、引っ越しに至るまで、一連の手順を詳細に説明してもらいました。会話の内容をメモに取り、そこから行動につながるインサイトを抽出しました。

　次のホリデーシーズンでは、コンテンツマーケティングキャンペーンの準備をしました。インタビューの協力者が住宅を購入するまでに抱いていた疑問（摩擦点）に答える記事を書きました。たとえば、住宅ローンの金利が安いところ、学校の環境が悪くない地域、引っ越しサービスを利用する際に気を付けるべきポイント、家のデザインのトレンドなどの情報を提供しました。

　これらの記事をハイパーローカル広告とリンクして、大きな効果を上げました。新年が明けて競合他社が広告を増やし始めた頃、この業者はすでに安定したクオリファイド・リードのパイプラインを構築していました。

8.2　大きなコンテキストにフォーカスする：ジョブ理論

　2章で説明したように、異なる**カテゴリ**の製品が同じジョブを片付けようとするため、製品は大きなコンテキストで競争することになります。解決に値する課題を明らかにするためには、インタビューのなかで大きなコンテキストを見つけることが重要です。その様子を別の事例で見ていきましょう。

8.2.1　事例：課題発見インタビューでドリルの穴を作る

> 人々は1/4インチ径のドリルビットが欲しいわけではない。1/4インチの穴が欲しいのだ。
>
> 　　　　　　　　　　　　　　　　　　　　　　　　　—セオドア・レビット

　ハーバード大学のセオドア・レビット教授は、機能よりも物語の利点にフォーカスすべきだと主張しました。言い換えれば、顧客はあなたのソリューションが欲しいの

ではなく、あなたのソリューションがやってくれること（アウトカムを達成したりジョブを片付けたりすること）が欲しいのです。

あなたはドリルビットの製造業者です。顧客がどのようにドリルビットを使用しているかをリサーチすることにしました。リストの最上位にある課題は「ドリルビットが頻繁に壊れる」というものでした。そこで、チタンコーティングのドリルビットを開発することにしました。UVPは「40%強化」です。

販売は好調です。ある日、ドリルビット売り場の隣に他社の新製品が登場しました。工具類の棚に置くべき製品ではないように見えます。しかし、顧客が群がっています。ドリルビットの売上は減少し始めました。その製品とは、3Mの「コマンドタブ」。ドリルで穴を開けなくても、ジョブを片付けられるという製品です。

何が起きたのでしょうか？

レビット教授のおかげで、私たちは機能からアウトカムに視点を移すことができました。しかし、ドリルの例は不十分でした。「1/4インチの穴」がアウトカムになっていますが、それは人々が欲しいものではありません。ジョブを片付けるために必要なものです。違いを見分けるには「1/4インチの穴」が本当に求めるアウトカムなのかどうかを考えてみましょう。人々は1/4インチの穴が欲しいわけではなく、1/4インチの穴の「あとに来るもの」が欲しいのです。それが本当に望ましいアウトカムのある場所です。つまり、より大きなコンテキストです。

NOTE

機能は製品のコンテキストにありますが、アウトカムとジョブはより大きなコンテキストにあります。

より大きなコンテキストに到達するには、フォーカスを絞る必要があります。レビット教授の言葉を多くの人が引用していますが、あれでは広すぎます。自宅でドリルビットを雇用する理由と、仕事でドリルビットを雇用する理由はまったく違います。

したがって、ターゲットを2種類の顧客セグメント（自宅所有者と建築作業員など）に分割します。次に、これらの顧客セグメントがどのようにドリルビットを使用しているかをリサーチします。ただし、アウトカムを1/4インチの穴にするのではなく、さらに望ましいアウトカムを求めて、より大きなコンテキストを探しましょう。

TIP

製品のコンテキストよりも大きなコンテキストに移動するためには、望ましいアウトカムを追求しましょう。

　自宅所有者であれば、望ましいアウトカムは「絵を壁に掛ける」ことかもしれません。絵を掛けるフックを固定するために、ドリルで壁に穴を開けるのです。「壁に穴を開ける」ではなく「絵を壁に掛ける」が望ましいアウトカムであることは明らかです。

　イノベーションにつながる質問は以下のようになります。顧客がジョブ（絵を壁に掛ける）を片付けるために、望ましくない手順（壁に穴を開ける、フックを固定する）をさせずに、どのような支援ができるでしょうか？　そこに3Mのコマンドタブがやって来ました。このソリューションは穴を開ける必要がありません。壁が汚れたり、穴が開いたりしません。他の方法よりも簡単で安価に絵を掛けることができます。

　1/4インチの穴にフォーカスすれば、優れたドリルビットを作るという競争には勝てるかもしれません。しかし、より大きなコンテキストの競争には負けてしまいます。

8.2.2　より大きなコンテキストを見つける

　より大きなコンテキストをすばやく見つけるには、キャシー・シエラのテンプレートを使いましょう。

- より良い（x）を作らずに、より良い（xのユーザー）を作る。

いくつか例を挙げます。

- より良い（カメラ）を作らずに、より良い（カメラマン）を作る。
- より良い（ビジネスモデルキャンバス）を作らずに、より良い（起業家）を作る。
- より良い（ドリルビット）を作らずに、より良い（DIYユーザー）を作る。

ソリューションを改善するよりも、顧客をより良くすることにフォーカスしましょ

う。それが製品のコンテキストを超える方法です。製品の直近の機能や利点よりも、顧客の望ましいアウトカムやジョブにフォーカスしましょう。もちろん視野を広げることで、自分たちでは扱えないほどの大量のジョブが見つかる可能性があります。あなたはどこにフォーカスしたいですか？ ほとんどの起業家は、自社の製品のコンテキストにとらわれていて、タスクや機能以外のことは考えていません。それは間違いです。

TIP

その場で立ち往生するよりも、スコープの外に出るまでレベルを上げましょう。

　ジョブのスコープが狭すぎると、より大きなスコープを扱う競合他社に負けてしまうリスクがあります。逆にジョブのスコープが広すぎると、薄っぺらになってしまいます。どうすれば適切なジョブのスコープを決定できるのでしょうか？

8.2.3　より大きなコンテキストのスコープ

　適切なジョブのスコープは、製品の機能上の利点と顧客を幸せにすることの間にあります。

1. 顧客がソリューションを使用したあと、すぐに実感できる機能上の利点やアウトカムを考えます。
2. このアウトカムがソリューションの領域内にあるか、望ましいアウトカムではない場合は、次を探してレベルアップします。
3. 答えが許容範囲の外側に出たら停止します。

　このステップを1/4インチ径のドリルビットに適用してみましょう（**図8-2**）。

1. なぜDIYユーザーは1/4インチ径のドリルビットを購入するのか？
   1/4インチの穴を開けるため（機能的なステップ、望ましくない）。
2. なぜ1/4インチの穴が必要なのか？
   フックを固定するため（機能的なステップ、望ましくない）。
3. なぜ固定するのか？
   絵を掛けるため（ジョブ、望ましい）。

4. なぜ絵を掛けたいのか？

   家を飾るため（ジョブ、望ましい）。

5. なぜ家を飾るのか？

   自己表現するため（ジョブ、望ましい）。

6. なぜ自己表現するのか？

   そろそろ抽象的になってきた。

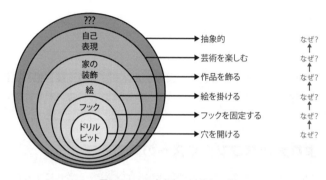

図8-2　より大きなコンテキスト

— NOTE ———————————————————————————————

より大きなコンテキストは、イノベーションの領域が見つかる場所です。

8.2.4　大きくて具体的なコンテキストを掘り下げる

　より大きなコンテキストを特定できたら、そのうちのひとつを探索していきます。理想的には、選択したものに事業性と実現性で制約をかけましょう。

　ビジネスモデルを機能させるために、課題の規模から事業性の制約を定義します。トラクションロードマップから算出することを忘れないでください。たとえば、「絵を壁に掛ける」の場合、10〜20ドルの課題になるでしょう。これを芸術や家の装飾のコンテキストで考えてみると、数百ドルから数千ドルの課題が見つかる可能性があります。

　自社の強みから実現性の制約を定義しましょう。競争したくない領域はありますか？　ドリルビットの業者であれば、粘着剤のビジネスに参入したいですか？

　自分に適したより大きなコンテキストを定義できたら、ジョブを深く掘り下げ、関

連する苦労（解決に値する課題）を探しましょう。

8.3　課題発見スプリントの実施

　課題発見スプリントは2週間のタイムボックスです。1対1のインタビューで、顧客がジョブを片付けるために製品（既存の代替品）を選択した理由と状況を理解します。

　インタビューでは、ジャーナリストや探偵になりきって好奇心を持ちましょう。既存の代替品を探し始めるきっかけとなったスイッチングトリガーから、最近それを使った時点まで、インタビュー相手の一連のイベントを明らかにします。

　インタビューが終わるたびに、顧客フォースキャンバスにインサイトを記録します。詳しくは本章の後半で説明します。

　意外かもしれませんが、何らかのパターンが現れるまでにそれほど多くのインタビューは必要ありません。わずか10〜15回のインタビューだけで、80%のインサイトを明らかにできます。前の章でメアリーがスティーブに説明したように、新しいことを学べなくなったときにインタビューは終了します。つまり、インタビューでいくつかの質問をして、その答えを正確に予測できるようになったときにインタビューは終わりです。

8.3.1　広域課題発見スプリントと狭域課題発見スプリント

　すぐにアーリーアダプターにインタビューしたくなりますが、早い段階から対象を狭めすぎると、局所最大化の罠に陥る危険性があります（**1章**参照）。それよりもインタビューを2つのバッチ（2回のスプリント）に分けて実施しましょう。広域課題発見スプリントと狭域課題発見スプリントです。

　広域課題発見スプリントでは、既存の代替品を購入または使用した人を対象にします。住宅建築業者の事例では、アーリーアダプターではなく、最近家を購入した人を対象にしていました。

　広域課題発見スプリントの結果を分析すると、理想とするアーリーアダプターに的を絞ることができます。そこから狭域課題発見スプリントでインサイトを検証します。

　基本的には4週間で2つの課題発見スプリント（広域と狭域）を実施します。インタビューの人数は20〜30人です。1週間あたり5〜8人と話をすることになります。学習したことを分析する時間も含めます。

　課題発見スプリントが終わるまでに、顧客/課題フィット（CPF: Customer/Problem Fit）を達成できるはずです。解決に値する**十分に大きな**顧客課題を発見できれば、CPFの達成です。CPFの詳細な基準については、本章の終わりで説明します。

　課題発見スプリント（広域と狭域の両方）の実施には、3つのステップが含まれます。

- 見込み客の発見
- インタビューの実施
- インサイトの記録

それぞれを詳しく見ていきましょう。

8.3.2　見込み客の発見

　課題発見の目的は、人々が既存の代替品でジョブを片付けている様子を理解することです。したがって、リーンキャンバスに挙げた既存の代替品を最近使用した人をターゲットにします。顧客が使用している既存の代替品がわからなければ、トリガーイベントにフォーカスします。

- 顧客が［トリガーイベント］に遭遇したら、［既存の代替品］を使用します。
- 例：起業家がアイデアをひらめいたら、スタートアップのミートアップに参加します。

　間接的なソリューションや補完的なソリューションでも問題ありません。そこから潜在的なインタビュー相手を探し、あなたの製品の直接的な競合となる既存の代替品を発見しましょう。

　インタビューの候補者を探すときのガイドラインを紹介します。

既存の代替品にスイッチした（あるいは使用した）時期でターゲットを絞る

　人間はすぐに忘れてしまうので、過去90日間以内に既存の代替品を購入または使用した人をターゲットにしましょう。90日間は重要な詳細を思い出せるほど短く、既存の代替品を使用してジョブを片付けたかどうかを評価できるほ

ど長い期間です。

ピッチではなく学習を中心に構成する

ピッチはあなたがメインで話すことになりますが、相手は同意するふりをしたり、ウソをついたりする可能性があります。ピッチから始めることの問題点は、あなたが顧客にとって「適切な」製品を提案していると思い込んでいることです。「適切な」ソリューションをピッチする前に、「適切な」顧客の課題を理解する必要があります。

学習を中心にした場合、役割が逆転します。あなたはコンテキストを設定しますが、話をするのは相手です。あなたはすべての答えを知っている必要はありません。すべての会話が学習の機会になります。売り込みをするのではなく、アドバイスを求めるようにすれば、相手は警戒心を解き、自由に話してもらうことができます。

知人から始める

インタビュー相手を見つけるのは、最初は難しいかもしれません。ターゲットのプロフィールに適合するのであれば、あなたが知っている人から始めましょう。知人からのフィードバックにはバイアスがかかると警戒する人もいますが、誰とも話さないよりは誰かと話すほうがよいです。そこから知人の知人などにインタビューする相手を広げていきましょう。知人にインタビューすることで、インタビューの台本の練習にもなりますし、見込み客を紹介してもらうこともできます。

紹介をお願いする

ターゲットのプロフィールに適合する人を紹介してもらいましょう。相手がそのまま転送できるようなメッセージを用意するといいでしょう。私が過去に使っていたメッセージを紹介します。

> 【友達の名前】さん
> こんにちは。早速ですが、お願いしたいことがあります。
> ある製品のアイデアがありまして、それを結婚式で写真を撮っていらっしゃる方に検証していただきたいと思っています。地元のカメラマンにお話をお聞きして、実際の仕事の様子を教えていただきたいの

です。そして、この製品を進めてもいいかを評価したいと考えています。

つきましては、上記に該当する方をご存じであれば、以下のメッセージをそのまま転送していただけないでしょうか。

（必要であれば修正を加えても構いません）

—

こんにちは。

私たちはオースティンを拠点にしたソフトウェア企業です。現在、カメラマンが簡単にオンラインで写真を展示・販売できる新しいサービスを開発中です。具体的には、オンラインの確認・保存・販売を目的とした高速で優れたツールです。

つきましては、30分ほどお時間をいただけないでしょうか。参考までにあなたの仕事の流れを教えていただきたいと考えています。こちらから何かを売り込むことはありません。貴重なアドバイスをいただければ幸いです。

アッシュ

地元感を出す

何らかの共通点がある人には喜んで会ってくれます。上記のメールでは「オースティンを拠点」を強調していました。地元のカメラマンと会うのに非常に効果的でした。

お返しをする

インタビューを「本物のインタビュー」に変えて、記事、ポッドキャスト、ブログ記事、動画にすることもできます。知名度やあなたのインサイトが手に入るので、相手もインタビューを引き受けやすくなるでしょう。

謝礼を支払うことは問題ない

課題発見インタビューは、事実に基づく情報を収集するものです。ソリューションを売り込むものではありません。したがって、インタビュー相手を募集するために、謝礼を支払っても構いません。ターゲットとする顧客セグメントによりますが、30〜45分間のインタビューで25〜75ドルのギフトカードが妥当な謝礼になるでしょう。

8.3.3 スティーブが最初の課題発見スプリントを開始する

スティーブは、メアリー、リサ、ジョシュにスプリントの開始を呼びかけました。マフィアオファーキャンペーンから始めることに全員が同意しています。今回のスプリントでは、2種類のビジネスモデル（ソフトウェア開発者向けと住宅建築業者向け）について、10回の課題発見インタビューを計画しています。

ジョシュ「さて、誰をターゲットにしますか？」

スティーブ「ソフトウェア開発者のほうが簡単そうですね。AR/VRの仕事をしている開発者や企業をいくつか知っているので、インタビューも始めやすいと思います。建築家のほうはよくわからないです。誰か知り合いがいますか？」

リサ「直接の知り合いはいませんが、知人に聞いてみますよ。あとは、以前に何度か飛び込み営業したことがあります」

メアリー「住宅建築業界では、2つのアプローチが役に立つと思います。可能であれば、飛び込みよりも紹介してもらったほうがよいと思います。理由については、前回のミーティングで説明しました。それから、建築家よりもクライアント（家を建てたばかりの人）のほうがインタビューが簡単ですし、話を聞くべきだと思います」

ジョシュ「なるほど。それはクライアントの視点を獲得するためですか？」

メアリー「そうです。アイデアは複数の視点から見る必要があります。私はいつもエンドユーザーに近づいてから、逆算するようにしています。注文住宅を建てるときの課題は、建築家からの視点と家主からの視点では大きく違うはずです」

ジョシュ「わかります。建築家は効率やプロセスを問題視するでしょうが、家主はもっと感情的だと思います。つまり、より大きなコンテキストです」

スティーブ「私もそのアプローチのほうがいいと思います。ただ、クライアントのほうがインタビューが簡単だと言ったのはなぜですか？」

メアリー「家を建てたばかりの人は、そのことを誰かに話したいからです。みなさんの友人や知人に家を建てた人がいれば、まずはその人たちに話を聞きに行きましょう。建築家のウェブサイトから新築の家を探し、家主に直接アプローチすることもできます。新築の家に関するマーケティングリサーチをしていると伝え、30〜45分間のインタビューに協力してもらいましょう。謝礼として50〜75ドルのギフトカードを渡すとよいです。こういう感じで進めるのはどうでしょうか」

スティーブ「とても簡単そうに聞こえますね」

メアリー「何を話そうかと悩むかもしれませんが、これは売り込みではないことを

忘れないでください。純粋に好奇心を持ち、相手に話してもらいましょう。話が始まったら、きっと驚くと思います。話を止められなくなりますからね」

スティーブは懐疑的な笑顔になりました。

スティーブ「わかりました。あなたの言葉を信じます。それでは、ソフトウェア開発者、建築家、家主の3つのグループにインタビューします。ペアで5人ずつインタビューする予定ですが、それでいいですか？」

ジョシュとリサはうなずきました。

8.3.4　インタビューの実施

インタビューは、最初は気まずいかもしれませんが、練習すれば（それとガイドラインがあれば）、製品ライフサイクル全体で役立つ重要なスキルになります。継続的なイノベーションには、継続的な学習ループの構築が必要です。顧客との会話が最も効果的な学習方法であることを忘れないでください。

インタビューを開始するためのガイドラインを紹介します。

対面でインタビューする

対面であれば、相手のボディーランゲージから手がかりをつかむことができます。また、電話にはない親近感も得られます。顧客と関係を構築するには重要です。対面のインタビューが不可能な場合は、ビデオ通話を使用することをお勧めします。

中立的な場所を選ぶ

私は最初のインタビューはカフェでやっています。カジュアルな雰囲気になるからです。相手のオフィスだと「ビジネスライク」になり、売り込みのように感じられるので避けるべきです。とはいえ、相手が指定した場所であれば、どこでも構いません。

十分な時間を求める

通常、課題発見インタビューには45分間かかります。1時間の約束をしておいて、早く終わったら早めに終了しましょう。

日程調整はアウトソースする

この時期の最大のムダは待機時間です。相手からの返信待ちや日程の調整など

の時間です。事前に設定が必要になりますが、これらはバーチャルアシスタントやスケジューリングツールにアウトソースしましょう。

以下は私のやり方です。

- インタビューを依頼するメール文を書く。
- インタビューのために午後のスケジュールを空けておく。
- 必要なときに介入できるようにメールのCCに入れておいてもらう。

ペアでインタビューする

インタビューはできるだけペアでやりましょう。ひとりが質問しているときに、もうひとりがメモを取ったり、追加の質問を考えたりすることができます。また、あとでメモを比較することもできますし、確証バイアスを認識するのにも役立ちます。

話すよりも聞く

インタビューの目的は売り込みではなく学習です。起業家はいつ売り込みをしていると思いますか？　唇を動かしているときです。売り込みを避けるには、インタビューでは自分から話すのではなく、相手の話を聞くようにしましょう。（インタビューが始まったら）発言をすべて疑問形で終わらせるというテクニックもあります。

- もう少し詳しく教えていただけますか？
- そのとき何が起きると思っていましたか？
- それはいつのことですか？

仮説ではなく事実にフォーカスする

課題発見インタビューの黄金率は、これから何が起こる（起こらない）と思うかを質問するのではなく、過去に何をしたかにフォーカスすることです。

以下のような質問は避けましょう。

- もしXならば、Yをしますか？
- 将来的にXを購入しますか？
- これからYをしたいと思いますか？

ジャーナリストになりきりましょう。作り話ではなく生の物語を明らかにして、事実を記録していきましょう。

顧客に課題を聞かない

すでに理由を説明しましたが、顧客に課題を聞かないようにしましょう。表面的な課題や間違った課題が手に入って終わるだけです。既存の代替品をどのように使用しているのか、摩擦点は何かにフォーカスしてもらいましょう。たとえば、15年前にタクシーの課題について質問していたら、「運転が荒い」「車内が汚い」などの答えが返ってきたはずです。しかし、そこからライドシェアリングサービスは生まれていません。

そのときにタクシーの「使用方法」を学習していたら、乗るべきフライトがあったときの出来事を把握できていたでしょう。

- フライトの前夜にタクシーを予約した。
- タクシーが遅れることを想定して、2時間早く予約した（早起きもした）。
- 予約確認のためにタクシー会社に何度も連絡した。

こうした顧客のイライラや対応策から、解決すべき課題が明らかになります。

興味を持って深堀りする

相手と打ち解けていないときは、表面的な課題の短い答えしか返ってきません。深く掘り下げるには、相手に興味を持つ必要があります。思い込みはやめましょう。以下のようなオープンエンドの質問をしましょう。

- どのようにやったんですか？
- Xはどういう意味ですか？
- ちょっとわからなくなりました。時系列とYについて教えてもらえますか？

より大きなコンテキストを追いかける

本章で説明しましたが、製品のコンテキストの外側に出て、ジョブが存在するより大きなコンテキストの中で、望ましいアウトカムを探す必要があります。

インタビューを録音する（可能であれば）

相手の許可が得られれば、インタビューを録音しておきましょう。あとで内容を聞き返したり、チームメンバーと共有したりできます。また、録音したものを文字起こしサービスなどでテキスト化すれば、事後処理が簡単になります。

イベントのタイムラインを再構築する

インタビューは、既存の代替品を選択または購入したイベントを起点に構成し

ましょう。そこから時系列をさかのぼり、トリガーイベントを明らかにします。最後に、時系列を現在まで順番にたどり、既存の代替品の使い方を探索します。

図8-3は、最近スポーツジムに加入した人のタイムラインの例です。

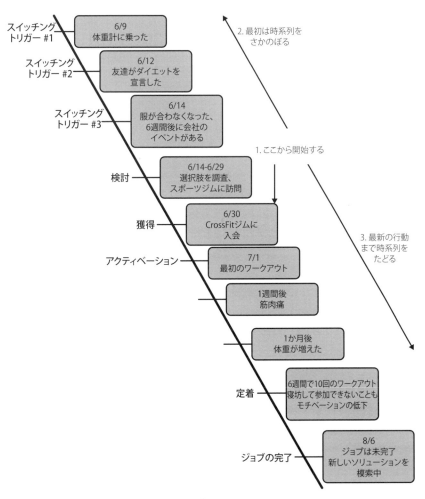

図8-3　顧客のタイムライン

台本を使う

インタビューでは学習を最大化できるように、目的にフォーカスする必要があります。時間が限られているので、台本を使いましょう。

課題発見インタビューの台本（30〜45分）

歓迎（場の設定）

（2分間）

インタビューの流れを簡単に説明します。

> 本日は貴重なお時間をいただきまして、ありがとうございます。
> 私たちはみなさんが［ジョブ］をいつ・どのように行われているかについてリサーチしています。決して売り込みをするつもりはありません。
> 私たちの目的は、あなたから学習させていただくことです。
> このインタビューに正しい答えはありませんので、何をお答えいただいても構いません。あなたの生の物語を教えてください。ドキュメンタリー映画のようなものだと考えてください。私たちは監督やプロデューサーであり、物語の詳細を知りたいと考えています。
> ここまではよろしいでしょうか？

残りの部分は改変しながら使用してください。本来ならば台本は不要ですが、いくつか質問を用意しておくと便利です。短くてオープンエンドの質問をしながら、興味を持って顧客の物語を把握するようにしましょう。

既存の代替品やジョブを話題にする（アンカーの設定）

（5分間）

購入（または雇用）のイベントを思い出してもらう質問をします。

　　［既存の代替品］に登録したのはいつですか？
　　最後に［既存の代替品］を使ったのはいつですか？

　記憶はすぐに薄れてしまうので、相手の記憶を想起させるような具体的な質問をしましょう。具体的に質問すれば、相手の警戒心を取り除き、こちらからの質問に答えてもらいやすくなります。

　　何曜日だったか覚えていますか？
　　あなたは一人でしたか？ それとも誰かを連れて行きましたか？
　　オンラインで検索したとおっしゃっていましたが、使用した検索キー
　　ワードを覚えていますか？

トリガーイベント（スイッチングトリガーになるもの）を探す

（5分間）
　タイムラインの前半に戻り、既存の代替品を雇用するきっかけとなったトリガーイベントを特定しましょう。

　　［ある日］に購入されたわけですね。購入のきっかけを覚えていますか？
　　次に何をしましたか？
　　新しい［製品］が必要だと最初に気づいたのはいつですか？
　　何もしなかったらどうなっていたでしょうか？
　　より良いものが欲しかったとおっしゃいましたが、当時考えていた「よ
　　り良いもの」を定義できますか？

選択プロセスを調べる（獲得）

（5分間）
　さらに深く掘り下げて、既存の選択肢をどのように選択したかを理解しましょう。

　　次に何をしましたか？ 選択プロセスについて説明していただけますか？
　　他に検討したものはありますか？

　　　［既存の代替品］をどこで知りましたか？
　　　［既存の代替品］を選択した理由は何ですか？
　　　［既存の代替品］に支払った金額を教えていただけますか？

　あいまいな用語は明確にしてもらいましょう。

　　　「シンプル」をどのように定義しますか？
　　　「健全」とおっしゃいましたが、健全かどうかをどのように判断されて
　　　いますか？

初期の使用を調べる（アクティベーション）

　（5分間）
　製品を雇用した直後に注目して、最初に使用した印象を共有してもらいましょ
う。苦労や摩擦があるようなら、深く掘り下げてください。

　　　［既存の代替品］にサインアップした／［既存の代替品］を受け取った
　　　直後の話を聞かせてください。
　　　セットアップにどのくらい時間がかかりましたか？
　　　それから何をしましたか？
　　　その製品が機能することは、どのように判断しましたか？

繰り返しの使用を調べる（定着）

　（5分間）
　現在の使用状況を調べ、苦労や摩擦を探しましょう。

　　　［既存の代替品］をどのくらいの頻度で使用していますか？
　　　最後に［既存の代替品］を使用したのはいつですか？

次は？（次の頂上）

　（5分間）

ジョブを片付けることができたかどうか、今後は何をするのかを理解します。

　最初に［望ましいアウトカム］を実現する製品が必要だとおっしゃいましたが、［既存の代替品］はいかがでしたか？
今後はどうされますか？

まとめ（次のステップ）

（3分間）

　インタビューの時間を作っていただいたことに感謝しましょう。インタビューを終了する前に、やり残したことが1つ、聞き残した質問が2つあります。

　インタビュー相手がアーリーアダプターの基準に合致していたら、あなたのソリューションに興味を持ってもらえそうなフックを提供しておきましょう。ハイレベルコンセプトやUVPがフックとしては最適です。

　興味を持ってもらえたら、今後のフォローアップの許可をもらいましょう[†1]。最後に、他にインタビューできそうな人を紹介してもらいましょう。

　最初に述べたように、私たちはリサーチをしている段階なのですが、お話を聞いた限り、私たちの構築している製品があなたに最適なのではないかと思いました。私たちの製品は［UVP］を目指すものです。
ご興味があれば、数週間後にデモをお見せしてもよろしいでしょうか？
私たちはできるだけ多くの人のお話を聞かせていただきたいと考えています。［あなたのような人］をご紹介いただけないでしょうか？

8.3.5　スティーブがインタビューの台本を作成する

　スティーブはインタビューの経験がなかったので、住宅建築業者のインタビューの台本を書くことにしました。彼の目的は、完璧な質問リストを作成することではなく、インタビューの流れをまとめ、インタビューで聞くべき質問を書き出すことです。

---

†1　訳注：冒頭で売り込みをしないと言ったので、この話の展開には問題がありそうです。とはいえ、せっかく見つかったアーリーアダプターの候補を見逃したくないという気持ちもわかります。相手からアプローチしてもらえるように、「ご興味があれば、こちらまでご連絡ください」とするのがよいかと思います。

歓迎（場の設定）

（2分間）

本日は貴重なお時間をいただきまして、ありがとうございます。

私たちはこの地域のマーケティングリサーチをしておりまして、注文住宅の設計プロセスについて調査しています。［建築家のウェブサイト］であなたのお宅が紹介されているのを拝見しました。本当に素晴らしいお宅ですね。住宅の設計を経験されたかと思いますが、お話を聞かせていただけないでしょうか？

インタビューの時間は約45分を予定しております。貴重なお時間を頂戴するため、謝礼として75ドルのギフトカードを差し上げます。

承諾してもらった場合：

決して売り込みをするつもりはありません。私たちの目的は、あなたから学習させていただくことです。

このインタビューに正しい答えはありませんので、何をお答えいただいても構いません。あなたの生の物語を教えてください。ドキュメンタリー映画のようなものだと考えてください。私たちは監督やプロデューサーであり、物語の詳細を知りたいと考えています。

ここまではよろしいでしょうか？

既存の代替品を選択する（アンカーの設定）

（5分間）

ご自宅はいつ完成されたのですか？

ご入居されたのはいつですか？

はじめての注文住宅ですか？

建築にかかった期間はどのくらいですか？

トリガーイベント（スイッチングトリガーになるもの）を探す

（5分間）

建築には［期間］かかったんですね。注文住宅を最初に建てようと思ったときの話を聞かせてください。何かきっかけがあったのでしょうか？

どうして注文住宅にしようと思ったのですか？

何を期待されていましたか?

選択プロセスを調べる（獲得）

（5分間）

次に何が起こりましたか? 検討プロセスについて教えていただけますか?

どのように建築家を選んだのですか?

他に何を考慮しましたか?

初期の使用を調べる（アクティベーション）

（5分間）

建築家を選んだあと、次は何をしましたか?

設計にどのくらいの時間がかかりましたか?

設計を選択するためにどのようなものを使いましたか?

繰り返しの使用を調べる（定着）

（5分間）

素材選びはどのようにされましたか?

どのくらいかかりましたか?

建築費用についてはいかがですか? いつ発生しましたか?

設計と予算の間で行ったり来たりしたことはありましたか?

次は？（次の頂上）

（5分間）

夢の自宅の建築をどのように実現されたと思いますか?

さらに変更や修正を加える予定はありますか?

まとめ（次のステップ）

（3分間）

　貴重な時間をありがとうございました。ささやかではありますが、こちらが謝礼のギフトカードになります。素晴らしいお宅にご招待いただき、本当に感謝しています。

　（最後の質問）お知り合いのなかで、注文住宅を建てられた方はいらっしゃいます

か？ 私たちはできるだけ多くの方にお話を聞かせていただきたいと考えています。もしお心当たりがあるようでしたら、ご紹介いただけますと幸いです。

8.3.6　インサイトの記録

　インタビューするたびに大量情報が手に入ります。これらを追跡するのは大変です。インタビューをすればするほど、この問題は悪化します。

　インタビューの目的は、20ページのレポートを書くことではなく、学習したことをインサイトにまとめることです。これは顧客に共通する物語を記述したものになります。どのような市場であっても、物語が無限に存在することはありません。インタビューをしているとパターンが見つかります。基本的には、3〜5種類の物語が繰り返されます。

　このようなパターンをどのように見つけるのでしょうか？ あなたの脳は自然にパターンを探しているので、インタビューの類似点は自動的に見つかります。ただし、問題があります。それは、あなたの脳が簡単にだまされてしまうことです。

> 第一の原則として、自分をだましてはならない。最もだましやすいのは自分である。
>
> —リチャード・P・ファインマン（理論物理学者）

　これは認知バイアスによるものです。特に注意すべきバイアスが2つあります。**確証バイアス**と**直近バイアス**です。

　確証バイアスとは、自分の世界観に一致するもの（自分のソリューションを正当化する課題など）に耳を傾け、そうではないものに注意を払わない傾向を指します。

　直近バイアスとは、全体として見ると共通パターンではなかったとしても、最近起きたこと（ある課題を3回連続で聞いたなど）を重視する傾向を指します。

　これらのバイアスを回避する方法は、顧客フォースキャンバス（**図8-4**）にインサイトを記録して優先順位を付けるという、経験主義のアプローチです。

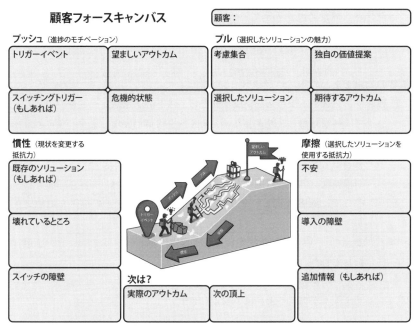

顧客フォースキャンバス

顧客：

プッシュ（進捗のモチベーション）

トリガーイベント	望ましいアウトカム
スイッチングトリガー（もしあれば）	危機的状態

プル（選択したソリューションの魅力）

考慮集合	独自の価値提案
選択したソリューション	期待するアウトカム

慣性（現状を変更する抵抗力）

- 既存のソリューション（もしあれば）
- 壊れているところ
- スイッチの障壁

摩擦（選択したソリューションを使用する抵抗力）

- 不安
- 導入の障壁
- 追加情報（もしあれば）

次は？

実際のアウトカム	次の頂上

図8-4　顧客フォースキャンバス

インタビューからインサイトを獲得するためのガイドラインを紹介します。

インタビューの直後にインサイトをまとめる

インタビューのメモを5〜10分間かけて顧客フォースキャンバスにまとめましょう。私はインタビューの時間を1時間確保していますが、インタビューは45分で終了させ、残りの15分でインサイトをまとめています。

集団思考を避ける

ペアでインタビューする場合は、集団思考を避けるために、各自でメモを作成してから比較するようにしましょう。

顧客フォースキャンバスに時系列で記入する

課題発見インタビューの結果は時系列にはならないかもしれませんが、顧客の物語になるように、因果関係のイベントとして時系列に並べ替えましょう。

コラム「顧客フォースキャンバスの記入」の順番でインサイトをまとめると
いいでしょう。これは、**10章**で説明する顧客の物語のピッチを作成する方法
です。

顧客の物語をまとめる

顧客フォースキャンバスを完成させたら、以下のテンプレートを使用して、イ
ンタビューから得られた重要なインサイトを言葉で表現します。

　　　顧客がスイッチングトリガーに遭遇したとき、
　　　期待違反（危機的状態）がありました。
　　　そこで、顧客は新しいソリューション（考慮集合）の検討を始めま
　　　した。
　　　そして、（独自の価値提案）という理由で新しいソリューションを選
　　　択しました。
　　　スイッチを妨げていたものは（慣性）です。
　　　スイッチを促したものは（プル）です。
　　　顧客の不安は（摩擦）です。
　　　現在の顧客は（次の頂上）にいます。

顧客フォースキャンバスをジョブベースの顧客セグメントに分類する

顧客フォースキャンバスが完成したら、トリガーイベント、既存の代替品、望
ましいアウトカムの共通パターンを探しましょう。そして、ジョブベースの顧
客セグメントを作ります（**図8-5**）。

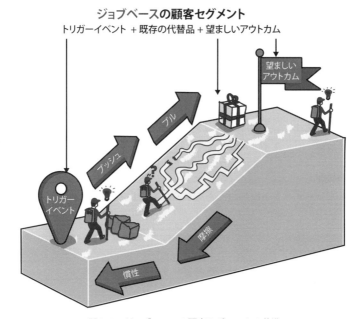

図8-5 ジョブベースの顧客セグメントの基準

顧客フォースキャンバスの記入

プッシュ（前進のモチベーション）

ジョブを片付けるためにインタビュー相手に起きた変化を特定します。

トリガーイベント

受動的な態度から積極的にソリューションを探すようになったきっかけ
と、それ以降のイベントを特定しましょう。

スイッチングトリガー（もしあれば）

ジョブを片付けるために、古いやり方から新しいやり方にスイッチしてい
たら、その要因となったイベントを取り上げましょう。たとえば、以下の

ようなものが考えられます。

- ソリューションでひどい体験をした
- 環境が変化した
- 新たに認識したことがある（健康診断で高血圧と診断されたなど）

望ましいアウトカム

最初の望ましいアウトカムは何でしょうか？ 成功を測定する具体的な指標は何でしょうか？

危機的状態

トリガーイベントを無視したらどうなるでしょうか？

プル（選択したソリューションの魅力）

選択したソリューションの魅力を特定します。

考慮集合

ジョブを片付けるために検討した既存の代替品はあるでしょうか？

選択したソリューション

ジョブを片付けるために雇用されたソリューションを一覧にします。どこで見つけたのか（チャネル）、いくら支払ったのかを記録しておきましょう。

独自の価値提案（約束したアウトカム）

選択したソリューションの魅力は何でしょうか？ 言い換えれば、なぜ他の選択肢ではなく、そのソリューションを選んだのでしょうか？

期待するアウトカム

選択したソリューションで達成したいと思っていることは何でしょうか？ 成功を判断するために使用する指標は何でしょうか？

慣性（現状の変更に対する抵抗力）

古いやり方から生じる抵抗力を一覧にします。既存のソリューションから生じ

ることもあれば、これまでの習慣から生じることもあります。

既存のソリューション（もしあれば）

ジョブを片付けるために使用しているソリューション（古いやり方）があれば、一覧にしましょう。なければ、空欄のままで構いません。

壊れているところ

スイッチングトリガーの結果、明らかになった既存のソリューションの問題点はありますか？

スイッチの障壁

ソリューションのスイッチを妨げるこれまでの習慣やスイッチングコストを特定しましょう。

摩擦（選択したソリューションを使用する抵抗力）

選択したソリューションを使用するときの抵抗力を一覧にします。多くの場合、変化に対する不安や、導入の障壁（ユーザービリティの問題など）で引き起こされます。

不安

選択したソリューションを使い始めたときに感じた恐怖や心配をすべて挙げてください。

導入の障壁

選択したソリューションを使用しているときに直面した問題を挙げてください。

追加情報（もしあれば）

選択したソリューションに関するインサイトを記録します。

次は？

現在の状態をまとめます。

実際のアウトカム

　選択したソリューションを使用したあとに経験した実際のアウトカムは何でしょうか？

次の頂上

　次の行動は何ですか？ ジョブは十分に片付けられましたか？ 選択したソリューションを引き続き使用しますか？ それとも新しいソリューションを検討しますか？

　類似したトリガーイベント、望ましいアウトカム、既存の代替品を持つ人たちは、似たような行動を取る傾向があるため、同一のセグメントにグループ化できます（**図8-6**）。

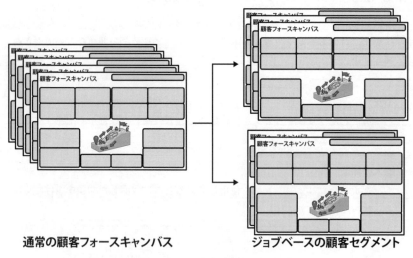

通常の顧客フォースキャンバス　　　　　**ジョブベースの顧客セグメント**

図8-6　ジョブベースの顧客セグメントの作成

　たとえば、住宅建築業者の事例では、**表8-1**に示した顧客の物語が明らかになりました。

表8-1　住宅建築業者の上位の顧客の物語

スイッチングトリガー	望ましいアウトカム	選択したソリューション
休日のパーティー	楽しめる空間のある大きな家が欲しい（家族の増加）	3,000平方フィートの戸建てを選択した
休日のパーティー	これ以上楽しむ必要はないので家をダウンサイズしたい（子どもの自立）	1,200平方フィートのマンションを選択した
妊娠	追加で部屋が2つと裏庭が欲しい	郊外に引っ越した
職場が遠い	職場の近くに住みたい	職場から10キロ圏内の家を選択した

次はあなたの番です

　LEANSTACKのウェブサイト（https://runlean.ly/resources）では、以下のことが可能です。

- 顧客フォースキャンバスのテンプレートをダウンロードする
- インタビューの文字起こしをアップロードして、顧客フォースキャンバスをオンラインで完成させる

8.4　スティーブが広域課題発見スプリントの結果をレビューする

　スティーブがミーティングを開始しました。

　スティーブ「インタビューは思っていた以上に楽しかったですね。顧客の視点から製品について考えるというのは、非常に大きな変化でした。自分がどのように製品を購入しているのかについても考えさせられました」

　メアリー「もうインタビューは怖くないですね」

　スティーブ「はい、台本があるので安心でしたが、会話が始まると相手が勝手に話してくれたので簡単でした。私が言葉に詰まってしまったときも、相手がそのことを

察してくれて、話を続けてくれたので助かりました」

　メアリー「偶然にも高度なインタビュー技術を使ったわけですね。インタビューについては交渉術から多くのことを学べます。クリス・ヴォスの『逆転交渉術』（早川書房）という素晴らしい本があります。ぜひ読んでみてください」

　ジョシュがスティーブに状況を報告するように促しました。

　スティーブ「ええと、ソフトウェア開発者のモデルは行き詰まりだと思います。AR/VRアプリの需要はかなり少ないです。5社と話をしましたが、メディア企業向けのVRプロジェクトを完了させていたのは1社だけでした。どの企業もこの分野には可能性があると言っていましたが、クライアントの多くは技術を試しているだけで、アプリ開発をする勇気はないそうです。ブランドをリスクにさらしたくないのでしょう。他社が追従する道を切り開くには、業界として画期的なアプリが必要なのだと思います」

　メアリー「革新的な新技術ではよく見られる光景ですね。住宅建築業者はどうでしたか？　どのような会話になりましたか？」

　スティーブ「こちらは興味深いものでした。まだすべての物語を把握していませんが、あなたの言うとおり、そこには2つの視点がありました。私たちが話をした建築事務所は3社だけですが、いずれも高級住宅向けの設計において3Dレンダリングを提供していました。空間を視覚化してクライアントに見せるためです。有料でレンダリングすることもできるようでした。価格は3,000〜5,000ドルで、私たちの見積りは非常に近かったです。ここからがおもしろいところです。オフィスではコンピューターを使ってクライアントに案内するのですが、クライアントには印刷したものを渡しているそうです。つまり、モデルを渡していないのです」

　メアリー「AR/VRは使ってないんですか？」

　スティーブ「使ってないようです。1社は展示会でデモを見たことがあり、大きな可能性があると考えていたそうですが、費用が高くて複雑すぎると言っていました。私たちのデモを見せたくなりましたが、ジョシュに机の下で蹴られました」

　ジョシュは笑って、スティーブの背中をたたきました。

　ジョシュ「私たちのソリューションについて話す場ではありませんからね。プロセスが簡単になれば、もっとレンダリングを使うかという質問もしたかったのですが、そちらもやめておきました」

　メアリー「どちらも正しい判断です。では、住宅所有者はどうでしたか？」

　スティーブ「5人と話をしました。3人が設計の一部としてレンダリングを受け取

り、1人は有料で受け取っていました。レンダリングをはじめて見た人は、全員が『平面図に命が宿った』と思ったそうです。これはインタビューからの抜粋です」

ジョシュ「かなり興奮していました。印刷されたものをまだ持っている人もいました。興味深かったのは、空間が視覚化されてから、変更要求が増えたということです。その結果、設計のスケジュールが少なくとも2週間延長されたようです。設計が完成するまでに3か月かかったところもありました」

メアリー「修正するたびにレンダリングを更新するのですか？」

ジョシュ「毎回ではありませんが、何度か発生したようです。モデルのファイルをもらって、自分でレンダリングを作っていた人もいました」

メアリー「それは興味深いですね。その人は建築家ですか？ それともデザイナーですか？」

ジョシュ「どちらでもありません。彼は技術に詳しくて、モデリングソフトウェアの使い方をひとりで学んだそうです。おそらく自分で変更できるように、ソフトウェアを購入したのだと思います」

メアリー「素晴らしい兆候ですね。それからどうなったのですか？」

ジョシュとスティーブは顔を見合わせました。

スティーブ「会話はそこで終わりました。クライアントが自分の携帯電話で家のモデルを表示できれば、設計プロセスは大幅にスピードアップされると思います」

メアリー「確かにそうかもしれません。ただ、家主が自分の家のモデルにアクセスできるとして、そのインパクトはどのようなものでしょうか？ そのモデルは、コストの削減、素材の選択、家具の選択の役には立つのでしょうか？ すでに役に立っているのだとしたら、どのような役に立ちましたか？」

リサ「家主のひとりが、平面図を使ってIKEAの家具を購入すると言っていました。IKEAでは、平面図を使用して家具を提案するサービスを提供しているそうです」

メアリー「次の狭域インタビューで聞くとよさそうですね。より大きなコンテキストを明らかにしてください。建築モデルは複数のジョブに雇用されている気がします」

8.5　課題発見はいつ終わるのか？

課題発見スプリントの終了時には、ジョブベースの顧客セグメントをレビューして、上位の顧客の物語を明らかにできたかどうかを確認します。

　これまで説明したように、どの顧客セグメントにも3〜5種類の物語があります。いつまでも新しい情報が出てくるようであれば、インタビューの計画を見直してから、改めて課題発見スプリントを実施しましょう。

　新しい情報が少なくなり、共通のパターンが見えてきた場合は、おそらく上位の物語が明らかになっているはずです。上位の物語のCPFをテストしましょう。つまり、解決に値する大きな課題かどうかをテストします。

　CPFをテストするには、以下の2つの質問をします。

スイッチを引き起こすほど大きな課題が既存の代替品にあったか？
　　既存の代替品に対する摩擦や不満の証拠を探しましょう。これらは、不満、回避策、ユーザビリティの問題、満たされていないニーズやウォンツになります。あるいは、望ましいアウトカム、約束されたアウトカム、実際のアウトカムの間のギャップになる可能性もあります。

既存の代替品に十分な時間、お金、労力が費やされているか？
　　解決に値する課題かどうかをテストします。トラクションロードマップのフェルミ推定（価格設定や顧客ライフタイム）と照合しましょう。

　両方の答えが「はい」であれば、スイッチを引き起こすソリューションを設計する「ソリューション設計スプリント」に進むことができます。

8.6　Altverseチームが追加のジョブを明らかにする

　狭域課題発見スプリントの終了後に集まり、学習したことをレビューしています。

　スティーブ「技術に詳しい家主に改めて話を聞いたところ、先週もモデルを使って仕事部屋の家具の配置を決めたそうです。実際にモデルを見せてもらいました。モデルを使って業者と一緒に設計したとも言っていました。あくまでも素人のモデルだと言っていましたが、それを使って家族で多くの決定をしたそうです」

　リサ「追加で10人の家主に話を聞いたところ、パターンが見えてきました。設計のサイクルタイムには大きな問題点がありそうです。3か月で完成させたいという話を何度も聞きました。最初のコンセプトまでは早いのですが、予算に収まる最終的な設計になるまでに2倍の時間がかかっていました」

　ジョシュ「そこは建築家も気にしていました。チャージする設計料は固定なので、設計に2倍の時間がかかると利益に影響します」

　メアリー「視覚化の方法を改善できれば、時間を短縮できると思いますか？」

　スティーブ「まだソリューションについて考えるべきではないとは思いますが、視覚化をうまくやれば、モデルを使って素材の選択ができるようになるので、コストの概算をリアルタイムに出せる可能性はあります」

　メアリー「おもしろいアイデアですね。新しいジョブのソリューションを考えることは、決して悪いことではありません。ただし、急いで構築しないでください。ジョブが3つ見つかりましたね。設計の視覚化、設計の料金設定、空間のレイアウトです。どれも解決に値するほど大きな課題だと感じます。これはCPFのリトマス試験紙です」

　スティーブ「いいですね。次のステップは何ですか？」

　メアリー「次のステップは、ソリューション設計スプリントです。スイッチを引き起こすMVPを設計します」

9章
スイッチを引き起こす
ソリューションを設計する

あなたの製品を雇用するには、何か他のものを解雇する必要がある。

—クレイトン・クリステンセン

　課題発見スプリントの終了までに、解決に値する課題を表した「顧客の物語」を特定する必要があります。現代では、十分な時間、お金、労力があれば、ほとんどのものが構築できます。もちろん、いずれかが十分ではないことはあるでしょう。それでも、とにかく注目に値するものをすばやく構築しなければなりません。新しい圧倒的な優位性は学習の速度です。ここで実用最小限の製品（MVP）の出番です。

—— **NOTE** ————————————————————————————

MVPで重要なのは、スイッチを引き起こす最小限のソリューションをすばやく提供することです。

——

　発見した課題を解決したいと思うかもしれませんが、それではすぐに要件が肥大化します。すべてをMVPに含めるべきではありません。白紙の状態から始めて、スイッチを引き起こすソリューションを次の2週間のスプリントで設計しましょう（図9-1）。

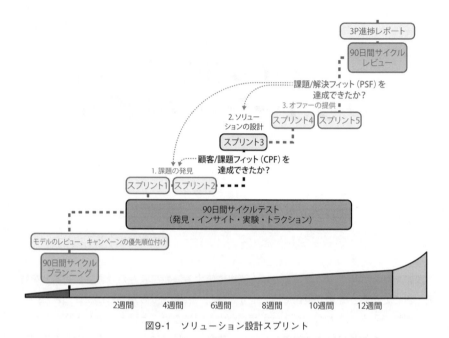

図9-1　ソリューション設計スプリント

9.1　スティーブがコンシェルジュ型MVPについて学ぶ

　スティーブ「住宅建築に必要だと思われる最小限の機能セットを作りました。2Dの平面図を入力すれば、5分以内に3Dモデルをレンダリングします。建築家はカタログから素材を選ぶことができます。自分で素材を追加することもできます。素材を追加するには、携帯電話で実際の素材の写真を何枚か撮るだけです。結果のモデルは携帯電話やタブレットで表示できます。もちろんこれからさらに機能を追加していく必要がありますが、これが最小限の出発地点になると思います」

　メアリー「いい感じですね。開発期間はどれくらいですか？」

　スティーブ「デモであれば2〜3週間で完成します。ただ、MVPを作るには最短で6か月かかります」

　リサ「え、6か月も！　オフショア開発をすれば、スピードアップできませんか？」

　スティーブ「できないと思います。新しいことが多いので、指示をするにも3か月

はかかります。それに社外の人にコードを共有したくありません」

　メアリー「このような製品の外注は難しいですね。しかし、6か月は時間がかかりすぎです。2か月以内で何かを動かす必要がありますよ」

　スティーブ「それは無理でしょう！」

　メアリー「先ほどの言葉を思い出してください。デモであれば2〜3週間で完成すると言っていましたよね。なぜそれをMVPにしないのですか？」

　スティーブ「コアのレンダリングエンジンはできていますが、ユーザーインターフェイスがないのです。モデルをレンダリングするには、コマンドラインでスクリプトを実行する必要があります。これを自動化できないか考えていて、オズの魔法使い型MVPも検討してみましたが、やはり手順が多すぎました。適切なインターフェイスとUXを提供するのは、ジョシュの仕事です。レンダリングエンジンを製品化するには、ユーザーロールやパーミッションなども開発する必要があります」

　メアリー「モデルのレンダリングが手動ということですね。モデルは携帯電話で閲覧できるのですか？」

　スティーブ「それはできます。あなたに最初に会ったときに見せたものと同じです」

　メアリー「だとすると、MVPを今すぐローンチできない理由がわかりません。あなたが製品になればいいんですよ」

　スティーブが困惑した表情になりました。

　メアリー「コンシェルジュ型MVPを使うのに最適です。これはリーンスタートアップで有名になった検証方法です。マニュエル・ロッソが自身のスタートアップFood on the Tableで使用した方法に名前がつけられたものです」

　ジョシュ「どういうものですか？」

　メアリー「結局のところ、顧客が欲しいのは製品ではなくアウトカムです。コンシェルジュ型MVPの基本的な考えは、サービスやコンサルティングによって顧客に価値を提供するというものです。私の理解が正しければ、AR/VRモデルのレンダリングと閲覧は可能で、エンドユーザーが操作する部分がないわけですよね。そこはリスクが高い部分ではないので、とりあえず置いておいて、モデルをサービスとして提供しましょう」

　ジョシュ「なるほど。建築家は3Dモデルの構築に数日間かけているので、完全な自動化は望んでいないはずです。サービスとして提供してもうまくいきますね」

　スティーブ「確かにそうですが、それだとスケールしないですよね。モデルを完成させるまでに半日かかると思います。複雑なモデルだと1日かかるかもしれません」

メアリー「トラクションロードマップを見ると、必要な顧客は月に1〜2人ですよ。しばらくは大丈夫です」

スティーブ「なるほど、確かに。大丈夫そうですね」

メアリー「コンシェルジュ型MVPは、最終的な製品になることを意図したものではありません。すばやく価値を提供して、リスクの最も高い仮定をテストするための戦術です。従来のコンサルティングとは違い、自動化された製品やスケール可能な製品の代わりになることが目的です。そのためには、段階的に投資して効率化していきましょう。最終的な目標は、レンダリングの時間を1日から5分に短縮することです」

スティーブ「今のは完全に理解できました。ホッケースティックで段階的にトラクションを増加させていくのと同じですね」

メアリー「そのとおりです」

スティーブ「他にもMVPの方法はありますか？」

メアリー「ありますよ。みなさんが使えるものもいくつかあります。しかし、提供時間を短縮するには、コンシェルジュ型が最適だと思います」

リサ「コンシェルジュ型MVPの価格設定はどうしましょう？ ソフトウェアよりもサービスのほうが高いのでしょうか？ 価格を上げておいて、あとで下げるべきですか？」

メアリー「いい質問ですね。まずは提供できる価値に基づいて、製品の適正な価格を設定しましょう。コンシェルジュ型MVPの場合、コンサルティング料金を設定して製品化のタイミングで価格を下げるか、最初から製品の価格にするかのいずれかになります。このあたりは誰を顧客にするかで変わってきます。たとえば、B2Bの顧客であれば、サービスにお金を支払うことに慣れています」

リサ「理解できました。適正な価格を設定するためのアドバイスはありますか？」

メアリー「これからソリューション設計スプリントでやってもらいたいことがあります。先ほど説明した実現性の制約の他に、需要性と事業性にも対応する必要があります。みなさんには資料をお送りします」

9.2　ソリューション設計スプリントの実施

ソリューション設計スプリントは2週間です。課題発見スプリントで手に入れたインサイトを使ってスイッチを引き起こすために、ソリューション（MVP）の最初のイテレーションを設計します。

MVPは製品設計で見過ごされがちな「事業性」を強調するものですが、スイッチを引き起こし、ビジネスモデルを機能させるには、需要性、事業性、実現性のすべてのバランスを取る必要があります。

課題発見スプリントで手に入れたインサイトを需要性、事業性、実現性のレンズでレビューする段階的なプロセスを説明します。レンズを替えれば、反対方向に引っ張られる可能性もあります。3つのレンズが交差する適切なバランスを見つけることが重要です。そのためには、各段階を何度も実行する必要があるでしょう。

9.2.1　需要性の対応

スイッチを引き起こす需要性は、**課題**と**約束**です。約束はUVPと同義です。説得力のあるUVPを作成するには、顧客がよく知る課題に集中します。

> ——— **NOTE** ———
> スイッチを引き起こす製品は、現在抱えている**課題**をもたらすことなく、ジョブを片付けるためのより良い方法を顧客に**約束**するものです。

また、以前に説明したように、約束したスイッチを引き起こすには既存の代替品を大幅に上回る必要があります。単により良くする（20～30%）では不十分です。3～10倍はより良くする必要があります。

MVPの目的は価値をすばやく提供することなので、最小限の課題を解決する必要があります。それがあなたの製品にスイッチしてもらうための約束になります。

これからこのプロセスの考え方について説明します。

9.2.1.1　ステップ1：主要な課題を特定する

顧客はさまざまなところに課題を抱えていますが、顧客フォースキャンバスを見直して、特に苦労している領域を特定しましょう。

以下のようなものが課題になります。

- 不満（ジョブが片付けられていない）
- 選択したソリューションを使用するときの摩擦
- ソリューションを選択するときの摩擦

製品が解決する領域を特定するには、以下のことに対処します。

不満を見つけて対処する

あらゆるジョブは、満たされていないニーズやウォンツを引き起こすトリガーイベントから始まります。つまり、現在のアウトカムと望ましいアウトカムのギャップです。最初に評価するのは、顧客が望むアウトカムと実際のアウトカムのギャップの大きさです。言い換えれば、ジョブがうまく片付けられているかを最初に確認します。

ジョブが片付けられず、ギャップが十分に大きい場合は、そこからUVPが生まれる可能性があります。望ましいアウトカムが満たされておらず、より良いアウトカムの提供を約束できるのであれば、最も効果的なスイッチングトリガーになるでしょう。

ジョブが片付けられていたとしても、がっかりする必要はありません。スイッチを引き起こす製品は、より良いアウトカムを提供するものばかりではありません。ジョブを簡単にする製品も存在します。ここは次にフォーカスすべきホットスポットです。

使用時の摩擦を見つけて対処する

使用時の摩擦は、不満、回避策、ユーザビリティの問題として話題にあがります。こうした課題もスイッチを引き起こします。過小評価しないでください。いくつかの例を挙げましょう。

- Uberを使っても空港に早く到着するわけではありません。Uberは配車のプロセスを簡単にするところから始め、支払いなどの体験の改善に取り組んでいきました。
- CDは必ずしも高音質ではありません。しかし、聞きたい曲をすぐに再生することができます。

選択中の摩擦を見つけて対処する

ソリューションの選択で困っていたら「無消費の市場」である可能性があります。ジョブに適したソリューションを見つけられないのは、製品のコスト、複雑さ、ポジショニングが原因であると考えられます。

たとえば、

- 2020年、COVID-19のパンデミックにより、ビデオ会議ソフトが当たり

前のものとなりました。しかし、ビデオ会議の歴史は1870年代までさかのぼります！[†1]それから100年後、AT&Tが世界初のビデオ会議電話を発表しました。費用は30分間の通話込みで月額160ドル（現在の950ドル相当）、以降は1分ごとに0.25ドルかかりました。その後の数十年でテクノロジーが進化し、公共のインターネットが生まれ、誰もが使用できるようになるまでコストが下がりました。これまでに多くの顧客セグメントがビデオ会議に興味を持っていたはずですが、コストが高くて利用できなかったのです。

- 2001年、オーストラリアのワイン会社が低価格のワイン「イエローテイル」を発売しました。これは業界で最も収益性の高いブランドのひとつになりました。ブルー・オーシャン戦略の古典的な事例であり、W・チャン・キムとレネ・モボルニュの著書『ブルー・オーシャン戦略』（ダイヤモンド社）でも紹介されています。イエローテイルは、製品を選択するときの摩擦に対応しています。ワインを消費したいと思いながら、ブドウの品種、成熟度、価格などが複雑で、気軽にワインを選べない顧客が多いことに気づいたのです。そこで、選びやすく（赤ワインと白ワインだけ）、飲みやすく（コルク抜きが不要で、ボトルから出してすぐ飲める）、価格が10ドル以下（競合するのはプレミアムワインではなく6本入りビール）のワインを発売したのです。

9.2.1.2　ステップ2：説得力のある約束を作成する

課題の領域を特定できたら、他とは違う、より良い約束を作成します。そのためのガイドラインをいくつか紹介します。

機能面だけに注目しない

「より良い」の認識と重み付けに重要な役割を果たすのは「感情」です。だからこそ、**望ましいアウトカム**にフォーカスして、より大きなコンテキストを追求するのです。顧客のニーズよりもウォンツに合わせましょう。

[†1]　訳注：画像と音声を転送するというコンセプトが登場した。

「より良い」の軸を決める

前のセクションで判明した課題や苦労について、改善したい属性を決めましょう。既存の代替品と比較するときに2x2のマトリクスを作るとしたら、x軸とy軸は何にしますか？（例：速度と品質）

完全なリストではありませんが、たとえば以下のようなものが考えられます。

> 速度、パフォーマンス、健全性、持続可能性、シンプル、スケーラビリティ、オーガニック、実用性、安全性、流行、プライバシー、プロ意識、独占的

例：

- LEANSTACK：シンプルと実用性（実践は理論に勝る）
- テスラ：持続可能性とパフォーマンス
- iPhone：スマート（物理キーボードなし）と使いやすさ

極端にする

「より良い」の軸を探すときに人気のあるものを選びたくなります。しかし、人気のあるものは競争も激しいです。人気のないところへ行きましょう。

目的に合わせる

軸の設定はポジショニングのためだけではありません。価値基準や目的とも合わせる必要があります。すべてにおいて従うべきガイドにしましょう。そうすることで、時間をかけて差別化要因を生み出すことができます。

推測しない

軸は勝手に作らずに、課題発見インタビューから導きましょう。顧客が本当に気にかけているものにする必要があります。望ましいアウトカムと既存の代替品のトレードオフから考えるとよいでしょう。

9.2.2　事業性の対応

スイッチを引き起こす課題を発見するだけでは不十分です。追求すべきビジネスモデルの機会も示す必要があります。これは**価格**と**人**と言えます。以前に説明したように、この2つは関連しています。価格によって顧客が決まります。逆も同様です。

ビジネスモデルの事業性は、すでにMSC（最小限の成功基準）の目標とフェルミ推定の制約があるので（**3章**参照）、課題とUVPにもこれらの制約を与えるところから始めましょう。

具体的には、MSCの目標に対してすぐに利用できる事業性のレバーは、ユーザーあたりの年間平均収益（ARPU）になります。目標とするARPUを確認して、これを達成できそうな物語を見つけましょう。

9.2.2.1 ステップ1：適正な価格を設定する

最適な価格を設定するわけではありません。既存の代替品とUVPに対して適正な価格を設定しましょう。以下にガイドラインを紹介します。

適切な既存の代替品を選択する

既存の代替品が価格設定の基準になるので、できるだけ高価格の既存の代替品を狙ってください。次の章では、アンカーとなる価格を使用して、効果的なピッチをする方法を学びます。複数の既存の代替品をまとめて大きなカテゴリにしても構いません。

より良い価格を設定する

収益化の最高のエビデンスは、すでにお金を支払っているかどうかです。費やされている時間や労力を記録しておきましょう。こうした情報はUVPの価値を設定するためにも使えます。そこからより良い約束に基づいて、上下させていきましょう。

定着を忘れない

ARPUは価格設定と使用頻度からなる関数です。トリガーイベントの発生頻度を調べましょう。毎月繰り返されるのであれば、サブスクリプションサービスに適しています。これは新しい現状として製品を確立させるための優れた戦術です。

フェルミ推定と比較する

価格設定と使用頻度を使用して、ARPUを予測しましょう。これがフェルミ推定と一致しない場合は、課題を再検討し、より大きな約束を目指す必要があります。

9.2.2.2　ステップ2：理想的なアーリーアダプターを特定する

　既存の代替品とフェルミ推定を制約にすれば、事業性のある顧客の物語を絞り込めたはずです。アーリーアダプターの基準をさらに絞り込んでいきましょう。

　課題発見のターゲットはアーリーアダプターではなくアクティブなユーザー（既存の代替品のユーザー）です。理想的なアーリーアダプターは、アクティブなユーザーのサブセットか、アクティブなユーザーの過去あるいは未来の状態になるでしょう。

NOTE

理想的なアーリーアダプターを特定するときには、「**誰**」よりも「**いつ**」が重要であることを認識しましょう。

　顧客があなたの製品にスイッチすることを検討する可能性があるのはいつでしょうか？　それが理想的なエントリーポイントです。

TIP

痛み止めを提供する最適なタイミングは、相手が痛みを感じているときです。

　エントリーポイントは顧客の苦労が最大になったときだと思うかもしれません。確かにそうですが、外側からは検出できないので、ターゲットにするのが大変です。たとえば、タクシーでひどい体験をしている人をターゲットにできるでしょうか？

　既存の代替品を回避させるために、早い段階から顧客を誘導することもできます。たとえば、ホリデーシーズンに見込み客をターゲットにした建築業者がそうです。

　こうした理由から、新たなエントリーポイントを検討する必要があります。それは苦労を感じている前後のタイミングになるでしょう。

　考え方を紹介します。

アーリーアダプターはスイッチしてくれる人

　　　最初の重要なイベントはスイッチングトリガーです。これは慣性を上回り、検討段階（新しいソリューションを消極的に探している段階）にプッシュされたときです。新しいジョブの場合は、何もしない可能性があります。繰り返し発生するジョブの場合は、同じ製品を再雇用する可能性があります。

　　　ジョブが新しい場合、プッシュが慣性よりも大きくならない限り、その人は何

もしません。熱望するような目標が必要です。多くの人はより健康で、より裕
福で、より賢明でありたいと願っています。たまには変化を決意することもあ
りますが、通常は最後まで行動を完遂することはありません。そのような人は
アーリーアダプターではありません。

アーリーアダプターを探すときには、スイッチングトリガーを経験し、何らか
の行動に移したことのある人を探しましょう。

理想的なアーリーアダプターがどこからスイッチするのかを明らかにする

前のセクションでは、置き換えたい既存の代替品を特定しているはずです。次
に考慮するのは、現在の（あるいは過去の）既存の代替品（何もしていない可
能性もある）からあなたの製品にスイッチすることが簡単かどうかです。顧客
の苦労をどこで発見したかによって、その答えは変わります。

スイッチングトリガーを定義する

2章でスイッチングトリガーには3種類あると説明しました。

- ひどい体験（既存の代替品に対するもの）
- 事情の変化
- 新しい認識（課題やより良い方法に対するもの）

UVPが既存の代替品の課題（使用中の不満や摩擦）に基づいている場合、これ
は「ひどい体験」のスイッチングトリガーです。アーリーアダプターは既存の
代替品のアクティブなユーザーです。既存の代替品を使用してから課題に気づ
くまでの時間を確認しましょう。理想的なエントリーポイントは、以下のよう
に表現できます。

- ［既存の代替品］を［x週間］前から使い始めた［顧客セグメント］

私が2010年に起ち上げたアナリティクス製品「USERcycle」の例です。
USERcycleのUVPは「数字ではなく、行動につながる指標を」でした。スター
トアップの創業者が行動につながらないデータの海に溺れることなく、厳選さ
れた行動につながる指標を効果的に使用して、コンバージョン率を高める支援
をするものでした。

課題発見インタビューでは、以下のことがわかりました。

- 創業者は分析よりも製品のローンチを優先させるため、指標を使ってい
  ない。
- 最初のトリガーイベントは、ローンチの30日後にコンバージョン率が

予想を下回ったとき。

- 既存の代替品はGoogleアナリティクスなどのフリーミアムのアナリティクス製品。まだ「指標に溺れる」経験をしていない人は、アーリーアダプターではない。

- ローンチの2〜3か月後に指標に溺れ始める。コンバージョン率は改善されない。

- そこが理想的なエントリーポイントになる。

UVPが新しいジョブを扱う人やジョブのやり方を改善しようとしている人を対象にしているならば、アーリーアダプターはスイッチングトリガーを経験した人になるでしょう。理想的なエントリーポイントは、以下のように表現できます。

- ［スイッチングトリガー］を［x日］前に経験した［顧客セグメント］

例：

- 子育てのジョブを引き受けることになった新米パパ

- 高コレステロールだと診断され、健康的な代替品を検討するよう指示された人

9.2.3　実現性の対応

　需要性に対応して、制約を設定したら、MVPの最初の定義を用意する必要があります。つまり、スイッチを引き起こし、ビジネスモデルを機能させるものです。次のタスクは、これをアーリーアダプターにすばやく提供できるようにすることです。では、どれくらい「すばやく」なのでしょうか？　たとえば、2か月はどうでしょうか？

　なぜ2か月なのでしょうか？　あなたのオファーを受け入れた時点から（オファーについては次の章で説明します）、ほとんどの顧客が最大2か月までソリューションを待ってくれるからです。それ以上かかるようなら、他の製品に移行してしまいます。製品の構築とローンチに時間がかかる場合は、その間にさまざまなことが変化するため、課題発見スプリントを改めて実施することになるでしょう。

これが次の質問につながります。2か月以内に構築およびローンチできるソリューションを設計できますか？

少しだけ創造的で独創的な考え方をすれば、この期間内にあらゆる種類の製品のMVPをローンチすることができます。これは**パッケージング**です。つまり、アーリーアダプターに価値を提供するために、MVPをどのようにパッケージ化するかです。

以下にガイドラインを紹介します。

小さく開始して、段階的に大きくする

段階的な展開では、最初に少数のアーリーアダプターに展開します。理想的なアーリーアダプター10人がゴールにたどり着けないとしたら、数百あるいは数千の顧客がゴールにたどり着けるでしょうか？

小さく開始して、段階的に大きくすれば、速く進むことができます。スケール可能なチャネルやインフラが不要なので、顧客に価値を提供することに集中できます。

アーリーアダプターを再考する

アーリーアダプターのなかで、より小さなMVPで開始できるセグメントがあれば、そちらを先に検討しましょう。その後、ジャストインタイムでMVPを進化させ、残りのアーリーアダプターにも広げていきます。

あるいは、ソリューション（MVP）のリスクを軽減するために、まったく別のアーリーアダプターのセグメントにピボットしてから、元のアーリーアダプターに戻って来ることもできます。たとえば、女性向けのカルシウムのサプリを開発していたチームをコーチしていたときのことです。製品の開発は終わっていましたが、規制当局の認可を受けるまでにあと6～9か月必要でした。勢いを維持するために、彼らは規制がそれほど厳しくないアーリーアダプターの

セグメント（ペットと馬）にピボットしました。

従来とは異なるMVPを検討する

MVPの一般的なアプローチは、スコープを絞り込み、UVPを提供する最小限の機能セットを構築するものです。しかし、これは**リリース1.0のMVP**を検証するものになります。こうしたアプローチよりも高速な検証方法が3つあります。

コンシェルジュ型MVP

製品の準備ができるまであなたが製品です。サービスモデルを使用して顧客に価値を提供しながら、非効率な部分を段階的に自動化していきます。最終的には、スケール可能な製品とあなたを置き換えます。リーンキャンバスや本書など、私の製品の多くもコンシェルジュ型MVPから始めました。ワークショップで教えて（学んで）から、スケール可能なパッケージに置き換えました。

オズの魔法使い型MVP

製品の準備ができるまで偽装します。製品をゼロから構築することなく、既存のソリューションを組み合わせることで、MVPのスコープを削減します。すでにテスラの事例を紹介しました。あなたのUVPは、**既存のソリューションの新しい組み合わせ**（部品の集合よりも全体が大きい）や提供するソリューションの**新しい構成要素**に由来するものになるでしょう。

フットインザドア型MVP

顧客の世界に入り込むための最小限のMVPを提供します。多くの起業家は、スイスアーミーナイフのようなアプローチを使用して、顧客の環境を大きく変えようとします。スイスアーミーナイフが普及する前に、個々の道具がすでに普及していたことを忘れないでください。あなたの道具がまだ普及していないのであれば、ひとつずつスイッチを引き起こすようにしましょう。

9.3　MVPの5つのP

MVPの5つのP（Problem／課題、Promise／約束、Price／価格、People／人々、Packaging／パッケージング）はMVPを定義する重要な要素です。ソリューションを設計したら以下の質問を使用して、すべてをカバーしているかを確認してください。

Problem／課題

スイッチを引き起こし（需要性）、ビジネスモデルを機能させる（事業性）、課題の最小限のサブセット（実現性）を解決していますか？

Promise／約束

あなたのUVPは、差別化されて注目を集め（需要性）、価値を伝え（事業性）、具体的で測定できるほど短期的なもの（実現性）ですか？

Price／価格

既存の代替品（実現性）とUVP（需要性）に対して適切な価格であり、ビジネスモデルを機能させることができる価格（事業性）ですか？

People／人々

スイッチするモチベーションがあり（需要性）、こちらからリーチすることができ（実現性）、課題に対して十分な時間とお金と労力をかけている（事業性）理想的なアーリーアダプターのセグメントを特定しましたか？

Packaging／パッケージング

スイッチを引き起こし（需要性）、ビジネスモデルを機能させる（事業性）MVPをすばやく構築およびローンチ（実現性）できますか？

9.4　スティーブがMVPの5Pに挑戦する

MVPの5つのPについて、スティーブは以下のようなメモを書きました。

Problem／課題

はじめて住宅を注文する人にとって、建築計画を完全に視覚化することは困難

です。

- 2Dの平面図には奥行きがありません。
- 現在の3Dソリューションは高価で、複雑で、写真のようにリアル（ゲームのように高品質）ではありません。

Promise／約束

あなたのクライアントが夢のマイホームを思い描き、すぐに恋に落ちるようにサポートします。

- 2D平面図からわずか数分でバーチャルリアリティのモデルを構築します。
- 写真のようにリアルなアセットでモデルをカスタマイズして、ハリウッド品質のレンダリングを作成できます。
- 設計のサイクルタイムを6か月から3か月に短縮します。

Price／価格

既存の代替品では、ひとつのモデルを作成するのに3,000〜5,000ドルかかります。

- ソフトウェア：2,000ドル
- モデリング：10〜20時間

Modeling-as-a-Serviceのパッケージであれば、ひとつのモデルにつき1,000ドルまたは月額500ドルで提供できます。

いずれかの価格を選択するためにテストが必要ですが、私は前者だと考えています。

People／人々

アーリーアダプターは注文住宅の建築家です。

Packaging／パッケージング

コンシェルジュ型MVP。

- 4週間以内にローンチできます（スピード）。
- 顧客のトレーニングを不要にします（シンプル）。
- 顧客が望むもの（望ましいアウトカム）を提供します。

　スティーブは、設計についてチームに話しました。

　スティーブ「設計の視覚化以外にもジョブはあります。たとえば、設計の料金設定のサポート、小売家具のビジネスモデルと結び付けた家具の配置なども考えられます。ですが、やはり設計フェーズの家主から始めるべきだと考えました。建築家はそのための入り口のチャネルとして完璧です」

　ジョシュ「同意です。建築家がいないと家主もモデルを作れないと思います。しかし、私たちの顧客は誰ですか？ 建築家ですか？ 家主ですか？」

　スティーブ「家主がモデルを作るようになれば、より大きなビジネスモデルが展開できます。顧客は家主であると考えていますが、家主にモデルを見せる手段として、建築家を使いたいと思っています。シンプルに考えると、すべてをクラウドに置いて、建築家と家主の両方にアカウントを提供することになるでしょう。つまり、家主がモデルを所有できるようにするのです」

　リサ「シンプルだと思いますが、建築家がどう思うのかも考える必要がありますね。すでに何らかのクラウドソリューションを使用しているはずなので、あまり問題にはならないと思いますけど」

　ジョシュ「建築家がそこからプロジェクトのポートフォリオを作れるかもしれませんね。いずれはカタログやマーケットプレイスができるかもしれません」

　メアリー「いいアイデアですね。作成したモデルの数がティッピングポイントを超えると、さまざまな道が開けるように思います。そのためにもモデルの所有者は家主にしておくとよさそうです」

　スティーブ「よし、その方向で進めましょう。これならアプリの設定にそれほど時間はかかりません。2週間で準備ができます」

　リサ「それまで私たちは何をすればいいですか？ もっとインタビューしますか？」

　メアリー「インタビューは不要です。必要なのはピッチです。もう販売するものはありますよね。マフィアオファーを作りましょう」

10章
顧客が断りきれない
マフィアオファーを提供する

断りきれんオファーを出す。

─映画『ゴッドファーザー』ドン・コルレオーネの台詞

　課題発見とソリューション設計のスプリントが終わったので、説得力のあるマフィアオファーを作成する要素が整いました。

　次の2つのスプリント（**図10-1**）では、苦労して集めたすべてのインサイトをテストします。ここが肝心なところです。あなたの目標はアーリーアダプターから確実な約束をもらうことです。これがMVPを構築する裏付けとなります。

　マフィアオファー提供スプリントに飛び込む前に、マフィアオファーがどのようなものか見てみましょう。

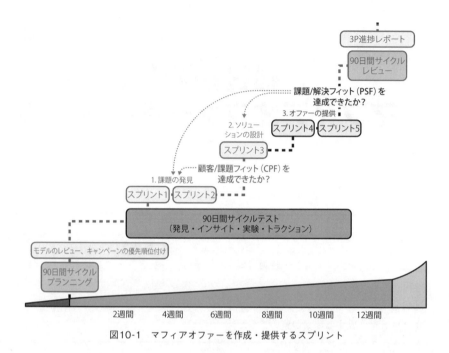

図10-1 マフィアオファーを作成・提供するスプリント

10.1 事例：iPadのマフィアオファー

2007年にスティーブ・ジョブズがiPhoneを発表したときのことを今でも覚えています。基調講演が始まると、Appleは革新的なデバイスでスマートフォン市場に参入すると発表しました。それは、3つのデバイスを1つにまとめたものでした。3つのデバイスとは、音楽プレーヤー、PDA、電話です。彼は既存のスマートフォンの問題点を指摘しました。それは、本体の40%がプラスチックのキーボード（スマートではない）に占められており、使いやすいとは言えない、というものでした。本体のすべてが画面だとしたら？ スタイラスではなく、指で操作できるとしたら？ iPhoneを見せる前に、こうしたUVPを効果的に示しました。それはこれまでとはまったく違うものであり、大きな注目を集めました。彼がデモをしている間、私は手品が行われているのだと思いました。あのようなユーザーインターフェイスを見たことがなかったからです。私は魅了され、iPhoneが発売されたときは行列に並びました。

3年後、Appleが新しいタブレットを発表するという噂が流れました。iPadです。

私は様子を見ることにしました。それまでにいくつかのタブレットを試したことがあり、そのすべてに失望していたからです。懐疑的ではありましたが、発表会を見て、結局iPadを購入することになりました。現在、私の家には人の数よりも多くのiPadがあります。つまり、iPhoneよりもiPadのほうが成功していると言えます。これはどのようにして起きたのでしょうか？　スティーブ・ジョブズのiPadのピッチを覚えているでしょうか？　見ていなければ、どのようなものだったか想像できますか？

ジョブズは「Appleはシンプルで使いやすい製品を作っています。私たちは世界最高のタブレットを作りました。みなさん購入してください」と言うこともできたでしょう。しかし、当然ながら、これには問題があります。当時、タブレットを使っていたのは、ごく一部のイノベーターやエバンジェリストだけだったからです。製品がこれまでに存在しなかった新しいカテゴリの場合、どのようにピッチすればいいのでしょうか？　ジョブよりも大きなコンテキストに入り、カテゴリを**超える**必要があります。

スティーブ・ジョブズのiPadの基調講演では、誰もがラップトップとスマートフォンを使用しているが、その中間に何かを入れる余地があるのではないかと考えていると伝えられました。中間の製品が成功するには、ラップトップやスマートフォンよりも何かに優れている必要があります。彼はそうしたことを次々に述べました。ウェブ、メール、写真、動画、音楽、電子書籍などです。そして、iPhoneの発表時と同じように、置き換えようとしている既存の代替品を挙げました。ネットブックです。ネットブックを説明しておくと、小型で安価なラップトップを表すマーケティング用語です。彼はネットブックの問題点について「ただの安価なラップトップです。優れているところはありません。速度が遅くて、ディスプレイは低品質で、使いにくいソフトウェアを備えています」と語りました。これでiPadを紹介する準備が整いました。

ジョブズがここで何をしたかわかりますか？　既存の代替品が十分に機能していないジョブを特定して、iPadならもっとうまくやれることを約束したのです。新しいジョブではなく、既存の代替品で行っていた古いジョブにフォーカスしたのです。これがイノベーターの贈り物です。

iPadのデモを始めると、彼は「iPadはラップトップよりも親しみやすく、スマートフォンよりも性能があります」という比較をしました。製品の使い方を教えるのではなく、他製品との違いと優れている点を強調したのです。さまざまなジョブについて説明し、iPadがいかに優れているかを示しました。ここで**感情的な購入**が発生しま

す。顧客は、望ましいアウトカムを新しいより良い方法で実現することを想像し始めるのです。ただし、これはまだマフィアオファーではありません。

次に、ジョブズは価格の話を始めました。スクリーンに大きな数字が表示されました。「999ドル」。ジョブズは、評論家たちがiPadの競合製品はネットブックであり、ネットブックの価格に近い「1000ドル未満」になると予想していると言いました。そして、Appleはこうした評論家の意見に耳を傾けず、懸命に取り組んだ結果、iPadを999ドルではなく「499ドル」で販売すると宣言しました。500ドル未満で購入できる可能性を聞いた聴衆からは大きな拍手が起こりました。

この方法は価格のアンカリングだと思ったかもしれません。つまり、顧客に高い価格を示してから、低い価格を明らかにするというものです。しかし、スティーブ・ジョブズのやり方は、価格のアンカリングのレベルを超えています。適当に高い価格を示すのではなく、慎重に選択した既存の代替品（ネットブック）の価格を使用しています。彼は30分という時間をかけて、iPadが既存の代替品よりもさまざまなジョブをうまくやれることを聴衆を納得させました。iPadの価格をネットブックの半額にすることで、迷うことのない**合理的な購入**につなげたのです。

これでマフィアオファーになりました。顧客が断りきれないオファーです。

10.2　マフィアオファー提供スプリントの実施

マフィアオファー提供スプリントは2週間です。オファーを作成してから、クオリファイド・アーリーアダプターの見込み客に対して、1対1で製品をピッチします。

ほとんどの起業家は、競合製品がないと考えているか、顧客を競合製品に向けさせたくないと考えているため、ピッチで競合製品に触れることがありません。これは大きな間違いです。あなたが言わなくても、顧客は自分で競合製品と比較するでしょう。あなたがいないところで競合製品と比較されたいですか？

--- **NOTE** ---

競合製品は部屋にいる象（誰もが気づいていながら明らかにしない事柄）です。それを明らかにして広めるのは、あなたの仕事です。

優れた製品ピッチでは、人気のある既存の代替品（競合製品）を認め、あなたの製品のほうが優れていることを示します。スティーブ・ジョブズもiPhoneとiPadの発

表時にそれをやっていました。競合製品とその問題点を挙げることで、あなたのソリューションが輝ける舞台が設定されます。

スティーブ・ジョブズは優秀なストーリーテラーでした。あなたも彼のような自然なピッチをしたいと思うかもしれません。それには準備と練習が必要です。

優れたピッチを作成する最初の鍵は、顧客の物語のテンプレートを使うことです。テンプレートを使うと、ピッチが型どおりになってしまうと懸念されるかもしれません。心配しないでください。私たちは物語を求めています。良い物語が始まれば、すぐに引き込まれます。次のセクションでは、人気のある物語の構造に基づいて構築した効果的なテンプレートを紹介します。

顧客の物語のピッチを作ったら、ピッチの練習をします。ストーリーテリングの才能があるスティーブ・ジョブズも、ステージに上がる前には何百時間も練習をしていました。前の章から作業を続けていれば、すでにピッチの練習をしていることでしょう。

ピッチには目的があるので、すぐにパターンが見られます。うまくいっているかどうかはすぐにわかります。ただし、学習のマインドセットを維持することが重要です。ここでのピッチの目的は、顧客を獲得することではなく、反復可能な販売プロセスを構築することです。

反復可能な販売プロセスは、傾聴と継続的なテストから生まれます。顧客が購入する因果関係を慎重に分析する必要があります。ピッチがうまくいけば、さらに強化していきましょう。ピッチがうまくいかなければ、理由を調べて調整しましょう。

マフィアオファー提供スプリントは2回実施して、4週間で20〜30人にピッチします。学んだことを処理する時間も含めて、1週間で約5〜8人にピッチすることになります。

マフィアオファー提供スプリントが終わるまでに、クオリファイド・リードから行動要請までのコンバージョン率は60〜80%になるでしょう。そこにたどり着くまでに何度もテストを繰り返す必要があります。マフィアオファー提供スプリントを1〜2回は実施できるように計画しておきましょう。重要なインサイトを時間をかけて厳密にテストしておけば、あとから高速に進むことができます。

90日間のトラクションロードマップの目標によっては、PSF（課題/解決フィット）を達成するためにマフィアオファーキャンペーンよりもスケールするものが必要になるかもしれません。その方法については、章の後半で説明します。

マフィアオファー提供スプリントの実施には、以下の3つのステップが含まれます。

- オファーの作成
- オファーの提供
- オファーの最適化

それぞれについて詳しく見ていきましょう。

10.3　オファーの作成

　本セクションでは、最も人気のある物語の構造を使用して、ピッチの概要を作成する方法を紹介します。それは、ジョーゼフ・キャンベルの著書『千の顔を持つ英雄』（早川書房）に書かれた「英雄の旅」です。

　物語の構造は、歴史のあらゆる叙事詩に登場します。現在のハリウッドの大作映画でも使用されています。つまり、『スター・ウォーズ』『ハリー・ポッター』『シンデレラ』には、すべて共通するものがあるのです。この物語の構造を使用して、説得力のある製品ピッチを作成できます。

　物語を作成する最初のステップは、キャラクターを定義することです。

10.3.1　顧客の物語のピッチのキャラクターを定義する

　物語にはキャラクターが必要です。英雄の旅に欠かせないキャラクターは誰でしょうか？　英雄と悪役です。考えてみてください。

あなたの物語の英雄は誰ですか？
　　意外かもしれませんが、**あなた**は英雄ではありません。製品も違います。英雄となるのはアーリーアダプターです。
　　あなたは英雄になりたいわけではありません。『ハリー・ポッター』や『スター・ウォーズ』を思い出してください。英雄の旅とは、奮闘する主人公が英雄になることを受け入れる成長の物語です。

悪役は誰ですか？
　　こちらは簡単です。悪役は競合製品です。あなたのソリューションが置き換えようとしている既存の代替品のグループです。
　　- iPadの場合、悪役はラップトップ（ネットブック）でした。

- iPhoneの場合、悪役は既存のスマートフォンでした。
- iPodの場合、悪役は既存のMP3プレーヤーや携帯音楽機器でした。

競合製品は機能の比較対象になるだけでなく、価格の比較対象にもなります。慎重に選びましょう。

あなたはどこに当てはまりますか？

あなたは主人公を英雄に導く人物です。『スター・ウォーズ』のオビ＝ワン、『ハリー・ポッター』のダンブルドア、『シンデレラ』のフェアリー・ゴッドマザーです。

あなたの製品はどこに当てはまりますか？

あなたの製品は、主人公が英雄になるための贈り物です。

『スター・ウォーズ』を例にして、英雄の旅の構造を見ていきましょう。

スター・ウォーズの物語のピッチ

主人公である青年ルークが、銀河の辺境の惑星で退屈な毎日を過ごしています（現状）。

ある日、すべてを変える出来事が発生します（スイッチングトリガー）。

レイア姫がドロイド（R2-D2）に隠した秘密の計画書を探すために、ストームトルーパーたちがルークの住む惑星に到着しました。家に訪れたときには、ルークは不在でした。しかし、ルークの叔父と叔母は命を奪われてしまいました。

秘密の計画書は大型兵器（デス・スター）の製造を阻止するための鍵です。このままだと兵器が完成してしまい、銀河全体が邪悪な帝国の支配下に置かれてしまいます（危機的状態）。

ルークは兵器を破壊したいと考えていますが（望ましいアウトカム）、帝国を指揮する悪役、暗黒卿ダース・ベイダーを倒せる力がありません（課題／障害物）。

そこで、英雄を導く人物オビ＝ワン（あなた）から贈り物であるライトセーバー（製品）を受け取ります。

英雄は不本意ながらも行動要請を受け入れます。途中でいくつかの困難に遭

遇しますが、最終的には強力なジェダイになります。贈り物とジェダイのト
レーニング（UVP）により、英雄はデス・スターを破壊し、平和を取り戻す
のでした。

　物語の構造がわかりましたか？　顧客フォースモデルも英雄の旅の構造に従ってい
ます。物語のピッチを顧客フォースモデルで視覚化しました（**図10-2**）。

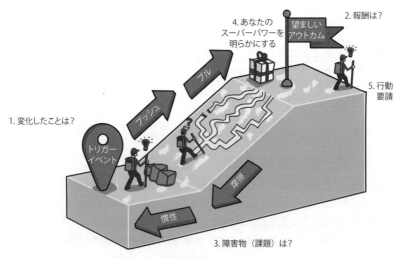

図10-2　顧客の物語のピッチのテンプレート

10.3.2　顧客の物語のピッチの構成

　脚本家はアリストテレスを起源とする「三幕構成」の物語の構造を使います。これ
は物語を序盤、中盤、終盤で構成するものです。それぞれ**設定**、**衝突**、**解決**と呼ばれ
ます。

　顧客の物語のピッチも同じ構成です。ただし、最後に**スイッチを引き起こす**必要が
あるので、第4幕に**行動要請**を追加しています。

- 第1幕：設定（大きなコンテキストを共有する）
- 第2幕：衝突（古いやり方を打破する）
- 第3幕：解決（新しいやり方をデモする）

- 第4幕：行動要請（スイッチを求める）

これから3つの製品ピッチを使用して、顧客の物語のピッチを組み立てるステップを紹介します。

- 継続的イノベーションフレームワーク（CIF）
- テスラ Powerwall
- iPad

10.3.2.1　第1幕：設定（大きなコンテキストを共有する）

第1幕では、ピッチのために大きなコンテキストを設定します。顧客を主人公に設定して、大きな変化（スイッチングトリガー）を提示します。これは望ましいアウトカムの期待と緊急性を高めるものです。ここでは、以下の点を考慮してください。

なぜ課題に直行しないのか？

課題発見インタビューでは、顧客に課題について直接聞きませんでした。それと同じ理由です。顧客は課題のことを深く理解していません。あるいは、あなたのこと信頼するまでは、課題を抱えていることを認めようとしません。大企業のイノベーション責任者にCIFを提案すると想像してください。現在の製品の開発方法に課題があることを指摘すると、相手は防御的になり、突破することが難しくなります。

課題ではなく大きなコンテキストから始めるもうひとつの理由は、顧客により良い大きなビジョンに同意してもらうためです。次のセクションでは、イーロン・マスクがPowerwallのピッチを再構成して、より良いバッテリーの話ではなく、クリーンエネルギーというより大きなビジョンの話にした方法を説明します。

ジョブがあるのは大きなコンテキストであり、カテゴリを超える必要があることを忘れないでください。iPadのような新しいカテゴリを定義する製品をピッチする場合は、スティーブ・ジョブズのように、より大きなコンテキストから始めましょう。

外因性のスイッチングトリガーを選択する

最高のスイッチングトリガーは、自分で引き起こそうとしている自己満足のようなスイッチではなく、世界中で発生している**明確な外因性のスイッチ**です。

- CIFの外因性のスイッチングトリガーは、世界的な起業家のルネッサンス時代です。現在、製品を構築するのは安価で簡単になりました。つまり、世界中で「スタートアップ」の人口が増えています。起業家はどこにでもいます。

- イーロン・マスクは、気候変動を関連性のある大きな変化として扱い、Powerwallのピッチのより大きなコンテキストに設定しました。

- スティーブ・ジョブズは、iPadのピッチでスイッチングトリガーに名前を付ける必要がありませんでした。数年前、iPhoneを発表したときに「ポストPC時代」の始まりだと言っていたからです。社名から「コンピュータ」を削除して、「アップル・インク」にしたのもこの時期です。

危機感をあおる

行動経済学者のエイモス・トベルスキーとダニエル・カーニマンは、**損失回避**という現象を発見しました。人々は利益を得るよりも損失を回避する傾向があるというものです。言い換えれば、新しいより良いやり方を示すだけでは不十分ということです。効果的なスイッチングトリガーにするには、古いやり方に固執すること（現状維持）の悪影響（危機的状態）も伝える必要があります。

- 世界的な起業家のルネッサンス時代では、誰でも、どこでも、今日から会社を始められます。しかし、多くの製品が作られると、顧客の選択肢も増え、競争は激化します。何もしなければ、ビジネスモデルはすぐに役に立たなくなるでしょう。

- イーロン・マスクは、工場の煙突の画像と3000年までにCO2排出量が指数関数的に増加するグラフを使用して、気候変動の危機的な側面を伝えました。

勝者と敗者を示す

可能であれば、新しいやり方に変更して成功を収めた勝者と、現状に固執した敗者の例を挙げて、あなたが主張する危機的状態を裏付けましょう。

CIFのピッチの勝者には、Airbnb、Dropbox、Google、Facebook、Netflix、Amazonなどの企業が含まれます。これらの企業は、継続的イノベーショ

ンの文化を取り入れています。敗者には、Blockbuster、Kodak、Nokia、RadioShack、Tower Records などの企業が含まれます。これらの企業は、現状に固執して崩壊した結果、負けてしまいました。

約束の予告を見せる

ピッチの最後は**スーパーパワーの予告を見せます**。スイッチングトリガーによって引き起こされる障害物を解消するためです。

- CIFのスーパーパワー：学習速度は、新しい圧倒的な優位性です。競合他社の学習速度を上回ることができれば、あなたの勝ちです。
- イーロン・マスクは、空にある巨大な核融合炉（太陽）を動力源とする、ゼロエミッション社会が現実のものとなる未来を描きました。
- スティーブ・ジョブズは、3つのデバイスを1つにまとめた革新的なデバイスとして、iPhoneを予告しました。また、スマートフォンとラップトップよりも優れた第3のカテゴリの製品として、iPadを予告しました。

10.3.2.2　第2幕：衝突（古いやり方を打破する）

第2幕では、置き換えようとしている既存の代替品（真の競合製品）を挙げ、なぜ既存の代替品が不足しているのか（課題）を説明し、あなたの代替案でそれを打ち破ります。以下にいくつかのガイドラインを紹介します。

真の競合製品を挙げる

真の競合製品とは、あなたのソリューションで置き換えようとしている既存の代替品です。顧客の物語のピッチにおける悪役になります。

- CIFの場合、実行のマインドセット（分析・計画・実行による製品開発）になります。
- Powerwallの場合、これは既存のバッテリーでした。
- iPadの場合、これはラップトップ（ネットブック）でした。

真の競合製品の課題を列挙する

スイッチングトリガーで明らかになった既存の代替品の課題を、望ましいアウトカムの達成を妨げている障害物として説明します。

　課題リストには、顧客がすでに把握している不満や回避策だけでなく、あなたが明らかにした深刻な課題も含まれます。

- 製品開発の古いやり方（実行のマインドセット）の課題は、市場に投入するのが遅すぎる、空想の計画を作成する、大きな賭けをする、誰も欲しがらないものを作る、などです。
- イーロン・マスクは、既存のバッテリーの課題を7つ挙げました。高価、信頼性が低い、統合が不十分、寿命が短い、効率が悪い、拡張性がない、魅力的でない。
- スティーブ・ジョブズは、ネットブックは速度が遅くて、ディスプレイは低品質で、使いにくいソフトウェアを備えていると説明しました。

古いやり方を破る

　第2幕の終わりまでに、顧客の既存の代替品を破る必要があります。このセクションの終了時に理由をまとめておきましょう。

- このやり方（実行のマインドセット）は、スピードが遅く、継続的イノベーションに向いていません。
- イーロン・マスクは、既存のバッテリーは「最悪だ」と言って、このセクションを終了しました。
- スティーブ・ジョブズは、ネットブックを「ただの安価なラップトップです。優れているところはありません」と言って、このセクションを終了しました。

10.3.2.3　第3幕：解決（新しいやり方をデモする）

　第3幕はあなたの贈り物（新しいやり方）を明らかにして、それがあなたが示した障害物を解消し、望ましいアウトカムを達成できることを顧客にデモします。これがデモの役割です。また、感情的な購入が発生することを忘れないでください。

　デモは見栄えのいいスクリーンショットや動作するプロトタイプを集めたものではなく、**慎重に台本を用意した物語**です。これは、見込み客にUVPを示し、あなたが実現できると信じさせるものです。

　それは（既存の代替品の課題に満ちあふれる）現在の現実から、あなたの描く（あなたのソリューションで課題が解決された）未来の現実へと導くものです。

　デモの台本を作るのに役立つガイドラインを紹介します。

デモは実現可能である

私にはデザインスタジオに勤める友人がいます。そのスタジオには、初期の
ユーザーデモを作るためだけのチームがあるそうです。デモは営業プロセスの
大部分を占めているため、非常に重視されているのですが、最終製品では使用
しないテクノロジーに依存しています。営業においては効果的な代物かもしれ
ませんが、これでは実装チームの仕事が大変になってしまいます。「派手」な
部分がうまく再現できないからです。つまり、顧客と約束したもの（顧客に販
売したもの）と最終的に届けるものとの間に差異が生じているのです。

デモは本物に見える

私はワイヤーフレームやスケッチだけのデモが好きではありません。すばやく
組み立てることはできるかもしれませんが、顧客はここから最終的な製品を想
像しなければなりません。これは避けたいところです。

デモが本物に見えれば、その分だけ正確にソリューションをテストできます。

デモは高速に反復させる

オファー提供インタビューでは、ユーザビリティに関する貴重な意見を聞ける
はずです。すぐにデモに反映して、次のインタビューからテストしましょう。
ただし、外部のチームにデモを委託していると、この反映がうまくいきませ
ん。イテレーションが彼らのスケジュールで決まってしまうからです。

デモはムダを最小限にする

最終的な製品が使用しない技術でデモを作るとムダになります。私の場合、ス
ケッチは紙、Photoshop、Illustratorで描き始めますが、途中からHTMLと
CSSに移行します。長い目で見れば、このほうがムダが少ないのです。

デモは本物に見えるデータを使う

ダミーデータ（ロレム・イプサム）ではなく、「本物に見える」データを使いま
しょう。画面の配置を考えることもできますし、ソリューションに物語が生ま
れます。A List Apartのジェフリー・ゼルドマンは「内容はデザインに先行す
る。内容のないデザインは装飾である」と言っています。

前後を表す広告を想像する

顧客の物語の前後を表す30秒の広告を作るとしましょう。

- 登場人物は誰ですか？
- 物語はどのように始まりますか?
- 登場人物たちはどのような課題に遭遇しますか？
- 登場人物はどのように課題を解決しますか？

長すぎず、短すぎず

優れたデモは必要なコンテキストを設定しながら、パンチライン（UVP）まですばやく到着します。デモの時間は5〜10分を目指しましょう。

デモに最適な形式を選択する

デモの目的は、学習速度を最大化するために、**可能な限り最小限のもの**を使用してUVPを紹介することです。すぐに動作するプロトタイプに手を出すのではなく、製品を紹介するための最適な形式を検討してください。

優先順位を付けた選択肢を紹介します。

- デジタル製品：
  1. 口頭のデモ
  2. スクリーンショット、モックアップ
  3. クリック可能なプロトタイプ
  4. 動作するプロトタイプ
- 物理的な製品：
  1. 口頭のデモ
  2. スケッチ、CAD
  3. 物理的なプロトタイプ
  4. 動作するプロトタイプ
- サービス製品：
  1. 口頭のデモ
  2. 動作を示したプロセス図
  3. サンプルの成果物（例：レポート）

たとえば、

- CIFのデモは、プレゼンテーションとスライドで提供できます。
- イーロン・マスクは、会場の動力がバッテリーであることをライブデモで示しました。
- スティーブ・ジョブズは、スライドとiPadのライブデモを組み合わせ

て、ラップトップよりも iPad のほうが優れているジョブを示しました。

10.3.2.4 第4幕：行動要請（スイッチを求める）

　第4幕では、顧客に求める次の行動を明確に表現します。あまりにも多くの起業家がこのステップで失敗しています。顧客の口約束だけで終わらせているのです。このときの気持ちは「サインアップの摩擦を減らす」というものです。顧客にはできるだけ簡単に「はい」と答えてもらいたいのです。まずは製品を試してもらい、時間をかけて価値を提供していけば、いずれは顧客に選んでもらえると思っているのです。

　口約束の問題点は、約束をするのも破るのも簡単ということです。あまりにも簡単に「はい」と言われてしまうので、正しい検証ができません。それだけでなく、顧客の「コミットメント」の欠如が、あなたの学習に悪影響を及ぼす可能性もあります。

　行動要請を示すためのガイドラインを紹介しましょう。

サインアップの摩擦を増やす

あなたが取り組んでいる課題に対して、少なくともあなたと同じくらい情熱を持っているアーリーアダプターを見つけましょう。そのためには、サインアップの摩擦を減らすのではなく、増やすようにしましょう。

MVP を賞品にする

あまりにも多くの起業家が MVP のことを**アルファ版**や**ベータ版**と呼んでいます。これでは製品が完璧ではないと伝えているようなものです。顧客が使用する前から、何かあっても大目に見てほしいという姿勢を見せるべきではありません。

これまでの章で説明したとおりに、綿密にリサーチして MVP を定義したならば、MVP のことを恥じる必要はありません。誇りに思うべきです。顧客の物語のピッチでは、MVP は顧客への贈り物です。顧客は MVP を使って障害物を解消し、望ましいアウトカムを達成するのです。MVP をそのように位置づける必要があります。

私はアルファ版やベータ版よりも「アーリーアクセス」という言葉を使います。こうすれば MVP は賞品であり、選ばれた人だけにリリースされていることが伝わります。希少性を示すことができれば、（特にアーリーアダプターの）欲求を高めることにもつながります。

初日から課金する

直販のビジネスモデルを使用している場合は、行動要請に価格モデルを含める必要があります。理由はこれまでに説明しました。

- 価格は商品の一部である
- 価格が顧客を決定する
- 価格は最もリスクの高い仮定である

—— **TIP** ——————————————

無料の試用期間を設定する場合は、事前に価格について検討する必要があります。

直販ではない複雑な販売をする場合は、見込み客に購入者を紹介してもらいましょう。相手は金銭的資本ではなく、社会資本を支払うことになります。

顧客にいくらなら支払うかと聞かない

スティーブ・ジョブズがiPadを発表する前に「いくらなら支払える？」とあなたに聞くと思いますか？　バカげた話だと思ったかもしれませんが、あなたも顧客に「概算」を聞いたことがあるのではないでしょうか。

これは逆方向の考え方です。考えてみてください。顧客が高い価格を示す合理的な理由はありません。何も答えられない可能性もあるでしょう。こうした質問は相手を不快にさせるだけです。

課題を持っていない顧客に課題があると説得することはできません（するべきではありません）。しかし、あなたの製品に「適正な」価格を支払うよう説得することはできます（そうすべきです）。通常、あなたや顧客が考えている価格よりも高くなります。

価格の物語を構築する

多くの人が顧客に価格モデルを伝えるときに、気まずくなったり、罪悪感を抱いたりします。しかし、これまでにリサーチをして、顧客の物語のピッチに従っているのであれば、見込み客はあなたの新しいやり方に「感情的な購入」をしています。

価格モデルの提供とは、既存の代替品とあなたが提供する価値に基づいて、適正な価格を設定した背景を合理的に説明することです。感情は不要です。ここ

では「合理的な購入」が行われることを忘れないでください。

次に何をすべきかを説明する

価格モデルを提示したら、次に何をすべきかを明確に説明します。そして、購入を求めます。

10.3.3 スティーブが顧客の物語のピッチをチームと共有する

スティーブがチームのチャットに投稿しました。

スティーブ：私がこれまでにやったことを紹介します：

第1幕：設定（大きなコンテキストを共有する）

関連性のある大きな変化を挙げる：パンデミックのために人々は家で過ごす時間が増え、生活空間や仕事場をアップグレードするようになりました。その結果、新築住宅やリフォームが急増しています。

危機感をあおる：住宅を購入する人の多くは、はじめて家を所有する人たちです。以前よりも年齢層は若く、InstagramやPinterestで育ったため、パーソナライズやデザインに対する要求が厳しくなっています。しかし、家を建てた経験はありません。

約束の予告を見せる：彼らは、予算を超過することなく、自分たちのアイデンティティを表現する生活空間を設計したいと考えています。

第2幕：衝突（古いやり方を打破する）

現在の成果物（2D/3Dのレンダリング）では不十分です。

2Dの平面図は奥行きがありません。

現在の3Dソリューションは高価かつ複雑で、写真のようなリアルさ（ビデオゲームのような高品質のレンダリング）はありません。

第3幕：解決（新しいやり方をデモする）

私たちのソリューションを使えば、クライアントは仮想現実で設計コンセプトを確認することができます。建築したときの本物と同じようなものを見ることができます。それでは、お見せしましょう。

（ここで建築家にサンプルのモデルを見てもらう）

第4幕：行動要請（スイッチを求める）

この部分はリサのほうが私よりも詳しいので、リサに任せます。おそらく

アーリーアクセスやコンシェルジュ型モデルなどについて話すことになるで
しょう。最終的には月額5,000ドルで契約できると助かります。

リサ：ありがとうございます。いいですね。行動要請についてはいくつかアイデア
があります。価格についてはもうちょっと頑張ってみます。デモについてはどうで
すか？

スティーブ：もうすぐ完成です。楽しみにしておいてください。週末までにデモが
可能な状態にして、ジョシュに渡します。

ジョシュ：素晴らしい。前に少しだけ見せてもらいましたけど、建築家の反応が楽
しみですね。

スティーブ：私もです。が、その前にデモの準備が必要です。思っている以上に作
業が多いですが、週末までになんとかします。

10.4　オファーの提供

オファーを作成できたら、今度は提供しましょう。iPadとPowerwallのピッチは
満員の会場で提供されましたが、あなたもそこから始めることはありません。課題発
見インタビューと同じように、最初は1対1で行います。

マフィアオファーのピッチの準備をするためのガイドラインを紹介します。

ターゲットを賢く選ぶ

既存の見込み客と新規の見込み客の両方をターゲットにします。

アーリーアダプターの条件に一致する既存の見込み客を使用する

課題発見インタビューの相手がアーリーアダプターの条件に一致してい
た場合、クオリファイド・リードになります。フォローアップの許可を
得ていれば、マフィアオファーのピッチを提供しましょう。

新規の見込み客を混ぜる

「初心者の心」でインサイトをテストできるように、ピッチのときには
新規の見込み客を対象に含めておくことをお勧めします。これまでの
ピッチのなかで、何人か紹介してもらえたはずです。

新しいチャネルをテストする

再現可能な顧客ファクトリーの構築できるように、これまでのスプリントで特定したチャネルをテストしましょう。

十分な時間を確保する

初期のピッチはまだ学習が継続しているため、十分な時間を確保しましょう。先方には45分で依頼を出し、30分で終わらせることを目指しましょう。

録音する（可能であれば）

課題発見インタビューと同様に、許可が得られた場合は、学習とトレーニングのためにピッチを録音しましょう。

学習のマインドセットを維持する

マフィアオファーのピッチは、課題発見インタビューのスプリントのインサイトをテストするためのものです。インサイトが正しければ、インタビュー相手のボディランゲージなどに明確な反応が見られるでしょう（うなずき、笑顔、率直なフィードバックなどは、すべて素晴らしいサインです）。これらの反応が見られなくても、ピッチを強制することなく、その理由を理解しましょう。目的を達成できたことを確認するために、顧客の物語のピッチの間に短い休憩を挟みましょう。目的を達成できていなければ、なぜできなかったのかを探りましょう。

メタ台本を使用する

前回のセクションで作成したスライドやデモに加えて、オファーを提供するための台本を書いておくと便利です。要点を明確にできるだけでなく、オファーキャンペーンの引き継ぎや最適化にも使える優れたツールです。コラム「マフィアオファーのピッチの台本（30分）」にサンプルの台本とガイドラインを用意しました。

マフィアオファーのピッチの台本（30分）

歓迎（場の設定）

（2分間）

流れを簡単に説明して、場を設定します。

> 本日はお時間をいただきまして、誠にありがとうございます。私たちの［製品］に関するご意見をお聞かせいただければと思います。［製品］の構築を開始するにあたり、私たちは企業がどのように［ジョブ］を片付けているかを理解するために、これまでに数十回とインタビューを重ねてきました。まずは、あなたが現在［ジョブ］をどのように片付けていらっしゃるかをお聞きしてもよろしいでしょうか。

適合条件の収集（CPFのテスト）

（5分間）

相手が条件に適合しているかを判断するために、いくつかの質問をします。前回のインタビューで確認している場合や、条件に適合していることがわかっている場合は、このセクションをスキップします。前回のインタビュー後に追加の質問を思いついた場合は、ここで質問しても構いません。ただし、これは課題発見インタビューではないことに注意してください。見込み客の特性が理想的なアーリーアダプターに合致しているかを評価する場面です。

> 現在［ジョブ］をどのように片付けていますか？
> 現在使用しているソリューションは何ですか？
> （相手が条件に適合しているかを判断するための質問をしてください）

これまでの課題発見スプリントでは発見できなかったインサイトが見つかった場合は、好奇心を持ち、深く掘り下げてください。課題を発見するためには、すべての話を聞く必要があります。

　相手が条件に適合していれば、話を続けます。適合していなければ、相手に理由を伝えてください。そうすれば、お互いに時間をムダにせずに済みます。

第1幕：設定（大きなコンテキストを共有する）

（2分間）
以下の方法で、ピッチのより大きなコンテキストを共有します。

- 関連性のある大きな変化を挙げる（スイッチングトリガー）
- 危機感をあおる
- 勝者と敗者を示す
- 約束の予告を見せる

　　私たちのリサーチでは、御社も含めて多くの企業が［ジョブ］を［古い
　　やり方］で片付けていることがわかりました。
　　しかし、私たちは［スイッチングトリガー］後の新しい世界に生きてい
　　ます。つまり、［ジョブ］のやり方が根本的に変わったのです。
　　［古いやり方］は［古い世界］では機能していましたが、［新しい世界］
　　ではもはや機能しません。
　　［新しいやり方］にすれば［望ましいアウトカム］を達成できます。こ
　　のまま何もしなければ［危機的状態］になるでしょう。
　　御社が［新しい世界］で成功するには［約束の予告］が必要です。

第2幕：衝突（古いやり方を打破する）

（3分間）
　古いやり方（真の競合製品）がもはや機能しなくなった理由を具体的に説明してください。

　　［古いやり方］は［スイッチングトリガー］を処理できるように構築さ
　　れていません。その理由を挙げましょう。

- 理由1

- 理由2
- 理由3

うまく課題発見ができていれば、見込み客から共感のサインが見られ、信頼を獲得できることでしょう。また、見込み客はあなたがどのように課題を解決するのかを知りたいと、好奇心を抱くでしょう。

ボディランゲージなどの非言語的な合図に注目してください。ピッチをしているときは見込み客をよく見ましょう。何度かピッチを止めながら相手の様子を確認して、話を理解できていないジェスチャーをしていないかに気を配りましょう。理解できていないようなら、不明な点や質問はないかと聞いてみましょう。

第3幕：解決（新しいやり方をデモする）

（10分間）

これがピッチの肝であり、感情的な購入が行われる場所です。優れたデモの秘訣は、簡潔かつ明確にすることです。デモによって見込み客を導き、あなたがUVPをどのように提供するかを示しましょう。

> これらの課題をどのように解決し、どのように［ジョブ］を片付けるかをお見せしましょう。

- 機能1のデモ
- 機能2のデモ
- 機能3のデモ

これが私たちの製品の機能です。ご質問はありますか？

次のステップや価格設定に進む前に停止して、見込み客に主導権を渡しましょう。見込み客がデモの価値を理解していなければ、次のステップに進むべきではありません。まずは、以下のことを確認してください。

- デモについて不明な点があれば、掘り下げます。

- デモを気に入ってくれたが、顧客（購入者）ではない場合は、他の人を紹介してもらいます。
- 価格や次のステップについて聞かれたら、台本の次に進みます。

デモ以外の機能を求められることもあります。すぐに同意するのではなく、なぜその機能が必要だと思ったのか、どのように使用するつもりなのかを質問しましょう。この段階で新機能を約束するのは構いませんが、MVPのスコープにするかどうかは検討する必要があります。また、製品ロードマップに含めるかどうか、含めるとしたらいつリリースするのかも考える必要があります。

第4幕：行動要請（スイッチを求める）

（5分間）

まだ初期段階なので、一般公開やユーザー募集をする予定はないが、**アーリーアクセスの顧客**は確保したいと考えていることを相手に伝えましょう。

> 私たちは大きな課題に取り組んでいます。段階的な展開戦略を使用して、選抜した少数のグループを相手に製品をテストする予定です。
> これまでお話をお聞きしたところ、あなたがユーザーとして最適であることがわかりました。アーリーアクセスのユーザーとしてご参加ください。

ここは任意のステップですが、使用することをお勧めします。あなたの製品を賞品として位置づけ、希少性を高めることで、購買意欲を刺激します。

次は、価格のアンカリングです。よく知られた戦術ですが、あまりピッチで使用されることがありません。このステップは省略しないことをお勧めします。オファーにリスクリバーサルや返金保証が含まれる場合は、そのことについても触れてください。

> それでは、価格についてご説明します。
> 私たちは製品の適正な価格を決定するために、既存の代替品の価格と私たちが提供する価値に応じた価格モデルにしています。

ほとんどの人が既存の代替品にXドルを費やして［現在のアウトカム］を達成しています。すでに［より良いアウトカム］を達成する方法についてはご説明しました。これにより、あなたは［価値］を作成／維持することができます。私たちの製品を選んでいただけるように、価格をXドルではなく［価格モデル］に設定しました。

この価格には、［プラットフォーム］の設定、オンボーディングの支援、毎月のサポートが含まれています。これはアーリーアクセスのお客さま限定です。初期のお客さまの成功が重要だと考えているためです。製品が広く普及していけば、これらのオプションは別途課金にする可能性があります。

まとめ（次のステップ）

（3分間）

価格モデルを提示したら、相手のボディランゲージを確認する準備をします。直後の見込み客の反応を注意深く見ましょう。それが価格を最適化する鍵となります。価格を受け入れてもらえたら、躊躇してから受け入れたのか、すぐに受け入れたのかをメモしてから、販売のためのステップに進みます。すぐに受け入れられた場合は、あなたが思っているよりも製品の価値が高い可能性があります。次のピッチからは価格を上げてテストする必要があるでしょう。

意思決定に時間がかかりそうな場合は、フォローアップの資料（スライドなど）を送り、再確認のための日程を提案しましょう。

価格が受け入れられなかった場合は、その理由を深く理解しましょう。

10.5　オファーの最適化

オファーを最適化する最初のステップは、顧客ファクトリーの指標を毎週測定することです。そこから最適化すべき制約を特定します。最後に、その根本原因を突き止め、制約を解消する方法を策定します。それらを今後のオファーでテストします。

10.5.1　顧客ファクトリーの指標を毎週測定する

ユーザーの行動を顧客ファクトリーのステップにマッピングします。以下のようなステップにすることをお勧めします。

1. 獲得：新規リード（見込み客）の人数
2. アクティベーション：デモの予約数
3. 定着：デモ後のフォローアップの件数（複雑な販売の場合）
4. 収益：オファーを受け入れた人数
5. 紹介：紹介による新規リードの人数

ローンチ後、これらのステップを再定義することになるでしょう。詳しくは、**12章**で説明します。サードパーティーのツールを使っても構いませんが、あまり時間をかけすぎないようにしましょう。最初は手動で測定しても問題ありません。

LEANSTACKでは、製品をローンチするたびにスライドを作り、毎週月曜日の朝に手動で入力しています（**図10-3**）。

NOTE

空欄の顧客ファクトリーのダッシュボードは、**LEANSTACK** のウェブサイト（`https://runlean.ly/resources`）からダウンロードできます。

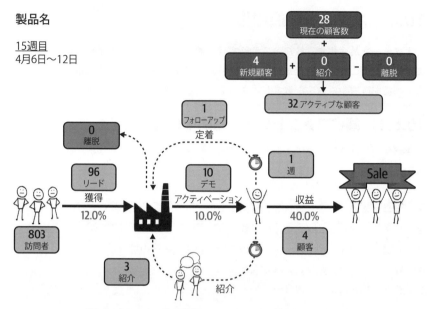

図10-3　ローンチ前の顧客ファクトリーの指標ダッシュボード

10.5.2　制約を特定する

　毎週の指標の基準値を作成したら、行動要請のステップ（収益）からさかのぼってボトルネックを探します。ボトルネックとは、以下のような場所です。

- 待ち人数が多い（サイクルタイムが長い）
- 離脱者が多い（離脱率が高い）

最初に取り組むべき制約として、トップのボトルネックを優先します。

10.5.3　制約を解消する方法を策定する

　制約はトップのボトルネックを教えてくれますが、なぜそれが起きたのかまでは教えてくれません。

　あるステップの待ち人数が多い場合、リソース（人）に制約がある可能性が高いです。たとえば、週に10件の新規リードを獲得しているのに、ピッチが週に5件だとすると、フォローアップが不十分です。このような場合は、そのステップを自動化するか（スケジューリングツールの導入など）、外部委託すること（バーチャルアシスタントの導入など）を検討してください。

　あるステップで多くの人が離脱することが制約になっている場合、（販売）プロセスに制約がある可能性が高いです。たとえば、見込み客が価格が高すぎると感じて購入しない場合や、あなたの約束（UVP）に注意を引かれずにデモにサインアップしない場合があります。このような場合は、対応できていない不満を分析することで、ソリューションが得られる可能性があります。そのためには、ピッチで傾聴するか、ピッチの内容を分析するか、見込み客にそのことを聞いてみましょう。

10.6　スティーブがチームと一緒に最初のオファー 提供スプリントの結果をレビューする

　リサ「長期休暇があったので、ほとんどのピッチを来週に延期することになりました。実施できたピッチはひとつだけです」

　スティーブ「デモが遅れた責任は私にあります。レンダリングの品質に100%満足できなかったので、その調整に数日かかってしまいました」

　メアリー「完璧は完成の敵ですね。可能な限り最高のソリューションを紹介したい気持ちはわかります。しかし、ここでは完璧よりも学習速度が重要です。**十分に良い**の定義を見直しましょう。比較対象はあなたの理想ではなく、顧客の既存の代替品です」

　スティーブは静かにうなずいて同意しました。

　メアリーはピッチの様子について質問しました。

　リサ「建築家はデモを気に入ってくれましたが、価格には躊躇していました。3Dレンダリングのコストを抑えられると伝えましたが、今では使っていないそうです。3DレンダリングやVRはあくまでも『あればうれしい』ものであり、これ以上コスト

の発生は考えられないと言っていました」

　メアリー「そうですか。落ち込まないでくださいね。これはひとつの会話にすぎません。初期のピッチは素晴らしい学習機会です。何度も繰り返して、ピッチを最適化していきましょう。私からのアドバイスとしては、見込み客の条件をもっと厳しくするのはどうでしょうか。現在のピッチは、3DレンダリングからサービスとしてのVRにスイッチしてもらうものです。3Dレンダリングを作成していないのであれば、別のピッチを作成するか、そうした見込み客をアーリーアダプターから除外するかのいずれかです」

　リサ「どちらがよいのでしょう？」

　メアリー「最初から新しいテクノロジーを導入してもらうのは難しいので、3Dレンダリングを使用していない見込み客はアーリーアダプターではないとしましょう」

　ジョシュ「私も賛成です。既存のソフトウェアを解雇してくださいと提案するほうが、比較できるものにスイッチすることになりますから簡単だと思います」

　メアリー「そのとおりです。見込み客の条件を設定して、次の2週間スプリントで多くのピッチを実行することにしましょう」

　リサ「わかりました。7社の企業にデモをする予定ですが、デモの前に条件に合致するかどうかを確認します」

10.7　オファーの提供はいつ終わるのか？

以下のいずれかが発生すると、オファーの提供は終了です。

- トラクションロードマップで定義したPSF（課題/解決フィット）の基準に到達した
- 時間が終了した（90日間サイクルが終わった）

どちらの場合も、90日間サイクルをレビューして、学習したことに基づいてエビデンスベースの意思決定をしてください。

11章
90日間サイクルレビューを開催する

　90日間サイクルの終了時には、チームを集めて90日間サイクルレビューミーティングを開きます。顧客ファクトリーの指標の結果にかかわらず開催してください。

　レビューでは、これまでにやったこと、学んだことをレビューして、次に何をするかを決めます。多くのチームで見られる反省点は、アイデアのピボットに時間をかけすぎた、というものです。いつか事態が好転することを期待して、失敗したアイデアや検証キャンペーンに手遅れになるまでしがみつくのです。90日間サイクルレビュー（**図11-1**）では、現実に目を向け、次のサイクルに向けた意思決定（継続、ピボット、停止のいずれか）をすることで、説明責任を果たします。

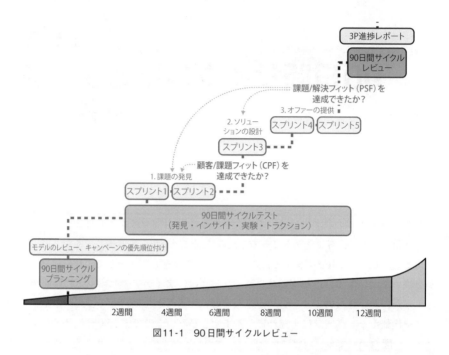

図11-1　90日間サイクルレビュー

11.1　スティーブがメアリーを事前に呼び出す

　スティーブ「90日間のOKRを達成できなかった場合はどうなりますか？ 2人のサインアップが必要ですが、誰もサインアップしなかったらどうなりますか？」

　メアリー「2人のサインアップが必要なわけではなく、これから数か月間、毎月2人がサインアップするようなシステム（顧客ファクトリー）を構築する必要があります」

　スティーブ「確かにそうでした。しかし、そのほうが大変ですよね。誰もサインアップしてくれなくても大丈夫なのでしょうか？ トラクションロードマップのタイムラインを延長してもよいでしょうか？」

　メアリー「トラクションロードマップは**最小限**の成功基準でしたよね。これを海面の水位だと思ってください。水位よりも下に行くとどうなりますか？」

　スティーブ「息を止める必要がある？」

　メアリー「そうです。でも、長時間息を止めることはできません。短時間であれば問題ありませんが、できるだけ早く水位より上に行く必要があります」

スティーブ「**できるだけ早く**というのは？」

メアリー「初期ステージは不確実性が高いため、ビジネスモデルの3分の2以上に大きなピボットが必要と言われています。ですから、最初の90日間のOKRを達成できず、PSFを発見するまでに追加の90日間サイクルが必要になることが普通です」

スティーブ「安心しました。誰もサインアップしなかったら、ピボットして追加の90日間サイクルを開始すればいいんですね」

メアリー「そうですね。ただし、ピボットは学習に基づくべきです。次の行動は、目標を達成できたかどうかではなく、90日間サイクルで何を学習したかで決めましょう」

メアリーはコーヒーを一口飲んでから続けました。

メアリー「なんだか少し心配そうですね。他に話したいことはありますか？」

スティーブ「90日間サイクルレビューの準備をしているのですが、目標を達成できなかったときにリサとジョシュが落胆して、プロジェクトを離れてしまわないかと……」

メアリー「気持ちはわかりますが、彼らもプロジェクトの一員であり、責任を担っているはずですよ。このフレームワークのパワーは、全員に責任を持たせるところにあります。特にビジネスモデルに対する責任があるんですよ」

スティーブ「ところで、ストックデールの逆説って知ってますか？」

メアリー「ジム・コリンズの『ビジョナリー・カンパニー2』の言葉ですね。厳しい現実を直視しろという話ですよね？」

スティーブ「手元に書籍を引用したものがあります」

こうして学んだ点を「ストックデールの逆説」とわれわれは呼ぶようになったが、偉大な企業はいずれも、同じ逆説を信奉していた。その逆説とはこうだ。どんな困難にぶつかろうとも、最後にはかならず勝てるし、勝つのだという確信が確固としていなければならない。だが同時に、それがどんなものであろうとも、きわめて厳しい現実を直視する確固たる姿勢をもっていなければならない。

―ジム・コリンズ（著）、山岡洋一（訳）
『ビジョナリー・カンパニー2』日経BP

メアリー「これはCIFを実践する鍵でもありますね。信念には徹底的に挑戦する必

要がありますが、最後には自分とチームが勝つのだと信じてください」

11.2　レビューミーティングの準備

　90日間サイクルレビューミーティングでは、5〜10分間でビジネスモデルの進捗を報告します。リーンキャンバスとトラクションロードマップを使って当初の仮定や目標を確認してから、90日間サイクルで実施したこと、次にやるべきことを説明します。

　スプリントの実施、実験の文書化、インサイトの取得、指標の測定をしっかりやっていれば、レビューの準備はあまり必要ありません。

　本セクションでは、進捗報告ピッチに必要な作成物の収集と更新、ピッチの構成方法について説明します。次のセクションでは、レビューの実施方法を説明します。

11.2.1　作成物の収集と更新

　調査してきたビジネスモデルごとに、エレベーターピッチ、リーンキャンバス、トラクションロードマップが必要です。

11.2.1.1　エレベーターピッチ

　オファー提供スプリントで学習したことに基づいて、エレベーターピッチを更新します。5章で紹介したテンプレートを再掲します。

> ［顧客］が［トリガーイベント］に遭遇したとき、
> ［望ましいアウトカム］のために［ジョブ］を片付ける必要があります。
> 通常は［既存の代替品］を使っていますが、
> ［スイッチングトリガー］があるため、［既存の代替品］は［課題］で機能しません。このまま課題が解決されなければ、いずれ［危機的状態］になるでしょう。
> そこで、私たちは［顧客］を支援するソリューションを構築しました。
> これは、［独自の価値提案］によって、［望ましいアウトカム］を実現します。

　エレベーターピッチは、マフィアオファーキャンペーンの第1幕と第2幕を凝縮したものだと気づいたかもしれません。

　エレベーターピッチの目的は、製品の存在理由をすばやく説明することです。その
ために、以下のことに触れます。

- 誰を対象にするのか（顧客セグメント）
- 何が変わったのか（スイッチングトリガー）
- 結果的に（既存の代替品で）何を修復すべきなのか

　エレベーターピッチは、あらゆる会話、ピッチ、ビジネスモデルの更新の糸口にな
ります。常に最新状態に保ち、できるだけ何度も練習しましょう。

11.2.1.2　リーンキャンバス

　リーンキャンバスにも最新の考え方が反映されるようにしてください（**図11-2**）。
特に、顧客セグメント、課題、ソリューション、UVP、価格（収益の流れ）は重要
です。

課題： 競合製品の解決に値する課題を列挙する	ソリューション： MVPを定義する	独自の 価値提案： 望ましいアウトカムを列挙する、ウォンツ対ニーズ		顧客 セグメント： シンプルにする
既存の 代替品： 競合製品を列挙する				アーリー アダプター： トリガーイベントと特徴を列挙する
		収益の流れ： UVPと競合製品を考慮した適正な価格を列挙する		

図11-2　リーンキャンバスを常に最新状態にする

　90日間サイクルを開始してからはじめてリーンキャンバスを確認していたら、短期間で自分の考え方が大きく変化していることに驚くかもしれません。従来の事業計画とは違い、これは弱みではなく、前進を表しています。

　90日前のリーンキャンバスのスナップショットを撮っておきましょう。レビューミーティングでは、それを最新バージョンと比較して、学習したところを強調します。

11.2.1.3　トラクションロードマップ

　トラクションロードマップも確認してください。まずは、価格モデルなどのフェルミ推定のインプットが変わっていないことを確認します。変更されていた場合は、**MSCの目標は変えずに**、トラクションロードマップを更新してください。そのときに90日前のスナップショットを撮っておきましょう。

NOTE ─────────────────────────

MSC（最小限の成功基準）はビジネスモデルの重要な制約です。MSCを変更する場合は、チームやステークホルダーと慎重に検討してください。変更が必要であれば、90日間サイクルレビューで提案してください。

　次に、トラクションの指標（トライアルを開始した人数など）をトラクションロードマップにプロットします（**図11-3**）。ビジネスモデルが進捗しているかどうかを伝える最も効果的なビジュアルです。トラクションが目標であることを忘れないでください。

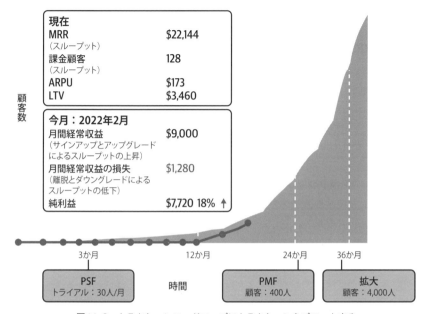

図11-3　トラクションロードマップにトラクションをプロットする

11.2.2　進捗報告ピッチのスライドを作成する

5章でビジネスモデルのピッチのテンプレートを紹介しました。90日間サイクルレビューでもスライドを作成する必要があります。ミーティングのコンテキストを設定して、サイクル開始時の仮定、サイクル途中の行動、学習内容や結果、次にやるべきことを報告します。次のセクションでは、各スライドに何を含めるべきかを紹介します。

11.2.2.1　コンテキストを設定する

冒頭のスライドでは、ミーティングのコンテキストを設定します。

スライド1：90日間サイクルの目標をレビューする

90日間サイクルの目標（PSFの達成など）を共有し、検討しているビジネスモデルの数値を要約します。モデルが複数あれば、うまくいったモデルから説明します。

スライド2：エレベーターピッチ

ビジュアルを活用しながら、エレベーターピッチを説明します。

11.2.2.2 私たちが考えていたこと

次に、90日間サイクルの当初の考えをレビューします。

スライド3：リーンキャンバスのスナップショット

サイクル開始時のリーンキャンバスを共有し、重要な仮定を強調します。

スライド4：トラクションロードマップのスナップショット

サイクル開始時のトラクションロードマップを共有し、90日間の目標を達成するために必要だと考えていた結果を強調します。

11.2.2.3 私たちがやったこと

次のスライドでは、90日間サイクルの行動について説明します。

スライド5：検証キャンペーン

90日間サイクルの開始時に選択した検証キャンペーンについて説明します。

スライド6：実験

実施した実験について、インタビューした人数やピッチの回数などをまとめます。

11.2.2.4 私たちが学んだこと

次のスライドでは、これらの行動から学んだことや達成したことを説明します。

スライド7：インサイト

学習したことをまとめます。最新のリーンキャンバスやトラクションロードマップを持ち出して、変更点を正当化することもできます。

スライド8：トラクション

トラクションの指標をトラクションロードマップに反映し、キャンペーンの結果をまとめます。

11.2.2.5　次にやること

最後に、将来の計画について説明します。

スライド9：現在の制約

ビジネスモデルで取り組むべき次の制約（制約に変更がある場合）とあなたの考えを共有します。

スライド10：次の行動の3P

トラクションの指標と制約の評価を組み合わせて、次の行動の3P（persevere、pivot、pause）を提案します。それぞれは「継続、ピボット、停止」を意味します。

「イントロダクション」で紹介した「アイデアの迷路」を覚えているでしょうか？ PMFまでの道のりは、直線（継続）、曲がり道（ピボット）、行き止まりと後戻り（停止）がいっぱいです。行動を決定する方法は以下のとおりです。

- トラクションの目標を達成できた場合は、**継続**しましょう。トラクションロードマップから次の90日間サイクルの目標（MVPの構築など）を設定します。
- トラクションの目標は達成できなかったが、次の90日間サイクルでビジネスモデルを修正できそうなインサイト（顧客セグメントを変更するなど）を発見した場合は、**ピボット**しましょう。学習に基づいていないピボットは、単なる「とにかくやってみよう」にすぎません。説得力のあるピボットにするには、裏付けとなるエビデンスを共有できるようにしておきましょう。
- トラクションの目標を達成できず、ビジネスモデルが機能しないエビデンスを発見したり、リソースが不足したりしていた場合は、**停止**しましょう。

11.3　レビューミーティングの実施

　90日間サイクルレビューミーティングを実施するためのガイドラインを紹介します。

招待する人

コアチームに加えて、アドバイザーや投資家なども招待します。

十分な時間を確保する

全員が45分間参加できるようにスケジュールを組むことをお勧めします。

スライドと配布資料を組み合わせて使用する

ビジネスモデルのピッチと同様に、リーンキャンバスやトラクションロード
マップのスナップショットは、進捗を報告しながら割り込み回避できる完璧な
配布資料です。

20/80のルールを使用する

進捗報告は10分（20%の時間）で終わらせましょう。残りの時間は、議論、
フィードバック、意思決定の時間に使いましょう。

投資家（外部のステークホルダー）にアドバイスを求める

投資家はお金の話をするだけではありません。投資家に適切な形で関与しても
らえれば、ビジネスモデルの制約を取り除く貴重な資産となる可能性がありま
す。彼らは多くのスタートアップを見ているので、新しい戦術の宝庫です。あ
なたのビジネスモデルを成長させてくれるかもしれません。ただし、投資家は
あなたが求めない限り、こうした知識を共有してくれません。

してはいけないことを以下に挙げます。

- **成功劇を演じてはいけません。** 多くの起業家は、良いニュースだけを外
  部のステークホルダーと共有し、悪いニュースは隠す傾向があります。
  このようなことをしていると、いずれ分断が生じます。ステークホル
  ダーとは協力関係を築くようにしましょう。相手が望むものとあなたが
  望むものは同じです。機能するビジネスモデルです。

- **投資家の言うことに素直に従ってはいけません。** もうひとつの落とし穴
  は、すべてのアドバイスに従いたくなることです。特に尊敬する人やお
  金を支払ってくれている人からのアドバイスは聞きたくなります。その
  まま歯止めが利かなくなると、役に立つどころか、道を踏み外すことに
  なるでしょう。

その代わり、以下のことをしましょう。

- **進捗を客観的に共有しましょう。** チームと同じ情報を外部のステークホ

ルダーにも共有してください。外部のステークホルダーに歪んだデータ
や一部のデータだけを見せていると、アドバイスが役に立ちません。評
価を求めないようにしましょう。

● **すべてはあなたの責任です。** あなたのビジネスの究極的なステークホル
ダー（投資家1号）はあなたであることを忘れないでください。アドバ
イスに従うのではなく、結果を出すことで金星を獲得しましょう。

絞られたアジェンダを設定する

誰もがミーティングにムダな時間を使いたくないと思っています。よく準備し
てアジェンダを絞りましょう。コラム「90日間サイクルレビューのアジェンダ
（45分）」にサンプルの議題を掲載しました。

90日間サイクルレビューのアジェンダ（45分）

歓迎（場の設定）

（2分間）
アジェンダをすばやく紹介して、ミーティングの場を設定しましょう。

● 進捗を報告する（中断なし）：10分間
● 全体で議論する（質疑応答）：15分間
● アドバイスを求める：15分間
● 3Pを決定する：3分間

進捗を報告する（中断なし）

（10分間）
前のセクションでまとめたスライドや作成物を使用して、進捗を報告します。

全体で議論する（質疑応答）

（15分間）

　参加者はこの時間を利用して、進捗について質問します。また、インサイトにどのようにたどり着いたのか、複数のビジネスモデルがある場合は、なぜそのビジネスモデルを選択したかを質問します。あなたの主張を裏付けるために、実験の詳細、顧客フォースキャンバス、指標の準備もしておきましょう。

アドバイスを求める

　（15分間）

　制約の評価の認識を合わせ、次の行動（継続、ピボット、停止）のフィードバックを求めます。90日間サイクルキックオフミーティングと同様に、新しいキャンペーンのブレインストーミングをするのではなく、現在のビジネスモデルに対する認識を合わせ、次の90日間サイクルのOKRについて議論します。

3P を決定する

　（3分間）

　3Pの決定をまとめ、次の90日間サイクルプランニングミーティングのスケジュールを決めたら、レビューミーティングを終了します。チームの認識はそろっているはずなので、90日間サイクルキックオフミーティングを開く必要はありません。

11.4　スティーブが90日間サイクルレビューを 開催する

メアリー「笑顔が見えるので、サイクルがうまくいったのでしょうか」
スティーブ「うまくいきましたよ。報告するのが待ちきれません」
まずは、現在のサイクルの目標と、開始時のモデルを確認しました。
スティーブ「私たちはソフトウェア開発者のビジネスモデルから、住宅建築のビジネスモデルに住み替えました（家だけに！）。アーリーアダプターとしては、クライアント向けに3Dレンダリングを使用している建築家を対象にしています」
リサとジョシュはニヤリとしています。
スティーブ「困難なスタートでしたが、前回のスプリントで大きなブレイクスルー

を達成しました。建築家の設計サイクルを短縮するためにAltverseを提案していましたが、もっと大きなジョブを見つけることができました。クライアントの教育です」

スティーブは一息ついてから、話を続けました。

スティーブ「建築家は新規のクライアントの教育に平均20〜30時間を費やしています。たとえば、設計について話し合ったり、素材の選択肢を提示したり、買い物に連れて行ったり、設計の選択を手伝ったりします。こうした時間に対して、基本的には請求しません。当然、利益は圧迫されます。ある建築家はこうした時間を『ビジネスに必要なコスト』と言ってました。クライアントがすばやく意思決定できるようにしたり、あとで大きな問題にならないように設計の問題をできるだけ早く発見したりするためです。こうしたクライアントの教育のために、予算の10〜15%を使っていると言っていました。契約金はおよそ10万ドルなので、1万〜1万5,000ドルに相当します。」

スティーブは、メアリーが笑顔になるのを見ながら続けました。

スティーブ「ある企業にこのアイデアを提案しました。クライアントが最新のデザインと素材を選択して、プロジェクトのレンダリングにアクセスできるようにするというものです。教育のオーバーヘッドをどれだけ削減できるかをテストする必要がありましたが、私たちのレンダリングのリアルさを見た建築家が、大きな削減になると確信してくれました。現在のオーバーヘッドをアンカーにして、クライアントごとに月額1,000ドルを提案しました。これから設計フェーズ（3か月間）を開始するクライアントに、私たちのサービスを試験的に利用してくれることになりました。このマフィアオファーを他の企業にも提案したところ、4社中3社が同じ条件で契約してくれました」

スティーブは次のステップについて説明しました。

スティーブ「私たちの次のステップは、この4社にコンシェルジュ型MVPを提供することです。4〜6週間で準備できると思います。これは4社のタイムラインとも一致します。何か質問はありますか？」

メアリー「おめでとうございます。やりましたね。クライアントを教育するジョブをどうやって発見したのですか？」

リサ「ある建築家の方がおっしゃったのです。彼はレンダリングのリアルさ圧倒されて、これをクライアントに見せれば、よくある質問をされなくなるだろうと言っていました。それから私たちの素材のカタログに興味を持ってくれました。スティーブが会議室の壁紙の写真を撮り、レンダリングのモデルを更新して、建築家に見せまし

た。建築家は椅子から転げ落ちそうになっていました。彼は話を受け入れてくれて、そこから先は順調でした。その部分を標準のデモにも組み込みました」

メアリー「すごいですね。その建築家と親密になって、大切にしてください。彼は間違いなくアーリーアダプターであり、味方にしておきたい人物です。他に共有することはありますか？」

全員が首を振りました。

メアリー「わかりました。それでは、私からいくつか共有します。すでにスティーブには言いましたが、みなさんにも改めて伝えておきます。MVPのローンチに移行しても、顧客ファクトリーは稼働させ続けなければいけません」

リサ「もっと建築家に売り込むということですか？」

メアリー「はい。ただし、チャネルやキャンペーンの自動化やスケーリングにも投資します。ホッケースティックカーブがゆっくりと上昇しているうちに、トラクションを10倍にする方法を考えておく必要があります。ローンチだけでなく、マフィアオファーのスケールアップも必要です。それから、以前話していた2人のエンジェル投資家にも同じ話をしておいたほうがいいと思います」

ジョシュ「投資してもらえますかね？」

メアリー「時期が来たらわかりますよ。みなさんはアーリーステージの投資家にトラクションを伝える準備ができていると思います。以前から将来的には資金調達したいと思っていましたよね。ジョシュとリサは、チームにフルタイムで参加するかどうかを決める時期に来たと思います。PSFはパートタイムでも達成できたかもしれませんが、これから先はチームとしてフルタイムでコミットする必要があります」

第III部
成長

　PSF（課題/解決フィット）の達成はスタートアップの最初のマイルストーンです。ビジネスモデルの観点では、PMF（製品/市場フィット）を目指す構築ステージ（ステージ2）へ進む条件を満たしていることになります。

　MVPをはじめてローンチするときは、うまくいかないことが多いので注意してください。うまくいかないと、再び**ソリューションを製品として見る**ようになります。顧客からの機能要求を言い訳にして「さらに構築したい」と思い始めます。そうすると、シンプルでフォーカスされたMVPが、短期間で巨大なモンスターになるでしょう。

　顧客の声に耳を傾けることは重要ですが、その方法を知る必要があります。ひたすら機能を追加しても解決はしません。総合的かつ継続的に、**ビジネスモデルを製品として見る**必要があります（マインドセット#1）。また、これから先もこれまでと同じプロセスを使用する必要があります。

　具体的には、以下のような90日間サイクルを継続する必要があります。

- トラクションロードマップを使用して90日間の目標を定義する
- 邪魔になっている制約を特定する
- 制約を解消するキャンペーンに賭ける
- スプリントでキャンペーンを体系的にテストする
- エビデンスに基づいて3P（継続、ピボット、停止）を決定する

Ⅲ.1　これからの旅

　以前に説明したように、PSF（課題/解決フィット）からPMF（製品/市場フィット）までに18〜24か月かかります。長いように思えますが、90日間サイクルが6〜8回しかありません。10倍の成長率を使用しているのであれば、トラクションを10倍にすることを2回やる必要があります。

　トラクションを100倍にすると思うと圧倒されるかもしれませんが、システムの観点から考えてみるといいでしょう。10倍のジャンプは、2倍のジャンプが約3回（$2^3 = 8$）だと考えられます。PMFを達成するまでに6〜8回のサイクルがあります。各サイクルの目標はトラクションを2倍にすることだと考えましょう。つまり、成長を2倍にするレバーをひとつだけ見つければいいのです。

　システムの観点は、各サイクルで採用する成長戦略（キャンペーン）を見つけるときにも役立ちます。PSFの重要な成果は、顧客ファクトリーを稼働させること（反復可能な顧客獲得を確立させること）でした。顧客ファクトリーを最適化してPMFを達成するときには、この最適化プロセスに段階的に取り組みます。

　つまり、PMFまでの道のりを3つのサブステージに分割するのです（**図Ⅲ-1**）。

● MVPのローンチ
● 解決/顧客フィット（SCF: Solution/Customer Fit）
● 製品/市場フィット（PMF: Product/Market Fit）

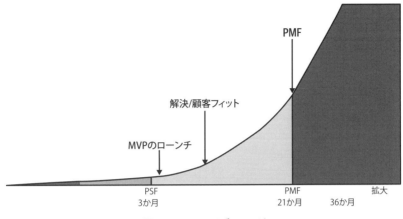

図III-1 PMFのサブステージ

III.1.1 MVPのローンチ

ここでの目標は、次の90日間サイクルでMVPをローンチできるようにすることです。ソリューションの準備をするだけでなく、アーリーアダプターから継続的に学習するための基盤を構築することも含まれます。

III.1.2 解決/顧客フィット（SCF）

ローンチしたあとは、価値提供仮説の検証にフォーカスします。つまり、MVPがUVPを提供して、幸せな顧客を生み出していることを確認します。このステージの重要な成果は、初期の顧客がアクティベーションして、定着していることを示すことです。

SCFを達成するまでに、通常3〜6か月かかります。

III.1.3 製品/市場フィット（PMF）

価値提供仮説を検証したら、フォーカスは成長の加速に移行します。ここから持続的な成長エンジンを探し始めることになります。これには6〜12か月かかります。

第Ⅲ部では、PMFを達成するまでの3つのサブステージの実践的なステップを説明します。これから説明する章では、以下の方法を紹介します。

- ローンチの準備をする（12章）
- 幸せな顧客を作る（13章）
- 成長ロケットを見つける（14章）

12章
ローンチの準備をする

数週間前と比べると、顧客のニーズが理解できるようになり、MVPの定義も明確になっているはずです。ただし、引き続きイノベーターのバイアスには注意してください。このステージになっても、注意散漫になったり、構築に時間をかけすぎたり、間違った製品を構築したりするものです。

MVPの構築にフォーカスするだけではありません。製品のローンチの「速度、学習、集中」を最適化するために、他の項目にもフォーカスする必要があります。

製品のキャンペーンやPR活動ではありません。実証されていない製品を話題にしてもらうのは、早すぎる最適化です。多くのトラフィックを生み出せたとしても、定着してもらえるような説得力がなければ、トラフィックはすぐに消えてしまいます。

製品のローンチとマーケティングの発表は分けましょう。製品のローンチは、アーリーアダプターだけを対象にして、価値を提供できたかどうか（UVPを実現できたかどうか）を検証することが目的です。

顧客に対して**価値の提供を繰り返し示す**ことができたときに、マーケティングの発表をすることが可能になります。

本章では、製品のローンチの「速度、学習、集中」を最適化する方法を紹介します。

図12-1は、90日間サイクルの様子を示しています。4スプリント（2か月）以下でMVPを構築し、1スプリントでローンチの準備をしてから、アーリーアクセスのローンチをします。これはあくまでもガイドラインであり、製品によって必要な期間は違います。

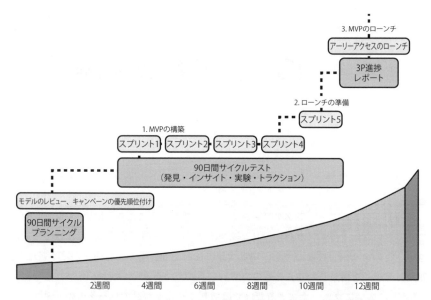

図12-1　MVP をローンチするための一般的な 90 日間サイクル

12.1　Altverseチームがローンチの準備をする

　前回のミーティング後、スティーブはリサとジョシュと個別に面談して、フルタイムでチームに参加してもらえないかと打診しました。2人とも快諾してくれました。メアリーからの情報を参考にして作成した持株比率と報酬体系も提示しました。

　並行して、スティーブは2人のエンジェル投資家にピッチをしました。その結果、今後9〜12か月間で5人の給与をカバーできるシードラウンドを獲得できそうです。リサとジョシュはすべての条件に同意し、正式にチームに参加してくれました。

　チームとランウェイが確保されたので、次の90日間サイクルを開始しました。

　スティーブ「次の90日間サイクルで実施する2つのキャンペーンが明確になったと思います。コンシェルジュ型MVPを稼働させて、マフィアオファーを上回るようにスケールさせていく必要があります」

　リサ「価格帯を考えると、次は直販キャンペーンを実施すべきではないかと思います」

　メアリー「私もそう思います。これまでに学習したことを活用すれば、再現可能な

販売プロセスを作れるはずです。それから、有望なアーリーアダプターを選別するために、何らかのCRMシステムを使うといいでしょう」

リサはうなずきました。

メアリー「これからのスプリントで重要なのは、コンシェルジュ型MVPの準備を整えることに集中して、華やかなものに気を取られないようにすることです」

スティーブ「忘れないようにします。すでにスコープは絞り込んでいます。デモのときに追加の機能要求がありましたが、それらはローンチ後に対応することにします」

メアリー「全社的なダッシュボードの準備も始めましょう。まだ4社しかありませんが、各社のクライアントまで含めると、20〜30人がMVPを使用することになります。今後はさらに人数が増えていくでしょう。MVPを最適化するには、MVPがどのように使用されているかを視覚化する必要があります」

ジョシュ「定期的に建築家にフィードバックをもらうことはできませんか？」

メアリー「まさに私が最後に伝えたかったことです。ソリューションを顧客に届けるだけではうまくいきません。アーリーアダプターを幸せな顧客にする体系的なプロセスを構築する必要があります。それは、MVPをバッチで展開し、事前に成功指標の期待値を設定し、定期的にフィードバックをもらうところから始まります」

ジョシュ「コンシェルジュ型MVPから始めれば大丈夫ですよね」

メアリー「古いやり方から新しいやり方にスイッチしてもらうのは、みなさんが思っているよりも大変です。重要なところから始めましょう。ローンチの準備方法については、あとでメモを送ります。パイロット版の管理方法についても再検討しましょう」

12.2　顧客ファクトリーを動かし続ける

最初の顧客のバッチを確保できたら、製品開発に集中するために、顧客獲得の活動を縮小したくなります。しかし、これは間違いです。その理由を紹介します。

顧客ファクトリーはフライホイール（弾み車）だから

顧客ファクトリーを稼働させるには多くの労力が必要ですが、稼働させ続けるにはそれほど労力はかかりません。顧客ファクトリーを停止させてしまうと、再び稼働させるときに多くの労力が必要になります。これには費用も時間もか

かります。

顧客ファクトリーを継続的に最適化するにはユーザーの流れが必要だから

顧客ファクトリーは、複数のステップが接続されたシステムです。システムの一部だけを最適化すると、システム全体のスループットが低下します。局所最適化の罠です。

このような理由から、特定のステップを停止したり、無視したりすることはできません。顧客ファクトリーのスループットを最適化するには、継続的にシステムに入ってくる安定したユーザーの流れが必要です。

> ── **NOTE** ──
>
> あなたの目標は、学習をサポートするのに「十分な」トラフィックを確保することです。

再現性は成長の前提条件だから

顧客ファクトリーはシステムです。システムには再現性が必要です。工場のマネージャーが現場で機械を稼働させるとき、手順を最適化する前にスループットの基準値（許容できる変動の誤差）を設定します。顧客ファクトリーも同じです。

再現性のないビジネスモデルをスケールさせることはできません。最初の10人の顧客を獲得することは重要ですが、**次の10人を獲得する方法がわからな**ければ、再現性はありません。再現性を確保するには、顧客ファクトリーを常に稼働させておく必要があります。

12.2.1　顧客ファクトリーを自動化する

トラクションを成長させるために十分に活用されていない方法があります。それは、顧客ファクトリーのステップの自動化です。多くの起業家がコンバージョン率にフォーカスして、もうひとつの強力な手段であるサイクルタイムを無視しています。

> ── **TIP** ──
>
> 販売サイクルを半分にすると、成約率を2倍にするのと同じ効果があります。

　手間のかかる獲得やアクティベーションのステップを自動化してみましょう。ただし、自動化することによってコンバージョン率が低下する可能性があります。再現可能な成長を促進していくには、顧客ファクトリーを定期的に調整する必要があります。

12.3　価値提供の競争

　製品開発に入るとフロー状態になり、時間の感覚が失われます。これを回避するには、MVPのリリース1.0に専念しましょう。そのためのヒントを紹介します。

交渉の余地のないローンチ日を設定して守る

　ソリューション設計スプリント（**9章**）から、MVPの構築は2か月という制約が生まれています。これをさらに一歩進め、ローンチの日付をアーリーアダプターに告知しましょう。これは、外部に対して説明責任を負うためです。

スコープクリープと戦う

　機能が増えるとUVPが薄くなります。これまでにMVPをできるだけ小さく保つように努力してきたはずです。不用意にUVPを薄めないようにしましょう。

NOTE ───────────────────────────

シンプルな製品はわかりやすいです。

90日間の使用に合わせてスコープを縮小する

　スコープを制限する効果的な方法は、最初の90日間の使用分だけを構築するというものです。顧客が製品の雇用または解雇を判断するには、3か月もあれば十分です。コアではない機能は後回しにしましょう。

継続的デリバリー戦略を導入する

　製品のすべてをMVPに詰め込むのではなく、ジャストインタイムの継続的デリバリー戦略を導入しましょう。継続的デリバリーでは、短いサイクルで段階的に新機能をリリースします。これはソフトウェア製品で一般的に使用される手法ですが、うまくやればソフトウェア以外の製品にも導入できます。

以下に例を示します。

- テスラは2台目のモデルSを出荷しましたが、プログラマブルなシートや自動運転などの「約束した」機能の多くは実装されていませんでした。テスラはこれらの機能に必要なハードウェアを搭載した車を出荷し、ソフトウェアのアップデートによって「あとから」機能を提供したのです。
- 「Playing Lean」はスタートアップの原則が学べるボードゲームです。このゲームを開発したチームは、交換用のパックとダイスを継続的に顧客に提供しました。

早すぎる最適化を避ける

すべてのエネルギーを学習の加速に向ける必要があります。速度が鍵です。サーバー、コード、データベースなどを最適化しようとしないでください。ローンチの直後にスケーリングの問題が発生することはほとんどありません。仮に発生したとしても、ハードウェアを追加すれば解決できるはずです。顧客に課金する理由にもなるでしょう。問題を効率的に解決するための時間を稼ぐこともできます。

途中でアーリーアクセスの顧客からフィードバックをもらう

アーリーアクセスの顧客に進捗を見せるために、スクリーンショットを共有したり、ライブデモに招待したりしましょう。顧客の関心を維持することにもなりますし、フィードバックをもらうこともできます。

12.4　顧客ファクトリーの指標ダッシュボードを拡張する

ビジネスは水槽のように経営すべきだ。これなら何が起きているのかみんなにわかる。

　　　　　　　　　—ジャック・スタック　『The Great Game of Business』

ローンチの準備をするために、10章で作成した全社的なダッシュボードを拡張して、製品の指標を追加しましょう。

全社的なダッシュボードがあれば、ビジネスモデルの制約にチームで対応できます。

全社的なダッシュボードを構築するガイドラインを紹介します。

行動につながらないデータの海に溺れない

利用できるアナリティクスツールが急増しているため、製品のさまざまな指標を簡単に測定できるようになりました。

その結果、私たちはできるだけ多くのデータを収集して分析するようになりました。私たちは（ほぼ）何でも測定できる世界に住んでいますが、それによって物事が明確になることはなく、行動につながらないデータの海に溺れるようになりました。

Googleアナリティクスを使用したことがあれば、私の言いたいことがわかるでしょう。JavaScriptの小さなスニペットを貼り付けるだけで、数千ものデータポイントを収集できるようになります。複数のツールを使用するようになると、こうした数値が爆発的に増えます。情報と同じように、データが多すぎるとマヒするのです。

── NOTE ────────────────────

大量の数値は必要ありません。行動につながる重要な指標がいくつかあればいいのです。

顧客ファクトリーの指標から始める

顧客ファクトリーを確認して、それぞれのステップをユーザーの行動に割り当てましょう。

LEANSTACKのSaaS製品では、顧客ファクトリーを以下のように割り当てました。

1. 獲得：無料アカウントにサインアップした
2. アクティベーション：リーンキャンバスを完成させた
3. 定着：戻ってきて製品を使用した
4. 収益：課金アカウントにアップグレードした
5. 紹介：他のユーザーをプロジェクトに招待した

顧客ファクトリーのステップは、顧客が実行する最も重要なマクロイベントです。これらのイベントは、複数のミクロイベントで構成されます。たとえば、LEANSTACKにサインアップする前に（獲得）、ブログ記事をクリックしたり、

ランディングページを訪問したり、サイトを閲覧したりしているでしょう。

全社的なダッシュボードの目的は、すべてのステップではなく、顧客の最も重要なイベントを把握することです。使用する指標を少なくすることで、数値の海に溺れないだけでなく、ビジネスモデルの制約にフォーカスできます。

マクロ指標は制約を特定するのに役立ちます。ミクロ指標は制約の位置を正確に特定するのに役立ちます（トラブル解決にも役立ちます）。

虚栄心を増大させない

製品の「真の進捗」を測定するのが難しいのは、私たちは悪いニュースよりも良いニュースを報告したいからです。私たちは右肩上がりのグラフが好きです。それ自体は悪いことではありませんが、右肩上がりだけのグラフには気を付けましょう。

サインアップした人数の累計が典型的な例です。現在もサービスを利用中かどうかが考慮されていません。累計のグラフは横ばいになることはありますが、絶対に下がることはありません。これが虚栄の指標を手にした最初の兆候です。

公平のために言っておくと、虚栄の指標にも居場所はあります。社会的な証明を作り、競合他社を退けるために、マーケティング用のウェブサイトに使えます。ただし、社内で進捗の指標として使用すると、幻想を生み出すことになります。ビジネスの残酷な事実に直面することができなくなってしまいます。

—— NOTE ——

行動につながる指標になるか虚栄の指標になるかは、指標自体が問題なのではなく、あなたがそれをどのように測定するかです。

行動につながる指標を追い求める

行動につながる指標は、具体的で反復可能な行動を観測結果に結び付けるものです。つまり、因果関係を引き出すものです。そのための王道の方法は、顧客ファクトリーをバッチ（またはコホート）で測定することです。

バッチは工場を想像すると理解しやすいでしょう。工場の基準値は再現性の原則に基づいているため、現場で何か問題があれば、管理者はすばやく検知できます。あるバッチに異常が見つかると、問題があることがわかるだけでなく、

どのステップに問題があるのかまですばやく突き止めることができます。
顧客ファクトリーの基準値も同じアプローチが使えます。まず、ユーザーを参
加日（またはサインアップ日）で、日次、週次、月次のバッチにグループ化し
ます。次に、顧客ファクトリーを通過するユーザーの行動を測定します。

NOTE

コホートを使えば、ユーザーのバッチ同士を比較することができるため、相
対的な進捗を測定できます。

単純に集計するよりもコホートを測定するほうが手間はかかりますが、コホー
トベースのアプローチには以下の利点があり、手間をかける価値があります。

共通の属性で区分できる

製品を「絶えず変化する川」だと考えてください。ユーザーを参加日で
グループ化すると、製品を同じように体験するバッチに分けることがで
きます。バッチには達成すべき基準値やベンチマークが設定されます。
ユーザーに共通する属性であれば、参加日以外にも使えます。たとえ
ば、性別、トラフィックのソース、リリース日、特定の機能の使用など
でコホートを作成できます。

進捗を視覚化できる

異なるバッチのスループットは、同じものとして比較できます。データ
を正規化し、ユーザーをコホートで追跡すれば、右肩上がりの数値は虚
栄の指標ではなく、進捗を示す指標になります。

因果関係を突き止められる

あるバッチにスパイクが見られた場合は、そのバッチの変化を調べま
しょう。原因を突き止めることができるはずです。原因が見つかった
ら、その行動を繰り返して、似たような結果になるかを調べましょう。
これはスプリットテスト（A/Bテスト）の基本です。

指標を1ページにまとめる

顧客ファクトリーの各ステップを測定するツールは多数ありますが、全体を測定できるツールはまだ見つかっていません。LEANSTACKでは、全社的なダッシュボードを1枚にまとめるために、複数のツールを組み合わせています。**図12-2**に例を示します。

--- **NOTE** ---

全社的な指標ダッシュボードのテンプレートは、**LEANSTACK**のウェブサイト（`https://runlean.ly/resources`）からダウンロード可能です。

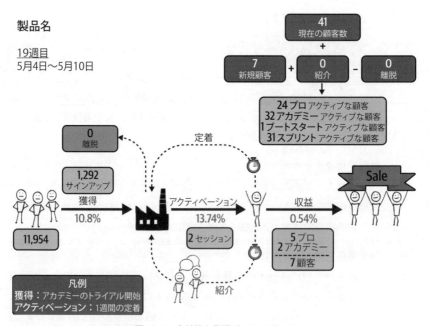

製品名

<u>19週目</u>
5月4日〜5月10日

41 現在の顧客数

+

7 新規顧客 **+** **0** 紹介 **-** **0** 離脱

24プロ アクティブな顧客
32アカデミー アクティブな顧客
1ブートスタート アクティブな顧客
31スプリント アクティブな顧客

0 離脱

1,292 サインアップ

11,954

獲得 **10.8%**

定着

アクティベーション **13.74%**

2セッション

収益 **0.54%**

Sale

5プロ
2アカデミー

7顧客

紹介

凡例
獲得：アカデミーのトライアル開始
アクティベーション：1週間の定着

図12-2　全社的な指標ダッシュボード

12.5　MVPをバッチで展開する

　これまで説明してきたように、最初のローンチはさまざまなことがうまくいきません。MVPを一般公開したり、全員に公開したりするのが良くないのはそのためです。

　MVPはバッチでローンチしましょう。つまり、最初のバージョンを「最良の」アーリーアダプターに限定してローンチしてから、残りのアーリーアダプターのバッチごとに少しずつ改良していくのです。

　段階的な展開戦略の方法は以下のとおりです。

最初のバッチに「最良」のアーリーアダプターを選ぶ

　ファンに価値を提供できなければ、見知らぬ人に価値を提供できるはずがありません。マフィアオファーのピッチのときに最適だと思った人を最初のバッチのアーリーアダプターに選びましょう。

—— **NOTE** ————————————————————————

学習のために大勢のユーザーは必要ありません。少数の優良な顧客がいればいいのです。

————————————————————————————————

友達や友好的なアーリーアダプターから始める

　製品を適切に構築することは難しいので、わざわざ大変な思いをする必要はありません。最初のバッチには、友達や友好的なアーリーアダプターになると思われる人（既存の製品の顧客など）を選びましょう。既存の顧客を失うリスクなしに、問題点をすばやく発見および修正することができます。

次にモチベーションの高い人を選択する

　次に選ぶべきアーリーアダプターは、あなたの製品を使いたいモチベーションが平均以上の人です。あなたが探しているのは冷やかし客ではなく、明確で具体的な望ましいアウトカムを実現するために、あなたの製品をすぐにでも使いたい人です。顧客フォースキャンバスのメモを確認して、「次善」のアーリーアダプターを決めましょう。

トラクションモデルに対してバッチサイズのバランスを取る

　価値の提供に妥協することなく、チームと製品のキャパシティの範囲に収めな

がら、トラクションの目標を上回るようにバッチサイズを調整しましょう。

12.6　Altverseチームがコンシェルジュ型MVPをローンチする

　2回目の90日間サイクルを開始してから6週間が経ちました。Altverseチームは、2社の建築会社に製品を使ってもらうことになりました。パイプラインには12社残っており、毎月3〜4社にサインアップしてもらっています。コンシェルジュ型MVPのキャパシティの上限を20社と見積もっているので、1週間に1社ずつ顧客を増やすことにしました。バッチサイズとキャパシティのバランスを取りながら、トラクションの目標を上回る状態を維持しています。この戦略をあと4〜5か月間は続ける予定です。

　一方、スティーブとジョシュは、コンシェルジュ型MVPの最も遅い部分の最適化に取り組んでいます。彼らの目標は、上限に達する前にキャパシティを2倍にすることです。幸先の良いスタートとなりました。次に目指すべき目標は「幸せな顧客を作る」です。

13章
幸せな顧客を作る

ビジネスモデルの種類（B2B、B2C、デジタル、ハードウェア、サービスなど）に関係なく、あらゆるビジネスは**幸せな顧客を作る**という普遍的な共通の目標を持っています。

「幸せな顧客を作る」と「顧客を幸せにする」は同じではありません。顧客を幸せにするのは簡単です。無料のものをたくさん提供すればいいからです。しかし、それでは機能するビジネスモデルにはつながりません。一方、幸せな顧客を作るというのは、顧客を幸せな気持ちにするだけではありません。顧客が結果（望ましいアウトカム）を達成できるように支援することなのです。

本章では、その方法を説明します。

13.1　Altverseチームが行動デザインについて学ぶ

スティーブがチームミーティングで進捗を説明しています。

スティーブ「現在、Altverseを使用している建築会社は8社です。これまでに完成したモデルを3つ提供しています」

メアリー「もっと多いかと思っていました。なぜ少ないのですか？」

スティーブ「顧客から計画と仕様が送られてくるまで、待機する必要があったからです。その間、私たちは料金設定のモジュールを構築していました」

メアリー「こちらから料金設定モジュールのピッチをしたのですか？　それとも建築家から求められたのですか？」

リサとジョシュは首を横に振りました。

メアリー「では、なぜいま構築しているのですか？」

スティーブ「いずれ構築する必要があると思ったので……」

メアリー「デモ・販売・構築はMVPだけではありませんよ。新しい機能はすべてこの方法で検証すべきです。それよりも重要なことがあります。それは、引き受けたジョブを何度も提供できるようになるまで、追加のジョブを引き受けない、ということです。これもイノベーターのバイアスです。以前、警告しましたよね」

スティーブがうなずきました。

メアリー「速度は重要ですが、学習せずに**実装の速度**を上げるべきではありません。それは早すぎる最適化の罠です。間違った時期に間違ったことをしてはいけません」

スティーブ「バッチサイズを増やして、顧客を獲得すべきでしょうか？」

メアリー「いいえ。今は期待どおりに顧客が動いてくれない理由を理解しましょう。顧客を増やすというのは、モデルの総数を増やして力ずくで解決しようとするものです。それでは、製品から約束を受け取っていない顧客がいるという事実を見逃してしまいます。そのような顧客は解約してしまうでしょう」

スティーブ「どうすればいいのでしょう？ 顧客に強制することはできませんよね」

メアリー「強制することはできませんが、誘導することは可能です」

ジョシュ「パイロット版を管理するというやつですか？」

メアリー「そうです。購入直後の顧客はスイッチするモチベーションが高いですが、モチベーションはすぐに半減してしまいます。うまく管理していないと、慣性によって馴染みのある古いやり方に戻ってしまいます」

リサ「慣性が出てくるのは、獲得前だけかと思っていました」

メアリー「いいえ、慣性は現状から変化することに対する抵抗です。高校の物理を思い出してください。何らかの力が働かない限り、静止している物体は静止し続け、動いている物体は動き続けるのです」

リサ「懐かしい！ ニュートンの運動の第一法則ですね」

メアリー「そうです。まずは坂の頂上まで移動してもらう必要があります。しかし、顧客が過去に同じことをやっていたら、古いやり方の習慣と戦わなければなりません」

リサ「確かにそうですね。習慣を変えるのは大変です。どうすれば影響を与えることができるのでしょうか？」

メアリー「行動デザインは科学です。製品デザインにも応用できます。獲得は最初のステップですが、幸せな顧客を作るには、製品を『新しい現状』にする必要があります。つまり、アクティベーションと定着に取り組むことになります」

13.2　幸せな顧客のループ

　顧客ファクトリーで**反復可能な獲得**を構築できたら、次の重要なステップは**アクティベーション**です。顧客の価値が生み出されるところです。顧客のために価値を作れば、顧客には「返報性」が生まれます。つまり、提供した価値の一部を金銭的な価値として返却してもらえるのです。ただし、マルチサイドのビジネスモデルでは、金銭的な価値と収益は同じであるとは限りません。

　アクティベーションのステップは、幸せな顧客が生まれる場所であり、製品の「アハの瞬間」とも呼ばれます。**図13-1** を見てください。アクティベーションのステップから出ていく矢印が最も多いことがわかります。つまり、アクティベーションは原因となるステップなのです。

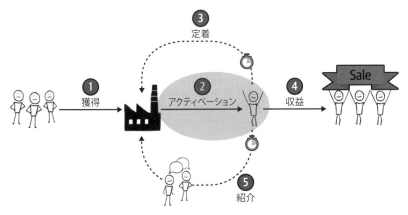

図13-1　アクティベーションは原因となるステップ

幸せな顧客を作ることで、以下の効果が生まれます。

- 製品に費やす時間が増える（定着）
- 獲得できる金銭的な価値が増える（収益）
- クチコミがさらに広がる（紹介）

逆もまた真です。

アクティベーションのステップに到達したら、次のステップは収益ではなく**定着** です。獲得の時点で事前に収益を回収していたとしても、あなたの製品から価値を感じ取れなければ、顧客は返金を求めてきます。

顧客ファクトリーで収益がアクティベーションの次になっているのはそのためです。さらには、価値を1回提供するだけでは、定着してもらえません。**真のスイッチ**を発生させるには、複数回のやり取りで顧客に何度も価値を提供する必要があります。

NOTE

イノベーションとは、古いやり方から新しいやり方へとスイッチを引き起こすものです。

多くのマーケッターは獲得で終わりだと思っていますが、獲得は最初の戦いにすぎません。顧客は最終的なソリューションを決めるまでに、複数のソリューションを試用します。これは、B2C、B2B、デジタル製品、物理的な製品に関係なく、あらゆる種類の製品に当てはまります。

図13-2に示すように、アクティベーションと定着のステップを組み合わせることで、幸せな顧客のループが作れます。

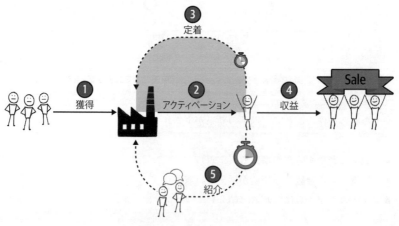

図13-2　幸せな顧客のループ

　幸せな顧客のループを何度か繰り返すだけでスイッチが引き起こされる製品もあります。古いやり方を解雇して新しいやり方を雇用するまでに、何度も繰り返しが必要な製品もあります。あなたの製品が顧客の「新しい現状」になる**スイッチの瞬間**です。

　はじめて製品をローンチするときには、幸せな顧客のループを最適化することに注意を傾ける必要があります。**図13-3**は90日間サイクルを示しています。

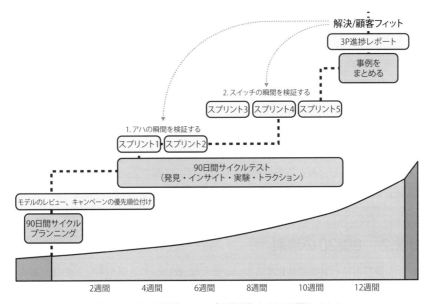

図13-3　幸せな顧客のループを最適化する90日間サイクル

　最初のユーザー体験でアクティベーションしてもらう必要があります（アハの瞬間）。アクティベーションしてもらえれば、その後の再訪問（定着）が発生します。再訪問によって、UVPの約束が強化されなければなりません。また、顧客を望ましいアウトカムに近づけるものでなければなりません。それがスイッチの瞬間です。

　2回のスプリントで顧客に「アハの瞬間」をもたらし、3回のスプリントで「スイッチの瞬間」を引き起こし、1回のスプリントでそれまでに学習したことを事例としてまとめましょう。なお、これはあくまでもガイドラインであり、製品によって必要な期間は違います。

　本セクションでは、幸せな顧客のループを最適化するためのヒントを紹介します。

まずは、してはいけないことからです。

13.2.1　機能を押し付けない

> 本当の見込み客がいる優れた市場では、市場がスタートアップから製品を
> 引っ張る。
>
> —マーク・アンドリーセン「The Pmarca Guide to Startup」

最初に製品をローンチしたときには、さらに多くのものを作りたいと思うものです。顧客からの機能要求を装っているときはなおさらです。顧客もイノベーターのバイアスに陥りやすいことを忘れないでください。顧客からの機能要求のほとんどは、課題を装ったソリューションです。求められたものを正確に構築しても、顧客は使用してくれません。本物の課題を解決していないからです。

大量の新機能をMVPに追加し始めると、古い世界に戻ってしまいます。シンプルかつフォーカスされたMVPが、すぐに肥大化したモンスターになってしまいます。

製品をローンチしたあとも顧客の声を聞くことが重要です。ただし、その方法を理解する必要があります。「ひたすら機能を追加する」は答えではありません。では、どうすれば機能を追加したい衝動を抑えることができるでしょうか？

13.2.2　80/20の法則

幸せな顧客のループを最適化するルールとして、**80/20の法則**があります（**図13-4**）。これは、ローンチ直後のほとんどの時間（80％）を新しい機能の追加ではなく、既存の機能の測定や改善に使うべきというものです。

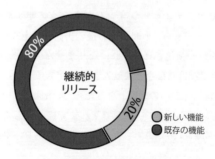

図13-4　80/20の法則

13.2.3　スイッチを防ぐ

　獲得前のイノベーションとは、既存の代替品からあなたの製品へのスイッチを**引き起こす**ことです。獲得後のイノベーションとは、顧客のアクティベーションと、あなたの製品から既存の代替品へのスイッチを**防ぐ**ことです。

　スイッチを防ぐためには、厳しいルールや課金でスイッチのコストを高めるのではなく、競合製品よりも「より良く」ジョブを片付けられるようにしましょう。

　「より良く」とはどういう意味でしょうか？ PSF（課題/解決フィット）のプロセスでは、既存の代替品に対するあなたの製品の「より良いの軸」を明らかにしました（9章）。今回は、UVP の約束を届ける必要があります。

13.2.4　競合他社を徹底的に調査する

　イノベーターの贈り物では、完璧なソリューションは存在しないと考えます。課題とソリューションはコインの表裏です。素晴らしいソリューションであっても、ローンチ後はそれ自体が課題となります。

　MVP をローンチしたあとも顧客との関係性を維持し、ビジネスモデルを成長させるには、新しい機能を追加するのではなく、あなたの製品の課題を明らかにして、競合他社よりも先に対処しましょう。

> —— **NOTE** ——————————————————
> 重要：学習の速度は、新しい圧倒的な優位性です。

13.2.5　摩擦を減らす

　　フォースを使え、ルーク
　　　　—オビ＝ワン・ケノービ（『スター・ウォーズ／新たなる希望』より）

　既存の代替品のときと同じように、顧客フォースキャンバスを使用してあなたの製品の課題を発見します。今回は、アーリーアダプターがあなたの製品を使ったときに、望ましいアウトカムに近づくか（プッシュ）遠ざかるか（プル）を調べます。

　これらのフォースを強化したくなるかもしれませんが、あまり効果はありません。アーリーアダプターは、あなたの製品にサインアップする動機を持っています。つまり、顧客の状況のプッシュとあなたの製品のプルが、顧客の慣性（何もしない）を上

回っているということです。

　顧客は望ましいアウトカムを達成することを期待して坂を上っています。しかし、上り坂は大変です。顧客について学習できる機会がそこにあります。

　獲得後に強化すべき最も効果的なところは、顧客の足を引っ張るフォース（摩擦）を減らすことです（**図13-5**）。

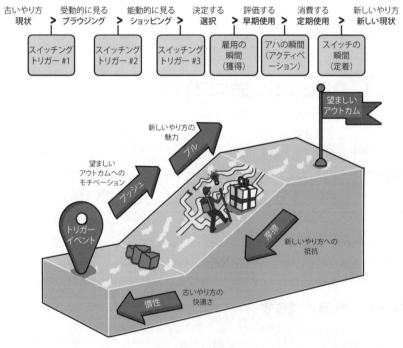

図13-5　摩擦を減らす

13.2.5.1　製品のUXを改善するより摩擦を減らすことのほうが多い

　摩擦を減らすためにも、製品はできるだけ使いやすくしましょう。ユーザー体験（UX）に投資することも重要ですが、それだけではありません。顧客があなたの製品にスイッチすると、古いやり方の**専門家**から新しいやり方の**初心者**になります。したがって、顧客をコンフォートゾーンから連れ出す必要があります。

　顧客は新しいやり方を導入することに不安を抱えています。まずは、顧客の不安に

対応する必要があります。それから、古いやり方のほうが慣れている、あるいは快適であるという気持ちにも対応する必要があります。

　新しいものを導入するには労力がかかります。これまでのやり方（現状）は、たとえ課題があったとしても労力はかかりません。顧客は古いやり方と長い時間を過ごしているので、課題があっても受け入れていたり、何らかの回避策を発見していたりするからです。言い換えれば、あなたは古いやり方の習慣に対抗する必要があります。

　あなたの製品にスイッチしてもらうには、新しいやり方に対する「不安」と古いやり方に対する「習慣」の両方に対応する必要があります。あなたの製品が習慣になれば、あなたの製品が顧客の「新しい現状」になります。これが競合製品に対する**最高のスイッチ予防策**になります。

NOTE

顧客に古いやり方から新しいやり方にスイッチしてもらうには、行動の変化が必要です。

　しかし、習慣を変えることは大変です。モチベーションがあるだけでは不十分です。そこで良いニュースがあります。習慣に関する科学的な理論があり、それを使えば幸せな顧客のループを体系的に最適化できるのです。

13.2.6　科学的な習慣を学ぶ

　チャールズ・デュヒッグの画期的な著書『習慣の力』（早川書房）を読んだときに「習慣のループ」を知りました。彼は、習慣は3つのステップを持つと説明しています（図13-6）。

1. きっかけ（トリガー）が、行動を促す
2. ルーチン（特定の行動）が、きっかけに従う
3. 報酬が、行動が機能したか、価値があったかを知らせる
4. 繰り返す

図13-6　習慣のループ

　イワン・パブロフは、古典的条件づけの発見につながった犬の研究のなかで、偶然にも習慣のループに遭遇しました。古典的条件づけとは、無意識に発生する学習の一種であり、自動的な条件反応と特定の刺激が組み合わさって行動を生み出すというものです。犬に芸を教えようと思ったことがあるならば、習慣のループを使ったはずです。

　習慣のループはシンプルですが、ペットのトレーニング以外にも応用できます。『習慣の力』ではペプソデント（練り歯磨き）の事例が紹介されています。1940年代まで歯磨きの習慣が存在しなかったことをご存じですか？　練り歯磨きが発明されていなかったわけではありません。人々の歯が健康だったからでもありません。実際は逆です。米国の歯科衛生状態は非常に悪かったため、政府はそれを国家安全保障上のリスクであると宣言していたほどです。ペプソデントのマーケティング担当であるクロード・ホプキンスは、すべてを変える必要がありました。では、何を変えたのでしょうか？

　当時の他のマーケティング担当者と同じように、ホプキンスもきれいで健康な歯の利点（望ましいアウトカム）を宣伝しました。しかし、当時の歯科衛生状態と望ましいアウトカム（きれいな歯）ではギャップが大きすぎて、歯磨きだけでは埋められませんでした。そこで、中間的な報酬を導入することにしました。彼は薬剤師にお願いして、練り歯磨きにミントとクエン酸を加えてもらいました。それが他の練り歯磨きでは得られなかった冷却感とピリピリした感じを生み出しました。これは違いを生み出しただけでなく、息が爽やかになるという（一時的ながら）即時的な報酬を提供したのです。

　これが見逃されていた**アハの瞬間**です。歯を磨くという行為を強化して、毎日の習慣にするものでした。歯を磨くたびに、歯は健康になり、歯磨きの習慣が定着しま

した。

習慣のループは魔法ではありませんが、習慣のプロセスを3つのステップ（きっかけ、ルーチン、報酬）に分解することで、これらのステップを制御することができ、行動の変化をデザインすることが可能になるのです。

13.2.6.1 習慣のループから行動デザインへ

行動科学者のBJ・フォッグとスタンフォード大学の研究チームは、10年以上も人間の行動を研究し、**行動デザイン**という言葉を生み出しました。フォッグは著書『習慣超大全』（ダイヤモンド社）に行動デザインの主要なモデルと方法をまとめています。

フォッグによると、行動が発生するのは3つの条件（モチベーション、能力、きっかけ）が同時に満たされたときだそうです（**図13-7**）。

$$B = M A P$$

行動　　発生する　モチベーション ＆ 能力 ＆ きっかけ
　　　　　　　　　これらが同時に満たされたとき

図13-7　フォッグの行動モデル

つまり、きっかけやトリガーで促され、行動を起こすモチベーションがあり、能力に合った行動を発見できたときに、行動が発生するということです。

1回限りの行動がどのようして習慣になるのでしょうか？ 繰り返しやることによって習慣になるのです。モチベーションを維持して、自分の能力の範囲内で行動を起こし、適切なきっかけをデザインすることがすべてです。繰り返しやるための最後のレバーは、行動後に適切な報酬を与えることです。これが今後も繰り返すべき行動であるという合図になります。

13.2.6.2 顧客フォースモデルは行動モデル

習慣のループ、フォッグの行動モデル、顧客フォースモデルのすべてにおいて、似たような用語が使われていることに気づいたかもしれません。これは顧客フォースモデルが行動モデルだからです。ジョブを片付けようとする顧客を表しているのです。

カスタマージャーニーマップとの違いは、顧客の行動を捉えるだけでなく、**なぜ**その行動をするのか（モチベーション、トリガー、アハの瞬間）を理解するところにあります。

　これからのセクションでは、顧客フォースモデルを使って理想的なカスタマージャーニーマップを設計し、行動デザインの原則によって幸せな顧客のループを最適化します。

13.2.7　顧客の進捗のロードマップを作成する

　望ましいアウトカムの約束が大きければ、最初（獲得時）はモチベーションになります。しかし、顧客が坂を上り始めると、頂上が高すぎると感じる可能性があります（顧客の能力を超えている）。未知の領域に足を踏み入れ、新しいやり方を学ぶ必要があることがわかり、不安を抱くこともあります。

　摩擦を減らすための最初のステップは、中間的な頂上を用意することです（**図13-8**）。

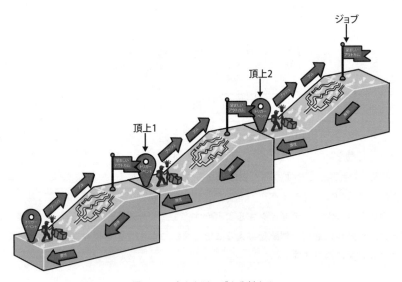

図13-8　大きなジョブを分割する

　中間的な頂上は望ましいアウトカムを小さくしたものです（アハの瞬間）。UVPを高めるものであり、顧客が継続的に進捗することを支援するものです。

　小さな頂上を作るためのガイドラインを紹介します。

最初の「アハの瞬間」を30分以内に届ける

顧客が製品にサインアップしたら、最初の「アハの瞬間」をすぐに提供することが重要です。ペプソデントでは、歯科医が推奨する歯磨きの時間である2分未満で、最初のアハの瞬間を提供していました。すべての製品で実現することはできないでしょうが、最初の「アハの瞬間」を30分以内に届けることを目指しましょう。これは顧客の最初のセッションが持続する平均的な時間です。

外的報酬よりも内的報酬

バッジなどのゲーム的な報酬を提供する製品が多いですが、これらは短期的なモチベーションになるだけです。外的報酬よりも内的報酬にフォーカスしましょう。内的報酬とは、望ましいアウトカムを目指す顧客の内側から生じるものです。

完璧を目指さない

最初の頂上は、理想的な望ましいアウトカムではなく、出発点に対して設定するようにしましょう。顧客を出発点より少しでも「より良い」状態にすることが目的だからです。顧客が実行できる最小限のステップにフォーカスしましょう。

学習よりも実行

顧客に説明書を読ませようとしてはいけません。顧客はあなたの製品の使い方を知りたいわけではありません。顧客は最小限の労力で結果を求めています。最初の頂上は学習よりも**実行を重視**しましょう。チートシートやクイックガイドを読ませるのではなく、すぐに坂を上ってもらいましょう。

アウトプットよりもアウトカム

ドリルビットの例を覚えていますか？ 顧客は1/4インチの穴ではなく、その後の結果を望んでいました。最初の頂上から望ましいアウトカムをもたらすようにしましょう。機能的なニーズではなく、感情的なウォンツを満たすことを目指してください。

望ましいアウトカムに向けて各頂上で段階的にレベルアップさせる

最初の頂上に到着したら、全体的なジョブが完了するまで、各頂上で段階的にレベルアップさせていきます。2倍のルールを使いましょう。前の頂上よりも

時間や労力が2倍必要になるようにデザインするのです。武道の帯のシステム
が良い例です。

各頂上で顧客ができることを制限する

現在の頂上に到着するのに必要のない機能があると、道が混雑しますし、認識
の妨げ（摩擦）になります。顧客ができることを制限しましょう。まだ必要の
ない機能で顧客を圧倒するのではなく、できるだけ隠しておきましょう。

進捗ロードマップを顧客と共有する

進捗ロードマップを設計したら、それを顧客と共有しましょう。望ましいアウ
トカムまでのステップが明確に確認できると、顧客の自信が高まり、坂の上ま
でプルしやすくなります。

　進捗ロードマップを作成したら、顧客が望ましいアウトカムに向けて継続的に進捗
できるように、トリガー、能力、報酬をうまく利用しましょう。

13.2.8　顧客のトリガーを引く

　あなたの製品を使用することが習慣になるまで、顧客が自ら製品を使用してくれる
わけではありません。明示的にきっかけを作る必要があります。
　そのためのヒントを紹介します。

適切な期待値を設定する

顧客が製品を使い始めたときに、なぜサインアップしたのか、何を期待してい
るのか、望ましいアウトカムをどうやって達成するのかを思い出してもらいま
しょう。これらをウェルカムメッセージやクイックスタートガイドに書いてお
きましょう。進捗ロードマップがあれば、それを共有するのもよいでしょう。

リマインダーを設定してもらう

定期的な使用が必要な製品であれば、カレンダーのリマインダーや通知を設定
してもらえるようにしましょう。

ベストプラクティスを共有する

あなたの製品を顧客がいつどのように使用しているかを調査して、それをヒン
トやハックとして共有しましょう。

ジョブを完了したらすぐに次のジョブを実行してもらう

優れたコピーライティングの技術とは、読者が次の文を読みたくなるものです。製品の定着も同じです。顧客が最初の「アハの瞬間」を体験したら、進捗をお祝いして（報酬）、次の頂上に向けて誘導しましょう。最初の頂上は小さいのでうまくいきますが、ジョブが大きくなるときっかけが生まれるように投資する必要があります。

定期的に促す

人は見えなくなると忘れます。忘れないようにしてもらうには、定期的に連絡することです。定期的にアクティビティレポートのメールを送ったり、電話をかけたりしましょう。また、どのような方法であっても、必ず価値を提供するようにしましょう。

行動ターゲッティングメールで後押しする

アナリティクスで顧客の状況が判断できる場合は、行き詰まっている顧客を行動ターゲッティングメール（ライフサイクルメッセージ）で後押ししましょう。

既存のルーチンを活用する

顧客を促す最も効果的な方法は、あなたの製品を既存のルーチンやワークフローに統合することです。

13.2.9　顧客の進捗を支援する

顧客が頂上に到着すると、さらに複雑になっていきます。顧客が継続的に進捗できるように、追加の対策を講じる必要があります。

そのためのヒントを紹介します。

選択のパラドックスを減らす

選択肢を提供すると、顧客にコントロールを与えているように思われますが、実際には逆です。選択肢が増えると不確実性が増し、それが不安につながります。それよりもガイドになりましょう。適切な初期設定と推奨項目を提供しましょう。

実験を許可する

不安や失敗の恐れを軽減してもらうには、顧客が実験できる安全な場所を提

供しましょう。たとえば、ドリルに「元に戻す」ボタンがあれば、新築の壁であっても簡単に穴を開けることができるでしょう。さすがにそれはないにしても、お店で無料のワークショップを開催して、練習用の壁に穴を開けてもらうことはできるはずです。

UXデザインに投資する

私たちはソリューションに近づきすぎているため、私たちには見えるものが顧客には見えません。UXデザインに投資して、定期的にユーザービリティテストを実施しましょう。製品はできるだけ直感的にしましょう。スティーブ・クルーグが言うように「考えさせてはいけません」。

手厚いサポートを提供する

顧客の不安を軽減するだけでなく、あなたの学習速度を高速化する方法があります。最初の数回のバッチは手厚いサポートを提供しましょう。

> **—— TIP**
>
> 顧客から高速に学習するには、顧客と話をしましょう。

顧客の人数が少なければ、トレーニングを提供したり、定期的に面談したり、顧客の問題に個別に対応したりといったことが可能です。しかし、顧客が増えるとスケールしません。言い換えれば、次回からは投資する必要があるということです。

継続的に製品を改善する

手厚いサポートで顧客の課題が明らかになったら、製品のユーザービリティとドキュメントの改善に投資してください。製品のミスは1回だけ許容する方針にしましょう。

顧客の事例を紹介する

顧客のモチベーションを高めるには、他の顧客の進捗や望ましいアウトカムの達成を紹介することです。ただし、成功事例だけを強調しすぎないようにしましょう。ヒーロー（顧客）の旅には困難がつきものです。困難があることで話がリアルになり、信じられるものになるのです。

フィードバックを簡単にできるようにする

顧客が連絡しやすいように、チャット、メール、電話などの複数のチャネルを用意しておきましょう。

13.2.10　進捗を強化する

すでに説明したように、最高の報酬とは顧客が自分の進捗を確認できる内的報酬ですが、その他の報酬を組み込むアイデアをいくつか紹介しましょう。

進捗インジケーターを構築する

顧客が進捗を体感できるように、フィードバックループ、ダッシュボード、レポートを作成しましょう。

顧客の勝利を祝う

顧客がマイルストーンに到達したらお祝いしましょう。お祝いも報酬の一種です。

意味のある贈り物をする

顧客の進捗に対して、意味のある贈り物をしましょう。意味のある贈り物とは、あなたのブランドに関するものではなく、顧客に関するものです。LEANSTACK では、ビジネスモデルデザインコースを修了した顧客には「Love The Problem（課題を愛せ）」と書かれた T シャツを、90 日間のスタートアップブートキャンプを修了した顧客には「Practice Trumps Theory（実践は理論に勝る）」と書かれたパーカーを贈呈しています。これらのアイテムは販売しているものではありません。顧客が自ら獲得する必要があるものです。だからこそ「意味のあるもの」になっているのです。

13.3　Altverseチームが90日間サイクルレビューミーティングを実施する

3 回目の 90 日間サイクルの終了までに、Altverse チームは 6 つの事例を公開しました。事例には幸せな建築家やクライアントの推薦の言葉や物語が含まれています。

建築家が VR モデルを使用することで、クライアントとのミーティングで設計を決

定できるようになりました。

　すでに何人かの建築家から追加の機能要求をもらっています。チームは次のジョブ「料金の見積り」のピッチの準備を始めました。顧客ライフタイムは3か月（設計フェーズのみ）から9〜12か月（プロジェクト期間全体）まで延長される可能性があります。

　スティーブは2人の開発者を雇用して、コンシェルジュ型MVPの自動化を進めました。モデルの作成時間は1日から30分未満に短縮されました。次の90日間サイクルでは、完全に自動化される見通しです。

　クチコミが広がり始めています。チームは世界中の建築会社からのデモの問い合わせに対応しています。引き続き価値の提供にフォーカスする必要はありますが、チームは反復可能でスケール可能な成長エンジンの発見に照準を合わせ始めています。

14章
成長ロケットを見つける

　幸せな顧客のループが予測可能で反復可能であれば（つまり、初期の顧客セグメントがあなたの製品を定期的に使用して、望ましいアウトカムに向かって測定可能な進捗を続けている状態であり、そのことを顧客インタビューやダッシュボードで裏付けられるのであれば）、少しずつ成長に目を向けていくべきです。私が言う「成長」とは、スケール可能なチャネルあるいは成長ロケットを構築することを意味します。

　これまではスケール可能かどうかよりも学習の速度を優先していました。したがって、直接的な（スケールしない）やり取りで、獲得と価値の提供をしていました。しかし、90日間のトラクションモデルの目標を継続して達成するには、顧客に到達するまでのスケール可能な経路を探し始める必要があります。リーンキャンバスのときにスケール可能なチャネルをいくつか考えたかもしれませんが、PMFやそれ以上を目指すのであれば、いずれかに賭ける必要があります。

　スケール可能なチャネルや成長ロケットを見つけるには、複数のサイクルが必要になります。したがって、早めに開始することをお勧めします。本章では、それを実行するためのプロセスの概要を説明します。

14.1　Altverseチームが成長ロケットについて学習する

　90日間サイクルレビューの終わりに、スティーブが次のサイクルの目標、仮定、制約についてチームと認識を合わせました。

　メアリー「次のサイクルでは、制約にフォーカスするだけでなく、つまり定着を推進するだけでなく、20％の時間をかけて主要な成長ロケットを探すことをお勧めします」

　リサ「成長ロケット？」

　メアリー「そうです。ホッケースティックのカーブは滑らかな曲線に見えますが、実際のスタートアップの成長曲線はそれほど滑らかではなく、段階的なジャンプの連続で構成されています。多くの人がスタートアップとロケットを比較しています。みなさんのミッションは、ロケットを火星に送ることだと考えてください。ロケットがひとつだけでは達成できません。多段式のロケットが必要です。各ロケットの役割は、ロケット本体をホッケースティックの次の段階まで運ぶことです」

　スティーブ「その比喩はいいですね。各ロケットが顧客獲得チャネルだとすると、顧客ファクトリーは何になりますか？」

　メアリー「聞かれると思いましたよ。顧客ファクトリーはロケットエンジンの内部構造です。各ロケットには、エンジン、推進剤、燃料が含まれています。これまではビジネスモデルをひとつの顧客ファクトリーとして見てきましたが、実際には複数の顧客ファクトリー（ロケットエンジン）を稼働させる必要があります」

　リサ「顧客を獲得するために、直販、イベント、紹介などを使っていますが、チャネルごとにパフォーマンスは大きく違います。これらが顧客ファクトリーをエンジンに持つロケットなのでしょうか？」

　メアリー「そのとおりです」

　スティーブ「エンジンが顧客ファクトリーになるのはわかりました。それでは、推進剤は何ですか？」

　メアリー「推進剤はロケットエンジンの燃料です。エンジンにはエネルギーが必要です。エンジンの種類によって燃料は違います。スタートアップの初期ステージに最も使用される燃料は、創業者の時間やスウェット・エクイティです。ただし、これは再利用不可能な最も高価な燃料です。時間が経てば、お金、資本、ユーザー、顧客などをエンジンの燃料として使えるようになります」

ジョシュ「最初に『主要な成長ロケット』を探すと言っていましたよね。これは成長ロケットをひとつにするという意味ですか？ 複数あるほうがよくないですか？」

メアリー「ロケットの発射には膨大なエネルギーが必要です。地面から離陸するには複数のロケットが必要になります。これには短距離型のブースターを使います。こうしたブースターはリーンキャンバスに書いたスケールしないチャネルだと思ってください。たとえば、知人に顧客を紹介してもらうなどです。短距離型なので、燃料が燃え尽きるとブースターは切り離されます。ロケットの重量を減らすためです。そこで、新しいブースターの出番です。しかし、それでも火星までは到達できません。ある時点を超えてからブースターのエンジンを最適化しようとしても、あまり効果はありません」

スティーブ「ブースターは脱出速度を達成するためのものですよね。となると、主要な成長ロケットはペイロードを火星まで運ぶものですか？」

メアリー「はい。ただし、脱出速度を達成する前に、主要な成長ロケットを見つけてテストする必要があります。スタートアップであれば、脱出速度はホッケースティック曲線の変曲点、あるいはPMFの達成になります。それまでに主要な成長ロケットの最適化を開始する必要があります。しばらくはそれで前進することになるからです」

スティーブ「地球の引力から脱出できたとしても、火星までは遠いですよね。主要な成長ロケットだけで火星まで到達できるんですか？ 適切な成長ロケットをどのように選べばいいのでしょうか？」

メアリー「質問が2つありますね。最初の質問から始めましょう。答えはイエスです。ひとつの成長ロケットだけでスタートアップは成長できます。あとから成長ロケットを追加することもありますが、最初はひとつにしておきましょう。理由はすでに説明したように、90日間サイクルで実施するキャンペーンの数を制限し、チームのフォーカスを合わせるためです」

メアリーはみんなが理解できるように少しだけ時間を置いてから、スティーブの2番目の質問に答えました。

メアリー「スタートアップが主要な成長ロケットを見つけることが難しい理由は2つあります。まず、スタートアップの創業者が見ているのは、複数のロケットやグロースハックだからです。彼らはお菓子屋さんにいる子どものように、数が多ければ多いほど良いことだと考えて、いくつものロケットを用意します。しかし、ロケットの数が増えると、ロケット全体の重量が重くなってしまいます。その結果、脱出速度

の達成が難しくなります。2つ目の理由は、こちらのほうが重要ですが、成長ロケットとブースターの違いがわかっていないからです。その違いとは、**持続可能性**です」

スティーブ「持続可能性というのは、再利用可能かということですか？」

メアリー「そうです。『スター・トレック』を知ってますか？ 宇宙船エンタープライズは、反物質のワープドライブという非常に効率的な方法で宇宙を移動しています。エンタープライズは宇宙から燃料を収集し、船内で反物質を生成することができます。まあ、とにかく、ここで言いたいのは、主要な成長ロケットを持続可能にするには、エンジンにフライホイールや成長ループが必要になるということです」

リサ「成長ループ？ 既存顧客からの収益を広告に再投資して、新規顧客を獲得するようなことでしょうか？」

メアリー「そのとおりです。ただし、条件があります。広告にかける費用よりも、顧客から得られる収益のほうが多くなければなりません」

ジョシュ「クライアントのプロジェクトを一般公開するというアイデアはどうでしょうか？ ハイレベルコンセプトは、VR モデルの Houzz や Pinterest です」

メアリー「ユーザーコンテンツを利用した成長ロケットですね。既存顧客の作品を活用して新規顧客の獲得しようとしているので、これも持続的な成長ループの可能性があります。ただし、開発とテストに時間がかかりそうなので、やるのならすぐにでも始める必要がありますね」

スティーブは時計を見て、ミーティングをまとめようとしました。

スティーブ「時間になったようです。今回も実りがありました。私たちは各自で主要な成長ロケットの提案をまとめる必要があると思います。有望な提案があれば、次の90日間サイクルはそれに賭けましょう。それから、小規模なキャンペーンでテストができると思います。メアリーから追加のアドバイスはありますか？」

メアリー「もちろん。メールで送っておきますよ」

14.2　ロケットの成長モデル

ロケットの成長モデルでは、新製品のローンチをロケットの打ち上げ（ローンチ）に例えています。ロケットは以下の3つの基本パーツで構成されています。

● 乗組員や貨物を運搬する**ペイロード**。これは製品と考えてください。
● ロケットを宇宙まで飛ばす**ブースター**。これはスケールしない初期の顧客獲得

チャネルと考えてください。

● ペイロードを目的地まで運ぶ。通常はひとつの成長ロケットを動力にします。これはスケール可能な顧客獲得チャネルと考えてください。

それぞれのロケットには、エンジンと推進剤（燃料）が搭載されています。ロケットエンジンの仕事は高度（トラクション）を得ることであり、内部の仕組みは顧客ファクトリー（AARRR）のステップで記述されます。ロケットエンジンを動かすには、推進剤（燃料）からのエネルギーが必要です。ロケットの種類が違えば、使用する推進剤の種類も違います（時間、お金、コンテンツ、ユーザーなど）。

ロケットの航続距離は、エンジンの効率と推進剤の種類によって決まります。多くの推進剤を積み込みたくなりますが、そうするとロケットの重量が重くなり、速度が低下する可能性があります。したがって、ロケットの航続距離を最大化するには、エンジン効率（顧客ファクトリー）を最適化するところから始めるべきです。

ただし、エンジン効率の最適化にも限界があります。つまり、ある時点からロケットの航続距離は推進剤の量によって決まります。推進剤を再利用しない限り、ロケットは燃え尽きてしまいます。これが成長ロケットとブースターの違いです。

── NOTE ──

成長ロケットは、エンジン設計に推進剤を再利用するフライホイール（成長ループ）を利用して、持続的な成長（トラクション）を推進します。

14.2.1 ロケットの打ち上げ

製品のローンチと同様に、ロケットの打ち上げには複数のステージ（設計、検証、成長）があります。これからこれらのステージについて説明します。みなさんの現在のステージを確認してください（**図14-1**）。

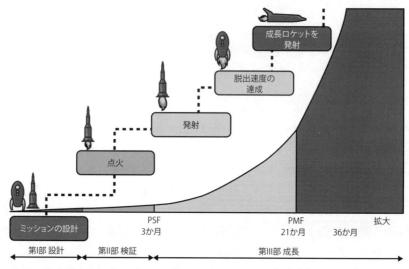

図14-1 ロケットの打ち上げのステージ

14.2.1.1 パート1：設計（ミッション）

まずは、ミッションを定義します（これについては**1章**から**5章**で説明しました）。ミッションとは、目的地（例：火星）、ペイロード（UVP）、必要なロケットの数（スケール可能ではないチャネル）、宇宙船の動力（スケール可能なチャネル）などのことです。ビジネスモデルの設計が構築する製品の種類を決めるのと同じように、ミッションの設計は構築するロケットの種類を決めます。

14.2.1.2 パート2：検証（点火）

発射する前に、以下のことについて設計を検証する必要があります。

- 構築すれば人が集まるかどうか（需要性）
- 構築する価値があるかどうか（事業性）
- 正常に飛ぶかどうか（実現性）

そのためには、まずは発射のスコープを縮小します（MVP）。次に、さまざまなロケットの仕様を（オファーを使って）学習、設計、テストしてから、最初のブース

ターを使います（マフィアオファーキャンペーン）。ブースターは顧客ファクトリーのエンジンとスウェット・エクイティ（創業者の労働時間）で動きます。

　ここでの目標は、再現可能な点火（獲得）です。つまり、PSF（課題/解決フィット）の達成です。

14.2.1.3　パート3：成長

　最後の成長ステージには3つのサブステージがあります。発射、脱出速度の達成、成長ロケットの発射です。

発射

　点火を検証したら、ロケットの打ち上げの準備をします。打ち上げには膨大なエネルギーが必要なため、追加のブースターを用意します。初期段階のブースターの動力はスウェット・エクイティです。ブースターは短期間ですが，トラクションを加速します。

　ブースターの例としては、以下のようなものがあります。

- 初期の直販
- イベント
- PR

脱出速度の達成

　ロケットが発射したら、ロケットエンジン（顧客ファクトリー）の最適化に注意を向けます。燃料が燃え尽きる前に航続距離（トラクション）を最大化するためです。幸せな顧客のループを最適化してから、必要に応じてブースターを追加します。そして、このプロセスを繰り返します。ここでの目標は、脱出速度（PMF）を達成することです。

成長ロケットの発射

　脱出速度を達成し始めたら、今後の旅に備える必要があります。つまり、主要な成長ロケットの探索を開始します。成長ロケットは、持続的なフライホイールまたは成長ループを使用します。次のセクションでは、3種類の成長ループを説明します。

14.3　3種類の成長ループ

『リーン・スタートアップ』の著者であるエリック・リースは、持続的な成長にはシンプルなルールがあると言います。

　　過去の顧客の行動が新しい顧客を呼び込む。

ビジネスモデルの定義（顧客の価値を作成・提供・回収する方法）を覚えていれば、このことはすぐに理解できるはずです。持続的な成長は、既存顧客から回収した価値の一部を新規顧客の獲得に再投資することから生まれます。

既存顧客から回収できる価値（資産）は、以下の3種類です。

- お金（収益）
- コンテンツとデータ（定着とエンゲージメントの副産物）
- 紹介

これらの資産を新規顧客の獲得に再投資することで、持続的な成長ループを構築できます。それでは、いくつかの成長ループを見ていきましょう。

14.3.1　収益型成長ループ

収益型成長ループは、既存顧客からの収益を再投資して、新規顧客を獲得します（図14-2）。推進剤となるのはお金または資本です。広告を購入したり、キャンペーンを担当する人を雇ったりするために使います。

収益型の成長ロケットを構築する方法には、以下のようなものがあります。

- パフォーマンスマーケティング（例：Facebook広告、Google広告、印刷広告、TV広告）
- セールス（例：アウトバウンド、インバウンド）
- 企業が作成するコンテンツ（例：ニュースレター、ソーシャルメディアの投稿）

この成長ロケットを動かすお金は、成長資本（投資家）から得られます。しかし、エンジンを持続的なものにするには、顧客からの収益でまかなう必要があります。

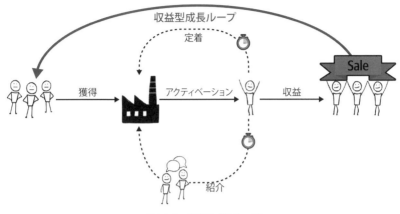

図14-2　収益型成長ループ

このエンジンの持続可能性をテストする2つの条件があります。

1. LTV（顧客ライフタイムバリュー）＞3 × CAC
2. CAC（顧客獲得コスト）の回収にかかる月数＜12か月

　1番目の条件は、ビジネスモデルの利益率を高め、利益と運営費を確保するという意味です。2番目の条件は、キャッシュフローに関するものです。合理的な期間内に顧客獲得コストを回収できなければ、成長に向けて再投資する現金が足りなくなります。

14.3.2　定着型成長ループ

　定着型成長ループ（幸せな顧客のループ）は、顧客を顧客ファクトリーに戻すものです（図14-3）。幸せな顧客を作り、顧客ライフタイムを最大化するためには重要なことですが、それだけでは持続的な成長ループを生み出すことはできません。

　既存顧客が生み出したデリバティブ資産で新規顧客を獲得できれば、定着型ループを持続的な成長ループに変えることができます。推進剤となるのはコンテンツやデータです。このエンジンを構築する方法には、以下のようなものがあります。

- ユーザー生成コンテンツ（例：YouTube、Pinterest）

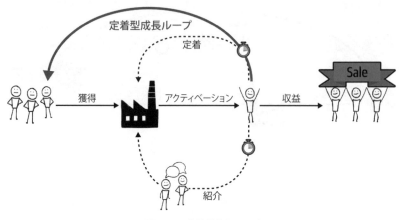

図14-3　定着型成長ループ

- レビュー（例：Yelp）
- データ（例：Waze）

14.3.3　紹介型成長ループ

　最後の成長ループは紹介によるものです。既存ユーザーを使って、新規ユーザーを顧客ファクトリーに誘導します（**図14-4**）。推進剤は幸せなユーザーや顧客です。

　紹介型成長ループには、以下のようなさまざまな方法があります。

- クチコミ
- 紹介プログラム
- 友達やチームメンバーの招待

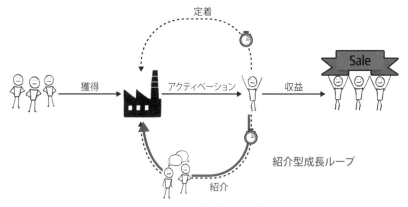

図14-4　紹介型成長ループ

バイラル型と呼ぶ人もいますが、それは紹介型成長ループの特殊なケースです。

製品を**バイラル型**にするには、バイラル係数（K）を1より大きくする必要があります。平均紹介率が100%以上ということです。言い換えれば、すべてのユーザーが平均して1人以上のユーザーを顧客ファクトリーに紹介しているということです。バイラル型であれば急成長することはすぐにわかりますが、構築も困難であることがわかります。

紹介型成長ループを測定する2つの指標があります。

バイラル係数（K)

ユーザーが新規ユーザーを紹介する平均値です。K＞1であれば、製品は急速に成長します。

バイラルサイクルタイム

ユーザーが新規ユーザーを紹介するまでの平均時間です。できるだけ短くしましょう。

主要な成長ロケットに紹介型成長ループを使用する製品は、基本的にはバイラル型になります。つまり、Facebook、Twitter、Snapchatのように、シェアの機能が製品の本質的な部分になります。

多くの製品はバイラル型ではありませんが、追加的な成長ロケットとして紹介型成長ループを利用しています。

14.3.4　複数の成長ロケットを持てるか？

すでにお気づきかもしれませんが、理論的には複数の成長ループを持つことが可能です。しかし、ひとつの成長ループであっても構築が十分に困難です。複数の成長ロケットを並行して検討およびテストすることもできますが、ひとつの成長ロケットに賭けるほうが、投資対効果は大きくなります。

14.4　あなたの成長ロケットを見つける

> ビジネスが10倍に成長するのを阻止しているものは何か？
> 　　　　　　—デヴィッド・スコック（Matrix Partnersジェネラルパートナー）

成長ロケットを見つけるというのは、検証キャンペーンと同じように、サイクルを繰り返すプロセスです。通常は、以下のようなことが含まれます。

- 成長ロケットの選択
- 成長ロケットの検証
- 成長ロケットの最適化

最初の2つは90日間サイクルに収まります。適切な成長ロケットが見つかったら、その成長ロケットに賭けることになります。見つからなければ、別のものを探します。

これらのステップを見ていきましょう。

14.4.1 成長ロケットの選択

成長ロケットを構築するには、以下の2つが必要です。

- 再利用可能な推進剤
- 効率的なエンジン

以下の方法で、成長ロケットの候補を選択します。

再利用可能な推進剤を選択する

3種類の推進剤（収益、コンテンツとデータ、紹介）を再検討し、持続的な成長ループを構築するために使用できるものを選択します。

例：

- ビジネスモデルがダイレクト型（ユーザーが顧客）の場合は、収益をパフォーマンスマーケティングに再投資できます。
- 製品の価格が十分に高ければ、収益を営業チームの構築に再投資できます。
- ユーザーが公開可能な価値のあるコンテンツを作成している場合は、そのコンテンツを使用して新規のユーザーを引きつけることができます。
- 製品にバイラルが組み込まれている場合は、紹介によって成長を促進できます。

エンジンの効率を分析する

顧客ファクトリーの指標を分析して、現状と理想のギャップから適切な成長ロケットの候補を選択します。

例：

- 収益型成長ループについては、ユニットエコノミクス（LTVとCAC）の測定から始めます。成長ロケットを持続可能にするために、前述した利益率と回収期間の条件を満たせるかどうかを確認してください。
- コンテンツ型の成長ループについては、新規ユーザーに対するコンテンツの価値を評価してください。たとえば、Googleのキーワードプランナーなどのツールを使用して、特定のキーワードの検索ボリュームを把握してみましょう。

- 紹介型成長ループについては、すでに発生しているオーガニックなクチコミ（40%以上）の証拠を探しましょう。

14.4.2　成長ロケットの検証

90日間サイクルの残りの10週間で、選択した成長ロケットの実現性を検証します。そのための実験を設計して、重要な仮定をテストします。

例：
- パフォーマンスマーケティングを選択した場合は、いくつかの広告キャンペーンを実行し、CACと回収期間を検証します。
- 販売を選択した場合は、営業担当者を1人雇用して、ランプアップ期間、CAC、成約率を検証します。
- ユーザー生成コンテンツを選択した場合は、コンテンツの一部を公開するなどして、エンゲージメントを測定するための実験を設計します。
- バイラルを選択した場合は、シェアの摩擦を減らす実験をします。そして、バイラル係数を上げたり、バイラルサイクルタイムを短縮したりできるかを確認します。

10週間後、成長ロケットの3P（継続、ピボット、停止）を決定します。

14.4.3　成長ロケットの最適化

成長ロケットの検証に成功した場合は、エンジンの最適化に注力しましょう。

成長ロケットには、大規模な最適化（顧客ファクトリーの調整）、トレーニング（直販する場合など）、製品の構築（コンテンツページの自動生成や紹介プログラムなど）が必要になるため、小規模な専任のチームが必要になるかもしれません。

90日間サイクルレビューで、進捗の測定と報告をしましょう。

14.5　スティーブがメアリーに断れないマフィアオファーを出す

Altverseをローンチしてから18か月が経ちました。チームはトラクションロード

マップに従い、脱出速度（PMF）を達成できる距離にいます。顧客のコンテンツ（VRモデル）を利用して、持続的な成長ロケットの構築に成功しました。多くの住宅所有者や建築家をプラットフォームに呼び寄せています。メアリーから提案されて、スティーブはVCを相手にピッチしています。メアリーに状況を報告することになりました。

スティーブ「ほら、見てください」

そう言うと、スティーブはオフィスにあるイームズの椅子の写真を撮り始めました。数秒後、イームズの椅子のVRモデルが大きな画面に映し出されました。

メアリー「うわ、すごい。本当にそこにあるみたいですね」

スティーブ「そうです。現実世界のオブジェクトをメタバースの空間に一致させるために、さまざまなトリックを使っています。昨日、あるVC向けにこのデモをしたのですが、数時間後にタームシート（契約書の草案）が届きましたよ」

メアリー「それはそうですよ。住宅建築だけでなく、家具の小売店もビジネスモデルに追加できそうですね。10倍の成長物語になりそうですね」

スティーブ「ええ。でも、不安でいっぱいです。一人でやれるとは思えません」

メアリー「自分を信じなさい。プラットフォームを月額50ドルにして、ARPUを年間600ドルにすると言ってましたよね。建築家のARPUはどうなっていますか？」

スティーブ「取引規模は年間6万ドルです。何社かは10万ドルに到達しています」

メアリー「素晴らしいですね。よくここまで来ましたね。あなたが成し遂げたことを本当に誇りに思います」

スティーブ「ありがとうございます。ただ、VCを説得するのは大変です。経験豊富な経営陣を作る必要があると思います」

メアリー「確かにそうですね。あなたの会社はまだ……」

スティーブ「だから、あなたにCEOになってもらいたいのです」

メアリー「えー？」

スティーブ「あなたがいなければここまで来ることはできませんでした。辛抱強く私たちの間違いを正してくれました。まあ、結構厳しかったですけどね」

メアリーは顔を赤らめました。

スティーブ「優秀な経営陣を作る方法を教えてもらうこともできるでしょうが、あなたにお任せしたほうが間違いないと思いました」

メアリー「ええと、ちょっと言葉が思いつきません。こうなるとは思っていませんでした。依頼されてうれしくないわけではありません。光栄です。これまで傍観者と

してみなさんの様子を見てきましたが、ぜひ参加させてください」

　スティーブ「決まりですね。正式な手続きはあとでやりましょう。先ほどのターム
シートも転送しますね。VCには新しいCEOが就任したことを通知しておきます」

　メアリー「新しいCEOと、新しいCTOですね」

　スティーブ「そうですね、ボス！」

15章
エピローグ

　本書の冒頭で成功を保証するフレームワークはないと述べましたが、製品を構築する反復可能で実践的なプロセス（**成功確率を高めるもの**）を説明する約束をしました。

　私がその約束を果たせていれば幸いです。

　本書は始まりにすぎません。戦術的なテクニック、ツール、詳細なハウツーを知りたければ、志を同じくする起業家とイノベーターのコミュニティであるLEANSTACK Academy（https://leanstack.com/entrepreneurs）に参加してください。

　あなたの「大きなアイデア」を実行するのに今ほど最適な時期はありません。本書をお読みいただきありがとうございます。あなたの成功をお祈りしています！

　最後に、本書のポイントを宣言としてまとめました。

ブートストラップ宣言
1. 起業家はどこにでもいる

　人は見た目も話す言葉も違いますが、世界はかつてないほどにフラットになっています。私たちは世界的な起業家のルネッサンス時代を経験しています。過去5年間で、大学の起業家プログラム、スタートアップアクセラレーター、企業のイノベーションインキュベーターが爆発的に増えたことからもわかります。

　私たちは、同じものを望み、同じものを恐れています。

2. 起業家はガレージにはいない

　起業家はもはや「ガレージにいる人」ではなくなりました。それはあらゆる分野で見られます。この突然の変化には、いくつかの要因があります。

学生ローンの増加

米国の学生の負債総額は1兆ドルを超えました。授業料はますます高くなり、学生が良い仕事に就くことは難しくなっています。それでも私たちは次世代の労働者を教育しています。多くの学生は大学で（あるいは高校で）起業家の教育と経験を求めています。次のFacebookを作りたいという野望を持っている学生もいれば、単にスキルアップしたいという学生もいます。

終身雇用の崩壊

終身雇用と年金の保障がなくなったことで、自分でハンドルを握り、運命をコントロールしようとする人が増えています。副業のスタートアップも増えています。

大企業に革新性や破壊が求められている

破壊的イノベーションのペースは、過去10年間で加速しています。以前の破壊者でさえ新規参入者に破壊されています。社内起業家はますます重要な役割になっています。

3. 始めるのにこれ以上最適な時期はない

起業家が世界中で爆発的に増えたのは、歴史上ではじめて私たちが（多かれ少なかれ）同じツール、知識、リソースにアクセスできるようになったからです。これは、インターネット、グローバリゼーション、テクノロジー（オープンソースやクラウドコンピューティング）のおかげです。新しいビジネスを起ち上げるのは、かつてないほど安価で迅速になりました。事業を始めるのにこれ以上に最適な時期はありません。

信じられないほど大きなチャンスです。ただし、これから先は暗雲が立ち込めているかもしれません。

4. ほとんどの製品は失敗する

これまで以上に多くの製品が開発されるようになりました。しかし、残念なことに、成功率はさほど変わっていません。新しいビジネスを起ち上げる状況は依然として不利な状況です。ほとんどの製品は失敗しています。

これらの製品には多くの時間、お金、労力が注ぎ込まれています。はじめて起業する人にとっては、失敗が感情的にも経済的にも大きな打撃となる可能性があります。

5. 製品が失敗する12の理由

アイデアが失敗する12の理由を以下に示します。

1. 資金が不足している
2. チームが貧弱である
3. 製品の品質が悪い
4. タイミングが悪い
5. 顧客がいない
6. 競合が強い
7. フォーカスしていない
8. 情熱がない
9. 場所が悪い
10. 儲からない
11. 燃え尽きた
12. 法的な問題

6. 製品が失敗する最大の理由

根本的な理由がひとつあります。それは、**誰も欲しがらないものを作っている**です。

それ以外の理由はすべて、この残酷な現実の補助的なものにすぎません。失敗の最大の原因は、ソリューションに対する起業家の情熱にあると私は考えています。起業家にはイノベーターのバイアスがあるため、自らのソリューションに惚れ込み、「赤ちゃんに命を吹き込む」ことが唯一のミッションになっているのです。

すぐに製品の構築に取り掛かろうとしますが、ビルドファーストは逆方向です。課題が存在しないのに、無理やりソリューションを作ることはできないのです。

7. 製品が失敗する2番目の理由

失敗するには、何かを始めなければなりません。製品が失敗する2番目の理由は、製品が「始まらない」ことです。私たちは、分析、計画、始めないための言い訳に多くの時間を費やしています。事業計画書を書いたり、投資家を探したり、シリコンバレーに移住したりして、時間をムダにしています。

8. 始めるのに許可は必要ありません

10年前、スタートアップには多くの費用がかかりました。製品を構築するためのソフトウェアライセンス、チームが集まるためのオフィス、資本投資などが必要でした。しかし、世界は変わりました。現在では、これらはすべて無料です。

今問うべき質問は「構築できるか？」ではありません。「構築すべきか？」です。

この質問に答えるために、多くのお金、人、時間は必要ありません。その代わり、以下の点に留意する必要があります。

9. ソリューションではなく課題を愛する

まずは考え方を変えましょう。顧客はあなたのソリューションのことを気にしません。顧客が気にしているのは、自分が目標を達成できるかどうかです。あなたは顧客の目標の邪魔になっている課題や障害物を発見しましょう。それから、そのために構築すべき適切なソリューションを特定しましょう。

顧客の課題よりも自分のソリューションに情熱を注いでしまうことが、あなたの課題です。

10. 事業計画書を書かない

事業計画書の作成は時間がかかりすぎます。すべてを読む人はいません。代わりに、1ページのビジネスモデルを作成しましょう。20日ではなく20分で作成できます。それを読んだ人は他の人にも共有してくれるでしょう。そうなれば、勝利です。

ビジネスの計画を立てる時間を減らし、構築の時間を増やしましょう。

11. ビジネスモデルは製品

収益のないビジネスモデルではビジネスが成り立ちません。収益は酸素のようなものです。酸素のために生きているわけではありませんが、生きていくためには酸素が必要です。世界を変えるアイデアも同じです。急いで構築する前に、発見した課題が解決に値する収益化可能な課題かどうかを確認しましょう。

収益化可能な痛みは、既存の代替品にお金が支払われているかどうかでわかります。

12. タイミングよりも時間にフォーカスする

アイデアのタイミングはコントロールできませんが、アイデアに費やす時間はコン

トロールできます。上下に変動するお金や人などのリソースとは違い、時間は一方向にしか進みません。

時間は最も希少なリソースです。うまく使ってください。

すべてをタイムボックス化しましょう。タイムボックスにすれば、必ず期限が来ます（世界が終わらない限り）。チームにあなたの結果を共有しましょう。期限までにできたところから、どこまで前進できるかを話し合いましょう。そして、新しい期限を設定しましょう。これは、自分自身に責任を持たせるためです。

13. 加速ではなく減速

時間を最適化するとは、加速するという意味ではなく、**適切なもの**にフォーカスするために減速するという意味です。ここで、パレートの80/20の法則が適用できます。あなたの結果は、いくつかの重要な行動から得られます。あなたの仕事は、最もリスクの高いものを優先し、残りのものはリスクが高くなるまで無視することです。

14. 偽の検証ではなくトラクション

機能の数、チームのサイズ、銀行の残高は、進捗を示す適切な指標ではありません。重要な指標はひとつだけです。それは**トラクション**です。トラクションとは、顧客から収益化可能な価値を獲得できる割合のことです。

アイデアの感想を周囲の人に聞かないようにしましょう。重要なのは顧客です。アイデアの感想を顧客に聞かないようにしましょう。その代わり、顧客が何をしているかを測定しましょう。

15. 語彙から失敗を取り除く

「フェイルファースト（早く失敗する）」とは、失敗を通常のものとして受け入れるという意味です。しかし、ほとんどの人は失敗を回避したり、取り繕ったり、逃げたりします。失敗は大打撃を与えるからです。語彙から「失敗」を削除しましょう。大失敗を回避して、反復的な学習に置き換える3つのステップを紹介します。

1. 大きなアイデアや戦略を、小さくて高速な実験に分割します。
2. 段階的な展開を使用して、アイデアの実装を少しずつ大きくします。
3. 良いアイデアに賭けて、悪いアイデアは黙って捨てます。

　以上の3つのことを実行すると、失敗することはありません。その代わり、大きな目標に向かって軌道修正することができるようになります。

　自分のアイデアには厳しくなりましょう。それでも、自分を信じてください。

16. 大きなアイデアを行動に移しましょう

　世界には課題が山積みです。起業家はソリューションを探そうとしますが、あなたが本当にしなければならないのは、適切な課題に意識を向けることです。そうすれば、世界をより良くすることができます。これこそが重要なことではないでしょうか？

　この瞬間をムダにしないでください。心の奥底にあるアイデアを引っ張り出して、行動に移す時期がきました。再起動して、レベルアップして、今から始めましょう。

　LEANSTACK Academy（https://leanstack.com/entrepreneurs）でお待ちしています。

参考図書

以下の書籍（順不同）は、継続的イノベーションフレームワークの考えや本書で提示したさまざまなアイデアの参考になりました。

- *Thinking, Fast and Slow* by Daniel Kahneman (Farrar, Straus andGiroux)（邦訳：『ファスト＆スロー——あなたの意思はどのように決まるか？』早川書房）
- *The Power of Habit* by Charles Duhigg (Random House)（邦訳：『習慣の力〔新版〕』早川書房）
- *Atomic Habits* by James Clear (Random House)（邦訳：『ジェームズ・クリアー式——複利で伸びる1つの習慣』パンローリング株式会社）
- *Tiny Habits* by BJ Fogg (Mariner)（邦訳：『習慣超大全』ダイヤモンド社）
- *Hooked* by Nir Eyal (Novato)（邦訳：『Hooked ハマるしかけ——使われつづけるサービスを生み出す[心理学]×[デザイン]の新ルール』翔泳社）
- *The Goal* by Eliyahu Goldratt (North River)（邦訳：『ザ・ゴール』ダイヤモンド社）
- *Thinking in Systems* by Donella H. Meadows (Chelsea Green)（邦訳：『世界はシステムで動く——いま起きていることの本質をつかむ考え方』英治出版）
- *A Beautiful Constraint* by Adam Morgan and Mark Barden (Wiley)（邦訳：『逆転の生み出し方』文響社）
- *Thinking in Bets* by Annie Duke (Portfolio)（邦訳：『確率思考——不確かな未来から利益を生みだす』日経BP）
- *How to Measure Anything* by Douglas Hubbard (Wiley)
- *The Trillion Dollar Coach* by Eric Schmidt, Jonathan Rosenberg, and Alan

Eagle (John Murray)（邦訳：『1兆ドルコーチ―シリコンバレーのレジェンド
ビル・キャンベルの成功の教え』ダイヤモンド社）

- *This Is Marketing* by Seth Godin (Portfolio)（邦訳：『THIS IS MARKETING
  ディスイズマーケティング 市場を動かす』あさ出版）
- *Building a StoryBrand* by Donald Miller (HarperCollins Leadership)（邦訳：
  『ストーリーブランド戦略』ダイレクト出版）
- *Storytelling Made Easy* by Michael Hauge (Indie Books)
- *Turning Pro* by Steven Pressfield (Black Irish)
- *Competing Against Luck* by Clayton Christensen, Taddy Hall, Karen Dillon,
  and David Duncan (Harper Business)（邦訳：『ジョブ理論―イノベーション
  を予測可能にする消費のメカニズム』ハーパーコリンズ・ジャパン）
- *Demand-Side Sales* by Bob Moesta (Lioncrest)
- *What Customers Want* by Tony Ulwick (McGraw Hill)
- *When Coffee and Kale Compete* by Alan Klement (CreateSpace)
- *Crossing the Chasm* by Geoffrey A. Moore (Harper Business)（邦訳：『キャ
  ズム』翔泳社）
- *Never Split the Difference* by Chris Voss (Harper Business)（邦訳：『逆転交
  渉術―まずは「ノー」を引き出せ』早川書房）
- *Badass: Making Users Awesome* by Kathy Sierra (O'Reilly)
- *The Challenger Sale* by Matthew Dixon and Brent Adamson (Portfolio)（邦
  訳：『チャレンジャー・セールス・モデル―成約に直結させる「指導」「適応」
  「支配」』海と月社）
- *The Lean Startup* by Eric Ries (Crown Business)（邦訳：『リーン・スタート
  アップ』日経BP）
- *The Four Steps to the Epiphany* by Steve Blank (Wiley)（邦訳：『アントレプ
  レナーの教科書』翔泳社）
- *Business Model Generation* by Alex Osterwalder and Yves Pigneur (Wiley)
  （邦訳：『ビジネスモデル・ジェネレーション―ビジネスモデル設計書』翔泳社）

訳者あとがき

本書は、Maurya, Ash. *Running Lean: Iterate from Plan a to a Plan That Works, 3rd Edition*. O'Reilly Media, Inc., 2022. の全訳です。「3rd Edition」とあるように、本書は『Running Lean』の第3版となります。

第1版は、2010年に自費出版として出版されました。これは、エリック・リースが提唱したリーンスタートアップの手法を書籍に適用する「実験」でした。つまり、重要な部分から構築（執筆）を開始して、顧客（読者）の反応を見ながら人数を増やしていき、適切なタイミングでリリース（出版）するというものでした。この実験は成功を収め、1年半で1万部を売り上げました。その様子は**7章**にも書かれています。

この成功が出版社の目にとまり、2012年には商業出版として第2版が出版されました。その出版社がオライリーであったことからもわかるように、第2版まではソフトウェアエンジニア出身の起業家を対象にしたものでした。ソフトウェア（製品）を自分で開発できたとしても、それがビジネスにならなければスタートアップとしては意味がありません。そこで、製品ではなくビジネスモデルに目を向けるための「リーンキャンバス」と、それを裏付けるための「顧客インタビュー（の台本）」が紹介されました。その結果、リーンキャンバスはスタートアップだけでなく、大企業や大学でも広く使用される人気のツールとなりました。また、顧客インタビューの台本は、内向的なソフトウェアエンジニアであってもすぐに実践できる有益なガイドとなりました。

しかし、これらはスタートアップの活動の一部にすぎません。ビジネスモデルを描き、顧客にインタビューして、製品を作ったあとはどうするのか。その疑問を解消するために書かれたのが、著者の2作目である『図解リーン・スタートアップ成長戦略』（日経BP）です。この本では、スタートアップの活動を「システム」として捉え、全

体最適化を図るためのツールとして「顧客ファクトリー」と「トラクションロードマップ」が紹介されました。ゴールドラットの制約理論（TOC）を踏襲してロジックが積み重ねられており、方法論としての射程も広くなりました。

　これでスタートアップの活動の全般を網羅できたかのように思われましたが、実際にはそうではありませんでした。2012年に『Running Lean』の第2版が出版されてから10年がたちました。この間に、本書の言葉を借りれば「起業家のルネッサンス時代」が訪れたのです。「情報通信白書令和4年版」によれば、この10年間でスマートフォンの世帯保有率は29.3%（2011年）から88.6%（2021年）にまで増えました。また、調査会社ガートナーによれば、2024年までにアプリケーション開発の65%以上がローコード開発になると予想されています。「デジタルネイティブ」とも呼ばれる若いZ世代が社会に出てきたのもこの10年間です。つまり、10年前と比べてみても、さらに多くの人が顧客やユーザーになり、さらに多くの人が起業家になれる時代になったということです。

　こうした時代背景を踏まえ、第3版である本書は、第2版から全面的に内容が書き換えられました。著者のブログによれば「新たに120ページが追加されました。また、いくつかのパラグラフを除き、すべてを完全に書き直しています[†1]」とのことです。なかでも大きな変更は「顧客フォースキャンバス」の登場です。これは、顧客の既存の代替品からの乗り換え（スイッチ）の道筋を描いたツールです。その背景にあるのは、もはや顧客に新しい課題など存在せず、「古いやり方から新しいやり方へのスイッチを引き起こすもの」がイノベーションになるという考えです（2章参照）。

　この「顧客フォースキャンバス」と、これまでの書籍で紹介された「リーンキャンバス」「顧客インタビューの台本」「顧客ファクトリー」「トラクションロードマップ」を統合したものを、本書では「継続的イノベーションフレームワーク」と呼んでいます。その名が示すように、イノベーションやスタートアップは単発で終わらせるものではありません。単発で成功するほど簡単なものでもありません。何度も失敗を繰り返しながら、継続的に「実験」を続けていくことが求められます。ただし、10年前と比べると、そうした実験は簡単になっているはずです。第2版を読んだ人も、リーンキャンバスしか知らない人も、昨日本屋で見つけてはじめて読んだ人も、起業やイノベーションを目指すすべての人たちが、この第3版から何かをつかんでいただければ幸いです。

---

†1　https://blog.leanstack.com/running-lean-10th-anniversary-edition/

索　引

● 著者紹介

Ash Maurya（アッシュ・マウリャ）

2冊のベストセラーである『Running Lean』（オライリー・ジャパン）と『図解リーン・スタートアップ成長戦略』（日経BP）の著者。また、非常に人気の高い1ページのビジネスモデリングツール「リーンキャンバス」の作成者である。

世界中の起業家や社内起業家に実践的なアドバイスをすることで高く評価されている。成功する製品を構築するために、高速で優れた「継続的イノベーションフレームワーク」を開発した。これは、リーンスタートアップ、ビジネスモデルデザイン、ジョブ理論、デザイン思考を組み合わせたものである。

優れたビジネスブロガーでもあり、彼のアドバイスは『Inc. Magazine』『Forbes』『Fortune』などにも取り上げられている。定期的に世界中でワークショップを開催しているが、いずれも完売する。TechStars、MaRS、Capital Factoryなどのアクセラレーターでメンターを務めている。MIT、ハーバード大学、UTオースティン大学などの大学でゲスト講師の経験もある。多くのスタートアップのアドバイザリーボードを務めており、新規企業と既存企業のコンサルティングを行っている。

テキサス州オースティンに住んでいる。

● 訳者紹介

角 征典（かど まさのり）

ワイクル株式会社 代表取締役。東京工業大学 環境・社会理工学院 特任講師。アジャイル開発やリーンスタートアップに関する書籍の翻訳を数多く担当し、それらの手法のコンサルティングに従事。主な訳書に『リーダブルコード』（オライリー・ジャパン）、『エクストリームプログラミング』（オーム社）、『Clean Craftsmanship』（KADOKAWA）、『プロダクトリサーチ・ルールズ』（BNN）、共著書に『エンジニアのためのデザイン思考入門』（翔泳社）がある。

Running Lean 第3版
リーンキャンバスから始める継続的イノベーションフレームワーク

2023年7月3日　初版第1刷発行
2024年5月7日　初版第2刷発行

著　　　　者	Ash Maurya（アッシュ・マウリャ）	
訳　　　　者	角 征典（かど まさのり）	
シリーズエディタ	Eric Ries（エリック・リース）	
発　行　人	ティム・オライリー	
制　　　作	株式会社 Green Cherry	
印 刷 ・ 製 本	株式会社平河工業社	
発　行　所	株式会社オライリー・ジャパン	
	〒 160-0002　東京都新宿区四谷坂町 12 番 22 号	
	Tel　（03）3356-5227	
	Fax　（03）3356-5263	
	電子メール　japan@oreilly.co.jp	
発　売　元	株式会社オーム社	
	〒 101-8460　東京都千代田区神田錦町 3-1	
	Tel　（03）3233-0641（代表）	
	Fax　（03）3233-3440	

Printed in Japan（ISBN978-4-8144-0026-3）
乱丁、落丁の際はお取り替えいたします。